NORMAN VINCENT
P E A L E

Ja zum Leben

*Der positive Mensch
in unserer Zeit*

WILHELM HEYNE VERLAG

MÜNCHEN

HEYNE RATGEBER ESOTERIK
08/9531

2. Auflage

Aus dem Amerikanischen übersetzt und bearbeitet von Ernst Steiger
Titel der amerikanischen Originalausgabe:
THE TOUGH-MINDED OPTIMIST

Genehmigte Taschenbuchausgabe
Printed in Germany 1991
Umschlagfoto: Klaus Schmäh, München
Umschlaggestaltung: Atelier Ingrid Schütz, München
Satz: VerlagsSatz Kort GmbH, München
Druck und Bindung: Presse-Druck Augsburg

ISBN 3-453-03200-4

Inhaltsverzeichnis

Ein Wort an den Leser

Trachtest Du darnach, inmitten dieser unruhigen und gefahrvollen Welt Vertrauen und Zuversicht zu bewahren? Wenn ja, dann ist dies das Buch für Dich. Wenn Du Dich mit den harten Tatsachen der Wirklichkeit herumschlägst und dennoch an das gute Gelingen zu glauben vermagst, dann bist Du ein wirklicher Optimist – wahrlich eine hohe Auszeichnung für jedermann.

Wenn wir innerlich gefestigt sind, begegnen wir einer Belastung mit ebenbürtiger Spannkraft. Nun hängt es aber weitgehend von unserer geistigen Einstellung ab, ob wir diese Kraft unser eigen nennen können; ob wir furchtlos oder schüchtern sind, zögernd oder mutig vorwärtsschreitend. Wenn wir diese innere Haltung erreicht haben, sind wir wahrlich um eine hervorragende Eigenschaft bereichert.

Jener Psychiater, der behauptete, die wichtigste Aufgabe des Menschen bestehe darin, das Leben zu ertragen, hat nur die halbe Wahrheit gesagt, und zwar die schlechtere Hälfte. Angreifen, überwinden, siegen und vorwärtsschreiten gehören zum sonnigen Teil des Lebens. Kurz, es gehört auch Optimismus dazu – ein Wort, das leider nur allzuoft mißverstanden wird.

Es geht hier nicht darum, superfröhlich oder ultragescheit zu sein oder es gar auf den Zufall ankommen zu lassen. Nein, der Optimist im Sinne dieses Buches ist der positiv eingestellte Mensch, der wohl das Schlimmste erkennt, aber dennoch an das Beste glaubt.

Webster definiert denn auch Optimismus wie folgt: »Die Lehre vom Überwiegen des Guten über das Schlechte im Leben; das Leben als vorwiegend gut betrachtet; die Neigung, eine Sache im besten Sinne aufzufassen, negative Aspekte möglichst klein zu sehen oder die bestmögliche Entwicklung zu erwarten; ein fröhlicher und hoffnungsvoller Charakter.«

Ein positiv denkender Mensch kapituliert nicht, wie groß auch die Spannung sein mag. Zuversichtlich und fröhlich erwartet er unter allen Umständen das Gute. Mrs. Alan Shepard, die Frau des ersten amerikanischen Astronauten, hat diese Philosophie während des Raumfluges ihres Mannes überzeugend angewandt. »Ich glaube an die Macht des Guten und an Gott«, führte sie aus. »Ich fühlte mich umgeben vom Guten, und ich wußte, daß Alan am rechten Platz war und daß er sich in Gottes Hand befand. Ich habe gut geschlafen.«

Ein weiteres Beispiel eines wahrhaft positiven Denkers findet sich in Alan Moorehead's prächtigem Afrika-Buch ›The White Nile‹. David Livingstone, der berühmte Forscher und Missionar, ist darin unvergeßlich festgehalten: »Er hatte die Kraft, unter unmöglichen Umständen aus dem Leben noch etwas herauszuholen und es in ein besseres Licht zu rücken. Allein schon die Gegenwart Livingstones wirkte wie ein Segen auf seine Besucher.«

Denke an die gewaltige Flut von Schwierigkeiten — an Krankheit, Schmerz, Gefahr, Furcht, Haß, Vorurteile oder Krieg. Gewappnet und mit Gottes Hilfe allem zu trotzen vermag nur der *positive Mensch*.

1

Sei gewappnet

Man muß innerlich stark sein, wenn man in dieser Welt durchkommen will. Ohne Stärke werden wir erdrückt oder zum mindesten angeschlagen. Das mag etwas hart klingen, ist aber wahr. Denken wir nur an die ungezählten Widerwärtigkeiten, die jedermann begegnen können, an Unfall, Enttäuschung, Mißerfolg, Unaufrichtigkeit, um nur einige davon zu nennen.

Eines müssen wir alle lernen — uns zu wappnen. Wenn wir bis jetzt auch so durchgekommen sind, so will das nicht heißen, daß wir nicht eines Tages einen Schicksalsschlag erleiden können. Und wenn wir dann nicht über genügend innere Widerstandskraft verfügen, wird er uns zutiefst erschüttern. Betrachten wir diese innere Festigkeit, die wir alle so nötig haben, etwas näher. Wir haben schon gesehen, daß die innere Haltung von ausschlaggebender Bedeutung ist. Ja, man kann die Menschen in zwei Gruppen teilen, in empfindsame und unempfindliche. Die ersten können sich mit ihrer Lage nicht ohne weiteres abfinden, denn sie haben nicht die Kraft dazu. Kritik kränkt und verletzt sie schrecklich. Werden sie von Problemen überrascht, so lassen sie sich von Mißgeschick und Widerstand überwältigen.

Ganz anders die Unerschütterlichen. Auch sie schätzen Kritik nicht, aber sie verstehen es, damit fertig zu werden. Nützliches nehmen sie an, die Spreu schieben sie beiseite. Probleme und Hindernisse fordern sie geradezu heraus. Vor Mißgeschick und Widerstand fürchten sie sich nicht im geringsten. Es sind meist eindrucksvolle und inspirierende

Menschen. Inwendig stark geworden, sind sie allezeit gewappnet.

Wenn Du in Dein Innerstes einkehrst, findest Du die Kraft, mit der Dich der Schöpfer ausgestattet hat. Er wußte, welche Belastungen das Leben bringt und machte Dich stark. In Wirklichkeit bist Du viel stärker als Du glaubst. Wenn Du jedoch mit diesen geistigen ›Muskeln‹ nicht arbeitest, dann verkümmern sie genauso wie fleischliche Muskeln.

Frank Leahy, früher Trainer und Schöpfer eines ausgezeichneten Fußballteams, schrieb einmal in Riesenbuchstaben folgende Worte an die Wand im Mannschaftsraum, und zwar so, daß die Spieler auf ihrem Weg zum Platz daran vorbeigehen mußten: »Schwierigkeiten verlangen vollen Einsatz.« Prägen wir uns diesen Satz ein, dann sind auch wir gewappnet.

Es läßt sich denken, daß die Welt so voller Probleme und Schwierigkeiten ist, um kräftige Menschen zu entwickeln, denn etwas hat der Allmächtige vor mit uns. Sonst wäre ja alles nur eine traurige, trostlose Farce. Es mag sein, daß Gott aus uns beherrschte, starke Menschen formen will, die das irdische Leben zu meistern vermögen. Warum hat er uns sonst als sein Bild und Gleichnis geschaffen?

Deine innere Widerstandsfähigkeit kannst Du dadurch entwickeln, daß Du Dich siehst wie einer, der sie bereits besitzt. Du brauchst Dich nicht als schwaches Wesen zu betrachten, vielmehr als stark, beherrscht und zielbewußt. So wie Du Dich siehst, wirst Du Dich entwickeln.

Folgende tägliche Bejahung hilft uns, recht zu sehen. Sage Dir: »Gott hat mich stark gemacht, und ich sehe mich so, wie ich wirklich bin – nämlich stark. Mit Gottes Hilfe bin ich nicht schwach, sondern stark. Ich bin gerüstet und danke Dir, Gott, für meine Stärke.«

Wenn wir fortfahren, dies zu sagen, daran zu glauben und es anzuwenden, so wird unser Gemüt diese Stärke auch als Tatsache hinnehmen. Sie wird aus dem Unterbewußtsein zu einem entscheidenden Charakterzug heranwachsen, denn in Wirklichkeit sind wir ja nichts anderes als das, was unser Unterbewußtsein von uns hält.

Eine Frau in mittleren Jahren konsultierte mich, und da sie alleine mit mir zu sprechen wünschte, wartete ihr Mann im Vorraum. »Unser siebzehnjähriger Sohn ist wegen eines Automobildiebstahls verhaftet worden«, begann sie, »und dann steckt er sonst noch in Schwierigkeiten. Ich weiß alles, aber Dad hat keine Ahnung. Ich fürchte mich, ihm die Angelegenheit vorzutragen. Sehen Sie, er kann solche Dinge einfach nicht hinnehmen wie ich. Daher muß eben ich damit fertig werden. Helfen Sie mir bitte, meinen Mann aufzumuntern, damit ihn dieser Schlag nicht überwältigt.«

Ich konnte nicht anders, als diese unerschütterliche Frau zu bewundern. Mag sein, daß sie ihren Mann verhätschelte und ihn zu einem hilfsbedürftigen Jungen machte — vielleicht sogar aus irgendeinem mütterlichen Instinkt heraus. Aber auf alle Fälle war sie gerüstet, einer äußerst schwierigen Familienangelegenheit entgegenzutreten. »Woher nehmen Sie diese Kraft?« fragte ich voller Bewunderung.

»Sehen Sie«, fuhr sie fort, »wir sind arm und mußten uns immer abmühen. Wir haben uns durchgeschlagen, konnten uns aber nie viel leisten, und schon als Kind war es bei mir zu Hause nicht anders.« Ihre einfache Sprache, frei von Klage oder Bitterkeit, beeindruckte mich tief. »Ich sah sehr bald, daß Jack (ihr Mann) ein liebenswerter Charakter war«, fuhr sie fort, »aber er war ohne besondere Fähigkeiten und ohne jeglichen Ehrgeiz. So mußte ich denn selber für das Wohl der Familie eintreten. Ich mußte einfach stark sein, und mit Gottes Hilfe wurde ich auch stark gemacht. Es war ganz einfach, ich hatte mich entschieden, stark zu sein, das ist alles.«

Auch wenn es so einfach klingt, stark zu werden, so ist die Haltung dieser Mutter dennoch von beispielhaftem, unerschütterlichem Optimismus erfüllt. Vergegenwärtigen wir uns, daß wahre Stärke in uns steckt, ob wir es wahrhaben wollen oder nicht. Wir haben alle Kraft, die wir je brauchen werden, um mit unseren Problemen fertig zu werden.

Wenn diese Erkenntnis in unserem Bewußtsein einmal fest verankert ist, werden wir ungeachtet aller Schwierigkeiten standhalten und nicht zusammenbrechen. Und wenn Dein Gemüt so gefestigt ist, dann bleibst Du auch in schwierigen Situationen ruhig und furchtlos, voller Vertrauen in Deine Fähigkeit, damit fertig zu werden.

Ich habe die Wirksamkeit dieser Kraft erlebt. Ich habe gesehen, wie sich Stärke in zerschlagenen Menschen entwickelte. Nehmen wir zum Beispiel diesen schwierigen Fall:

Als ich frühmorgens in ein Restaurant trat, gewahrte ich in einer einsamen Ecke einen Mann, das Haupt in seine Hände gestützt, die Ellbogen auf der Tischkante. Er erschien mir verängstigt und des Lebens überdrüssig. Vielleicht auch betete er. Mit dem Frühstück und der Morgenzeitung beschäftigt, achtete ich nicht weiter auf ihn. Plötzlich wurde mein Name gerufen. Ich schaute auf und blickte in das erstaunte Gesicht jenes Gastes. »Hol mich…«, sagte er, worauf ich ihn grüßte und wissen wollte, warum er sich überhaupt verdamme. »Mag sein, daß Gebete erhört werden«, meinte er, indem er sich in den nächsten Sessel fallen ließ. »Ich habe wirklich nichts zu lachen, ich saß dort, würgte am Frühstück herum und hätte am liebsten jedem gesagt, er solle sich zum Teufel scheren. Da kam mir auf einmal der Gedanke, zu beten. Und so bat ich denn Gott um augenblickliche Hilfe. Was Sie hierher geführt hat, weiß ich nicht, aber eines bin ich gewiß: Sie sind die Antwort auf meine Bitte.«

»Wenn Gott will, daß ich Ihnen helfe, so bin ich glücklich darüber. Doch halten Sie mich ja nicht für ein Wunderkind.«

Wir vereinbarten, uns gleichen Tags noch zu treffen, um seinen Schwierigkeiten auf den Grund zu gehen und sie zu beseitigen. »Ich ertrage es nicht mehr«, fuhr er sogleich los, als wir uns am späteren Nachmittag trafen. »Es ist zu viel, ja, es ist zum Aus-der-Haut-Fahren. Ich halte es nicht mehr aus, verstehen Sie. Diese Spannung zerreißt mich. Es hat überhaupt keinen Sinn mehr.« Er ließ sich in einen Sessel fallen und warf das Telefonbuch an die nächste Wand. »Fahren Sie fort«, forderte ich ihn auf, »wenn es Ihnen gefällt, die restlichen Bücher auch noch an die Wand zu werfen. Ich werde für weitere sorgen.«

Er grinste und beruhigte sich ein wenig, doch war er immer noch verkrampft und nervös. Es zeigte sich, daß er an Enttäuschungen litt und von einem Schuldgefühl geplagt wurde. »Sehen Sie«, fuhr er fort, »mein ganzes Leben lang trieb mich ein scheußlicher Ehrgeiz, obenauf zu sein und dem Vergnügen nachzujagen. Und wohin hat es mich gebracht? Gewiß bin ich zu Geld gekommen, aber, um ein Wort von Euch Theologen zu gebrauchen: Ich habe meine Seele verloren. Das ist es. Meine Seele habe ich verloren, jawohl.

Ich bin arm aufgewachsen, in der düsteren Vorstadt. Ich beobachtete die Bankiers mit gestärkten Hemden, die Rechtsanwälte und Kaufleute in ihren großen Wagen und sah, wie sie alle in ihren Clubs herumlungerten. Ich haßte sie, und glauben Sie mir, ich hasse sie heute noch. Dennoch wollte ich es ihnen gleichtun, wollte wie sie alles haben – Wagen, Clubs und das ganze Drum und Dran. In der Tat wollte ich der Große sein, eine falsche Münze. Und so habe ich denn all die unrühmlichen Tricks mitgemacht, die bei den Gerissensten unter ihnen vorkommen – und glauben Sie mir, sie waren wirklich unrühmlich! Aber jetzt habe ich es satt, ich ertrage dieses Leben nicht mehr.«

Es war eine lange Geschichte. Ich erlebte die Schilderung seiner zweifelhaften Geschäfte und Vergnügen plastischer, als es je unsere nicht gerade zimperlichen Romanschriftsteller zu beschreiben vermögen. Diesen bis zum äußersten angewiderten Sklaven jener üblichen Gewohnheiten konnten sie nicht übertreffen.

»Mensch, Sie hätten Schriftsteller werden sollen«, unterbrach ich ihn, »Sie könnten eine scharfe, bösartige Feder führen. Und wenn ich ›bösartig‹ sage, so meine ich es.«

Unbewußt hatte ich seine eigene, harte Sprache angenommen. Es war mir klar, daß er nicht nur seinem Überdruß Luft machen wollte. Etwas quälte ihn noch viel mehr. Seine Seele begann, sich zu offenbaren, und das beeindruckt immer gewaltig.

Wenn man einen Mann von hartem Schrot und Korn, wie mein Gegenüber, vor sich hat, kann man ihm nicht mit sanften Worten entgegentreten. Seine Ehrlichkeit und Offenheit verlangte nach etwas Ebenbürtigem. Ich hätte ihm vorschlagen können, sich bei irgendeinem Psychiater Rat zu holen. Eine solche Behandlung hätte ihm wahrscheinlich nicht geschadet, und ich schlug ihm später dies auch vor; jetzt aber brauchte er eine heilende Kraft, unkompliziert und durchgreifend, die ihn von seinem Ballast befreite. Dazu setzte ich ihm den geistigen Standpunkt in seiner eigenen Sprache auseinander.

Da gewahrte ich auf einmal einen weiteren Beweis von Gottes Führung. Durch das offene Fenster drang die Hymne eines Kirchengeläuts an mein Ohr, und in der hereinbrechenden Dämmerung zeichnete sich ein angestrahltes Kreuz von gigantischer Größe am Nachthimmel ab.

Ob er etwas von Theologie verstehe, fragte ich meinen Freund. Doch das Wort ›Theologie‹ verwirrte ihn nur.

Da zeigte ich ihm das Kreuz jener Kirche, 25 Stockwerke über dem Erdboden. »Das dort«, erklärte ich ihm, »das ist das Herz der Theologie. Unser Retter ist einst daran gestorben, um zu beweisen, daß Gott für uns sorgt und uns liebt. Ich will nicht behaupten, alles zu verstehen, aber wenn Leute wie Sie und ich zum Kreuz aufschauen und zu jenem, der daran für uns gestorben ist, und wenn wir demütig um

Erlösung bitten und bereit sind, diese anzunehmen, werden wir ihrer auch teilhaftig.« Ich beobachtete den Mann neugierig. Ich wußte, daß er noch nie etwas Ähnliches gehört hatte. Denn wie er mir erzählte, war der Priester in seiner Kirche überaus freundlich und zurückhaltend. Diese direkte Art von Religion war ganz neu für ihn.

»Nur Jesus Christus«, setzte ich ihm auseinander, »nur Er vermag Sie von Haß, Geldbesessenheit und anderen Leidenschaften zu befreien. Und Er tut es auch, wenn Sie den Mut aufbringen, Ihn darum zu bitten. Knien Sie nieder und schauen Sie auf zu jenem Kreuz, und sagen Sie Gott, daß Sie Ihre Schlechtigkeit bereuen.«

Das war hart, doch dieser Mensch mußte hart angefaßt werden. Ich schätzte ihn richtig ein, denn er befolgte meinen Rat. Selbstverständlich kann ich sein Gebet nicht wortwörtlich wiedergeben, aber es hat mich dermaßen beeindruckt, daß ich mich noch gut an Wendungen erinnere, derer er sich bediente. Er begann:

»Herr, ich habe mich vergangen, aber das weißt Du auch, ohne daß ich es Dir sage. Ich kann nicht alles festhalten, und wenn ich Dir alles vortragen wollte, all das Schlechte, das ich getan habe, dann hättest Du gar keine Zeit mehr, jemand anderem zuzuhören. Zudem weißt Du sowieso alles über mich. Wie könnte ich Dich auch irreführen? Aber glaube mir, Herr, daß ich mich nicht zu verbergen trachte. Ich habe meine abscheulichen Gedanken und Taten satt. Ich will nicht länger so bleiben. Ich muß zugeben, daß ich sogar jetzt noch, während ich spreche, geheime Vorbehalte hege, doch bitte, lasse mich nicht unaufrichtig sprechen. Hilf mir, rein zu werden. Ich kann nichts von mir aus tun, so befehle ich mich denn in Deine Hände. Ich muß ein neuer Mensch werden!«

Ich habe selten jemanden so beten gehört wie diesen Mann. Er sprach zu Gott in derselben Offenheit, die er mir gegenüber hatte.

Ich habe mich oft gefragt, was ihn wohl wieder ins Geleise brachte. Dabei bin ich auf die folgenden fünf Punkte gestoßen. 1) Er konnte sich selbst nicht mehr ausstehen und hatte 2) ein gewaltiges Verlangen, anders zu werden. Er stellte weder komplizierte religiöse Fragen, noch hegte er Zweifel — er glaubte ganz einfach. 3) Er schöpfte die Religion frei aus dem Wort. 4) Er war bereit, alles daranzusetzen, einen Weg zu finden, und so gelangte er denn auch dazu. 5) Er machte einen richtigen Anfang. Natürlich dauerte es noch lange, bis er mit sich völlig im reinen war.

»Gottlob, jetzt fühle ich mich besser«, sagte er, als er wieder aufrecht stand.

»Sie scheinen sich ja bereits gründlich verändert zu haben«, bemerkte ich, »vor einer halben Stunde hätten Sie kaum ›gottlob‹ gesagt.« »Komisch«, meinte er, »aber irgendwie fühle ich mich schon freier und ruhiger.«

In der Tat war sein Gesichtsausdruck völlig verwandelt. War es Gottes Macht? Eine andere Erklärung gab es nicht. Natürlich wurde er während dieser Unterredung nicht vom Tiefsten zum Höchsten erhoben, aber er hatte richtig angefangen. Und schon dieser Anfang befreite und entspannte ihn.

Daraufhin konnte dieser Mann wieder voller Kraft seine Arbeit anpacken. Und warum sollte er nicht? Seine ungesunde Grundhaltung, die ihn um alle Energie gebracht hatte, verschwand allmählich. Sein Geist faßte Mut, und er bemerkte denn auch einige Monate später zu mir, er sei so voller neuer Ideen, daß er kaum noch mitkomme.

Während längerer Zeit beobachtete ich diesen Mann und sah, wie er ständig Kraft gewann, und zwar geistig und körperlich. Er muß eine richtige ›Wiedergeburt‹ erlebt haben. Neues Leben sprühte aus ihm. Und heute läßt er sich von Schwierigkeiten nicht mehr erniedrigen, so wie damals beim Frühstück. Heute ist er gerüstet. Und seine Lebenseinstellung ist dermaßen überzeugend, daß es ihm, auch rein äußerlich gesehen, viel besser geht. Er hat sich an seinem Gottesglauben aufgerafft. Jetzt ist er ein kräftiger Mann, der sich selbst und seine Probleme zu meistern versteht.

Im Grunde genommen geht es ja nur darum, auf geistiger Grundlage unsere Persönlichkeit zu entwickeln. Dann haben wir bereits Kraft gewonnen und sind gewappnet. Die dramatische und radikale Umkehr, die ich eben geschildert habe, ist in den meisten Fällen nicht notwendig. Grundsätzlich genügt es, wenn wir den Glauben an unsere Fähigkeit, stark und gewappnet zu sein, stärken. Und der Erfolg bleibt nicht aus, wenn wir ausdauernd daran festhalten.

Wenn wir das Gefühl haben, daß ausgerechnet wir ein hartes Los haben, dann ist es Zeit, uns selbst einmal ins Gebet zu nehmen und uns zu fragen, wo eigentlich die Schwierigkeiten stecken. Vielleicht machen wir es uns selbst so schwierig. Dennoch neigen wir dazu, dafür andere oder die allgemeinen Verhältnisse verantwortlich zu machen, auf alle Fälle Mächte, auf die wir keinen Einfluß haben. In Wirklichkeit aber liegt die Lösung unserer Probleme nicht außerhalb unserer Kontrolle, vielmehr steckt das Problem in uns selbst. Emerson sagte: »In jedem Menschen steckt ein Grund für sein Schicksal — sei es nun gut oder schlecht.« Denke daran!

Mißerfolgen müssen wir auf den Grund gehen, denn gewisse Elemente, die zum Mißerfolg führten, müssen in unserem Bewußtsein aufgedeckt werden, damit es davon nicht weiter beherrscht wird. Sonst schaffen sie in unserem Gemüt hartnäckige unbewußte Zweifel an unseren Fähigkeiten, erfolgreich zu sein. Und wie bereits dargelegt wurde, neigt jeder Mensch dazu, so zu werden, wie ihn sein Unterbewußtsein sieht.

Wo liegt nun die Lösung? Ganz einfach — kehre dieses geistige Bild um! Natürlich mußt Du umlernen, und es mag nicht ganz leicht sein. Zuerst wirst Du erkennen, daß Du Deine Gedanken ändern mußt. Sie dann tatsächlich zu ändern, mag anfänglich etwas mühsam sein, denn Deine geistige Grundeinstellung hat sich tief in das Unterbewußtsein eingegraben und wird gegen die geistige Umerziehung anfänglich heftig protestieren. Wenn Du Dich jedoch ständig schwach und geschlagen fühlst und es auch bist, dann ist Dein Gemüt zum großen Teil schuld daran. Es hat Dich jahrelang belogen und Dir eingeflüstert, Du werdest Mißerfolg haben. Du mußt Deinem Gemüt entgegentreten und ihm einschärfen, daß Du jetzt neue, kraftvolle Gedanken hast, einen lebendigen Glauben, und daß Du beabsichtigst, auf Erfolg und Glück hinzusteuern. Und dann lasse das alte, negative und defaitistische Gedankenbild nicht mehr über Dich herrschen. Lasse nie das Gemüt über Dich regieren, denn in Wirklichkeit beherrschest Du es. Mit Gottes Hilfe wird es Dir gelingen. Unsere Gefühle können wir beherrschen, wenn wir entschlossen sind, es auch zu tun. Stärken wir diese Entschlossenheit durch eine dynamische Kraft, die positive Grundhaltung.

In den amerikanischen Schulen wurden früher die Kinder mit dieser starken Philosophie vertraut gemacht. So war es auch im Heim und in der Kirche. Diese Lehre hat große Männer hervorgebracht, doch dann geriet sie langsam in Vergessenheit — und damit wurde der Schwachheit der Weg frei gemacht. Das war ein Verbrechen an der Menschheit.

In Gedanken sehe ich mich noch in meiner Vorortsschule in Cincinnati. Der Lehrer unserer fünften Klasse war ein Hüne von weit über hundert Kilo Gewicht. Ich kann mich noch gut erinnern, wie er ab und zu kraftvoll seine Pratzen unserem Sitzleder zuwandte. Eine handfeste Erziehung hielt er für vorteilhaft für die Schüler, sowohl aus erzieherischen Gründen als auch, um starke Menschen zu entwickeln. In der Tat, als ich mich einige Jahre später in einer Zeitungsspalte mit Mr. Reeves befaßte und dabei erwähnte, was ich abbekommen hatte, überhäuften mich ehemalige Schüler mit Zuschriften, und alle rühmten sich, von ihm kräftig in Obhut genommen worden zu sein.

Mr. Reeves war ein Lehrer von Format, und er hinterließ bei seinen Schülern einen unvergeßlichen Eindruck — sowohl geistig wie körperlich. Eine seiner Methoden bestand darin, mitten in der Stunde abzubrechen und ›Ruhe‹ zu donnern. Und ich muß sagen, es war jedesmal augenblicklich mäuschenstill. Dann pflegte er in riesigen Buchstaben das Wort UNMÖGLICH (can't) an die Tafel zu schreiben. Daraufhin wandte er sich jeweils wieder uns zu und schaute uns fragend an.

Und wir wußten, was wir zu tun hatten. Im Sprechchor riefen wir: »Ohne ›UN‹ heißt es ›möglich‹ (ohne ›t‹ heißt es ›kann‹!).« Dann pflegte er das UN mit einem kräftigen Strich durchzustreichen. Nie habe ich diese Lektion vergessen.

»Das soll euch eine Lehre sein«, pflegte er jeweils zu sagen. »Hört auf zu wimmern, daß es nicht gehe. Ihr seid Gottes Kinder, und mit Gottes Hilfe könnt ihr alle Schwierigkeiten überwinden.« Und dann fügte er noch folgenden Satz bei, den ich für immer zu behalten gedenke: »Man kann, wenn man daran glaubt.«

Niemand braucht diese Ratschläge als unnütz abzutun, nur weil er kein Fünftkläßler oder nicht mehr jung ist.

Ein 93jähriger schrieb mir, daß er zeit seines Lebens an einem Minderwertigkeitskomplex gelitten habe. Wenn das tatsächlich stimmt, dann ist dies der älteste Komplex, von dem ich je gehört habe. »Und er hat mich 93 Jahre lang unglücklich gemacht«, fuhr er fort, »aber dann gab mir ein Freund Ihr Buch ›Die Kraft positiven Denkens‹. Ich las es, glaubte daran und wandte jene Regeln ständig an. Ich freue mich, Ihnen nun mitzuteilen, daß ich in meinem 93. Altersjahr meinen Minderwertigkeitskomplex überwunden habe.«

Und es scheint tatsächlich, daß er ihn überwunden hat, denn er fügte folgenden ausgesprochen positiven Schlußsatz bei: *»Die Zukunft sieht vielversprechend aus.«*

Ein weiterer, äußerst wichtiger Punkt liegt darin, daß wir Schwierigkeiten in der rechten Proportion sehen und darüber hinaus die sich ergebenden Möglichkeiten nicht übersehen. Dann sind wir stark genug, Probleme richtig anzupacken. Vergessen wir nicht, daß sich auch in einer äußerst mißlichen Situation lohnende Möglichkeiten befinden — und wenn sie noch so gut versteckt sind. Ein verzagtes Gemüt vermag leider diese Möglichkeiten nicht zu erkennen, und selbst wenn es einen Schimmer davon erhaschen sollte, hätte es unter den schwierigen Umständen nicht die Kraft, sie auszuschöpfen.

Starke Menschen andererseits lassen sich ihr Gemüt nicht durch Schwermut verdunkeln. Sie wissen, um was es geht und sind sich der Schwierigkeiten voll bewußt. Sie unterscheiden sich aber darin von den Niedergeschlagenen, daß sie immer den Silberstreifen am Horizont wahrnehmen, wie klein er auch sein mag. Als ich kürzlich mit meiner Frau unsere Tochter besuchte, wurde mir die vorerwähnte Wahrheit so richtig bewußt. Im College-Park befand sich nämlich eine Sonnenuhr mit der folgenden aufrüttelnden Inschrift: »Das Ende der Dunkelheit ist das Licht.«

Was soll das heißen? Am besten erläutere ich es mit dem Erlebnis auf einem Transatlantikflug. Es war kurz vor Mitternacht oder 5 Uhr mitteleuropäischer Zeit. Wir überquerten den Atlantik in völliger Dunkelheit, ungefähr 10 000 Meter über dem Wasser. Doch war die Dunkelheit nicht von langer Dauer, denn in unendlicher Ferne bemerkte man im Osten eine dünne, helle Linie — das Ende der Nacht. Etwas später befanden wir uns 500 Meilen weiter östlich — inmitten des aufgehenden Tages.

Unerschütterliche Menschen verfügen über diesen erweiterten Blick. Sie vermögen das Licht hinter dem Schatten zu erkennen, und deshalb geben sie nie auf. Es ist eine Binsenwahrheit, daß wir unsere Ziele nur erreichen, wenn wir sie ständig verfolgen. Anläßlich einer Unterhaltung mit Freunden kam man auf einen gewissen Mann zu sprechen, dessen Beschäftigung als höchst ungewöhnlich betrachtet wurde, was ihm denn auch Widerstand und neidvolle Kritik eintrug. Ich wußte jedoch, daß er volles Vertrauen in seine Tätigkeit hatte und ein starkes Gottvertrauen besaß. Da wollte jemand wissen, ob er wohl all die Widerwärtigkeiten durchstehen werde. »Keine Angst«, bekam er zur Antwort, »er nimmt nur eins ums andere.«

Dieser Mann überwand seine Schwierigkeiten dadurch, daß er sich nie kleinkriegen ließ, sondern entschlossen und standhaft blieb. Man kann nicht anders, als einen solchen Menschen zu bewundern, der sich Schrittchen für Schrittchen durch seine Probleme arbeitet, sich nur von seinem Gewissen leiten läßt, unbekümmert um allfällige Bemerkungen anderer Leute. Sich nur nach dem als richtig erkannten Ziel richtend und mit gutem Gewissen vorwärtsschreitend, war er das Musterbeispiel eines unerschütterlichen Optimisten. Ist es nicht wunderbar, zu wissen, daß wir nicht schwach zu sein brauchen. Wir können stark sein und das Leben meistern. Auch wir brauchen uns nicht kleinkriegen zu lassen.

Aber wie kommen wir dazu? Wie wappnen wir uns am besten? Wir müssen aufhören, Gott als eine theoretische Idee zu betrachten. Vielmehr müssen wir uns seiner Allgegenwart und Hilfe bewußt sein. Bete, denke daran, und übe Dich in diesem Glauben, bis Du völlige Gewißheit erlangst, daß Gott auch wirklich mit Dir ist. Dann weißt Du nämlich, daß Du allfällige Schwierigkeiten nicht allein zu meistern hast. Gott ist Deiner immer gewahr und immer bereit, Dir zu helfen.

Als ich zu einem Patienten in ein Krankenhaus gebeten wurde, durfte ich unerwartet eine inspirierende Erfahrung machen. Der Patient, ein auswärtiger Geschäftsmann, war schwer krank, und seine Freunde waren sich nicht darüber klar, ob er überhaupt um seinen wahren Zustand wußte.

»Kürzlich hörte ich Sie bei einer Versammlung«, begann er, »und ich muß zugeben, daß Sie uns etwas Rechtes vorgetragen haben. Warum kommen Sie überhaupt zu mir? Sie sind doch so in Anspruch genommen, daß Sie nicht noch Zeit haben, einem alten Invaliden nachzugehen, der sowieso nicht mehr viel zu erwarten hat!«

»Wissen Sie, woran ich leide?« fragte er mich geradeheraus, um dann hinzuzufügen: »Ich habe Krebs, und meine Chance davonzukommen steht eins zu tausend.«

Er machte den Anschein, sich aussprechen zu wollen, und fuhr denn auch gleich weiter: »Wenn ich auch nie sehr religiös gewesen bin, glauben Sie nicht, daß ich im Grunde genommen schlecht bin. Auf alle Fälle meinte ich es nie so! Aber jetzt habe ich viel nachgedacht und bin mit Gott ins reine gekommen. Meine Freunde haben mir geschrieben, daß mir Gott schon helfen werde, ungeachtet aller Schwierigkeiten, wenn ich nur daran glaube. Komisch! Früher sprach nie einer auch nur ein Wort von Gott. Seit ich krank bin, schreiben sie mir, daß sie mit Gottes Hilfe ihre eigenen Schwierigkeiten gemeistert hätten. Nimmt mich nur wunder, weshalb sie nicht auch im Alltag mehr über Gott sprechen? Von meinen Eltern wurde ich gelehrt, mich Gott anzuvertrauen. Nun steht mir ein Kampf bevor, aber ich bin der Ansicht, daß ich ihn gewinnen werde. Was auch passieren mag, so ist Gott mit mir. Ich glaube, daß ich es wie ein Christ zu tragen vermag.«

Ich betrachtete meinen Patienten lange. »Ich werde Sie nie vergessen«, versicherte ich ihm, »ich kann nur hoffen, unter ähnlichen Umständen halb so viel Mut und Kraft wie Sie aufbringen zu können.«

»Das könnten Sie auch«, meinte er, »denn Sie glauben an Gott wie ich, und sollten Sie je in meine Lage kommen, können Sie sich auf Gott verlassen. Ich bin restlos sicher, daß uns Gott dazu befähigt, alles zu ertragen.«

Nach diesem Besuch lebte dieser Mann nur noch vier

Tage. Aber selbst wenn er neunzig Jahre alt geworden wäre, so hätte er, was menschliche Größe anbetrifft, kaum etwas dazulernen müssen. Dieser Mann hatte das sogenannte ›finstere Tal‹ zu überwinden, aber für ihn existierte es nicht; er war vielmehr eingehüllt in das Licht seines Glaubens. Er war gewappnet.

Die Kraft schöpferischer Gedanken ist für uns sehr wichtig. Schon Gautama Buddha erkannte: »Wie Du denkst, so wirst Du!« Wenn sich jemand von Kindheit auf an ein gesundes Bewußtsein gewöhnt, ist er gegen Mißgeschicke weitgehend geschützt. Zudem verfügt er über eine unerschütterliche Stärke für sein ganzes Leben. Aber leider haben wir es versäumt, uns ein solches Gedankengut zu erarbeiten, und allzuoft hat sogar die Religion dazu beigetragen, unsere negative Geisteshaltung vorherrschen zu lassen.

Mit meinen Schülern habe ich stets großen Erfolg gehabt, wenn ich sie dazu brachte, ihre Gedanken zu überprüfen und sie schöpferisch zu beeinflussen. So ließ sich Schwachheit ganz natürlich überwinden.

Eines Nachts, vor einem Jahr, flog ich an die Westküste, wobei ich neben einen Herrn zu sitzen kam, der sowohl körperlich wie auch geistig und seelisch litt. Er schilderte mir ausführlich alle seine Leiden und erzählte mir von Fettleibigkeit, hohem Blutdruck, Atembeschwerden, Magenstörungen, Leberbeschwerden und Gelenkschmerzen. Ungewollt offenbarte er dabei auch seinen kranken Gemütszustand. Seine Gedanken waren beherrscht von Haß, Bitterkeit, Neid und Sinneslust. Er führte, gelinde gesagt, ein wenig moralisches Leben.

Nachdem er mich stundenlang mit seinen verderbten Gedanken überschüttet hatte, hielt er auf einmal inne und fragte: »Was zum Teufel ist eigentlich falsch mit mir?«

»Die Tatsache, daß Sie sich auf den Teufel, also auf das Böse beziehen«, erwiderte ich ihm, »scheint mir symptomatisch!

Es ist gut möglich, daß Sie sich in dieser mißlichen Lage befinden, weil Sie sich in einem teuflischen Zustand befinden! Anders ausgedrückt, Sie leiden an schlechten Gedanken! Und denken Sie daran, schlechte Gedanken können Sie wirklich krank machen und sich auf Ihren Körper auswirken.«

»Schlechte Gedanken«, wiederholte mein Nachbar nachdenklich, »glauben Sie wirklich, daß es daran liegt? Warum hat denn noch nie ein Schriftsteller, ein Lehrer oder ein Priester uns gesagt, daß schlechte Gedanken Schaden anrichten? Und warum sagten sie nie, was dagegen zu tun ist?«

»Einige haben es versucht«, wandte ich ein, »aber lassen wir nun die Vergangenheit beiseite, und schauen wir, was wir positiv unternehmen können. Ich mache Ihnen einen Vorschlag. Glauben Sie ja nicht, es werde Ihnen nicht helfen, Sie werden das Gegenteil erleben. Morgen beginnen Sie damit, die vier ersten Evangelien zu lesen, Matthäus, Markus, Lukas und Johannes. Unterstreichen Sie jeden Satz, der Ihnen besonders wichtig zu sein scheint. Prägen Sie sich diese Sätze in das Gedächtnis ein! Und während Sie diese Stellen auswendig lernen, vergegenwärtigen Sie sich die darin enthaltenen Gedanken, bis diese tief in Ihrem Bewußtsein verankert sind. Dann werden die schlechten Gedanken zerstört, welche Ihr Bewußtsein vergifteten und Ihre Gesundheit untergraben haben.«

Als Beispiel gab ich ihm die Abschnitte Matthäus 6:22/23: »Das Auge ist des Leibes Licht. Wenn dein Auge einfältig ist, so wird dein ganzer Leib licht sein.

Ist aber dein Auge ein Schalk, so wird dein ganzer Leib finster sein...«

»Mit anderen Worten«, erklärte ich ihm, »so wie wir die Dinge sehen, so werden wir selbst sein, sei es zuversichtlich und fröhlich oder trübsinnig und hoffnungslos.«

Eigentlich weiß man nie genau, ob der Hilfesuchende auch wirklich einen Rat richtig annimmt. In diesem Fall hatte ich jedoch keine Zweifel. Ich verabschiedete mich von meinem Gefährten und dachte auch nie mehr an ihn. Einige Monate später begegnete mir ein Herr in einem Hotel in Chicago. »Erinnern Sie sich noch an mich?« kam er fragend auf mich zu. Das ist sehr oft eine heikle Frage, besonders wenn jemand wie ich ständig umherreist und unzählige Leute trifft. Doch pflege ich, darauf immer ohne Ausflüchte zu antworten, daß er mir wohl bekannt vorkomme, daß ich jedoch gestehen müsse, ihn nicht zu kennen. »Wundert mich gar nicht«, lächelte er, »obschon wir zusammen eine ganze Nacht verbrachten. Damals war ich ein geschlagener Mann, ein unansehnlicher Dickwanst.«

»Entspricht jedenfalls nicht Ihrem jetzigen Aussehen«, entgegnete ich voller Verwunderung. Vor mir stand ein flotter, sauberer und gesunder Mensch.

Auf einmal erinnerte ich mich wieder an ihn: »Sie sind jener Mann mit den schlechten Gedanken!« — »War«, korrigierte er mich, »jetzt nicht mehr! Glauben Sie mir, ich habe mich mit Fleiß an die mir vorgeschlagene Arbeit gemacht. Ich weiß schon eine ordentliche Menge von Bibelstellen auswendig, und ihren Sinn halte ich in meinem Bewußtsein fest. Ja, mein Gemüt ist erfüllt von solchen Gedanken. Ich fühle mich in jeder Beziehung besser. In der Tat bin ich gesund an Leib und Seele. Seit Jahren hatte ich nie mehr eine solche Kraft und Energie entwickelt, und dies gerade jetzt, wo ich einige harte Erfahrungen durchmachte. Früher hätten mich solche Probleme niedergedrückt. Aber heute bin ich mit Gottes Hilfe gewappnet und weiß, mit meinen Sorgen fertig zu werden.«

Auch bei Dir kann diese Methode wahre Wunder wirken. Doch ist manchmal eine tiefergreifende Behandlung vonnöten, indem die Grundhaltung eines Menschen geändert werden muß. Es ist durchaus denkbar, daß man sich im Laufe der Jahre einem Zustand von Anspannung und Mißerfolg verschreibt. Dieses Gedankenbild drückt sich denn auch dementsprechend aus und führt uns schließlich zu einer schrecklichen Niedergeschlagenheit. Doch dem kann abgeholfen werden.

Die nachstehende, höchst seltsame Geschichte handelt von einem unglücklichen Mann, dessen Charakterumwandlung in meiner ganzen Erfahrung einmalig dasteht.

Im Laufe von Jahren war dieser Mann das Opfer eines unangenehm auffallenden Charakterzuges. Er war dermaßen gespannt, daß allein schon seine Gegenwart genügte, um auch seine Umgebung in Spannung zu versetzen. Er war durch und durch Perfektionist und bestand darauf, daß alle Arbeiten genau nach seinen Vorstellungen und nur so auszuführen seien, und zwar unverzüglich. Wenn er in das Büro zu kommen pflegte, wurden die Mitarbeiter schon instinktiv nervös. Das kleinste Mißgeschick ließ ihn hochgehen. Ja, es schien, daß er sich meistens in Deckennähe befand!

Zu Hause war er noch schlimmer. Machte er im Geschäft noch einen schwachen Versuch, anständig zu sein, so ließ er sich zu Hause völlig gehen. Es war kein Zweifel, daß er seine Frau lieb hatte, doch machte er sie ganz unbewußt zum Blitzableiter seiner täglichen Ärgernisse – an denen es ihm wahrlich nicht zu fehlen schien. Er fluchte, schrie und tobte, und alles, was nicht befestigt war und sich in seiner Nähe befand, wurde herumgeschmissen. Daraufhin verfiel er regelmäßig in tiefe Niedergeschlagenheit, welche Stunden, ja, oft Tage dauerte.

Jahr für Jahr bemühte sich seine Frau geduldig, sein Verhalten hinzunehmen. Sie war ihrem Manne ganz ergeben, ja, sie hielt ihn für einen großen Mann und betrachtete es als ihre Pflicht, ihm soviel Schwierigkeiten wie möglich aus dem Weg zu räumen. Sie betete um die Kraft, seine Ausbrüche zu ertragen. Doch allmählich beraubte sie die dauernde Anspannung ihrer Energie. Es wurde immer schwieriger, ihn auszustehen.

Eines Abends konnte sie seinen Tiraden nicht mehr standhalten. Mit plötzlich ausbrechender Heftigkeit trat sie ihrem
Mann entgegen. Aufs äußerste aufgebracht, schüttete sie
die ungeschminkten Tatsachen seines Verhaltens vor ihm
aus und sagte ihm, welchen Eindruck er auf sie und andere
Leute mache.

Wenn er ab und zu einen Einwand erhob, so schnitt sie
ihm das Wort ab mit der Bemerkung: »Sei still und hör mir
zu! Ich habe Deine Ausbrüche nun jahrelang ausgestanden.
Jetzt ist es einmal an Dir. Und eines sage ich Dir, Du wirst
mir zuhören!« Wie er so hilflos dasaß, während ihm seine
Frau das erschütternde Bild seines Ichs zeigte, überkam ihn
auf einmal eine seltsame Vision. Ihre Stimme schien sich ab-
zuschwächen. Er fühlte sich allein vor einem träge fließen-
den Strom. Irgendwie hielt er diesen Strom für sich selbst
und gewahrte in dessen Mitte etwas Unförmiges, groß und
dunkel, auf- und abtanzen. Er erkannte es als großen Klumpen — als Sünde — seine Sünde, ein Gemisch von Schuldgefühl, Haß und Unbeherrschtheit.

Diese Erfahrung gewährt uns einen tiefen Einblick in die
fundamentalen Schwierigkeiten vieler Menschen. Hegen
wir mehrere Sünden und Schwachheiten, oder sind sie nur
Ausdruck einer zentralen Sünde, Schwäche oder Schlechtigkeit? Vielleicht sind es nur verschiedene Formen einer großen Sünde, die versteckt in unserem Bewußtsein liegt und
die Ursache für alle sichtbaren Schwächen bildet. Es ist sehr
wohl möglich, daß die Sünde unteilbar ist, daß wir also nicht
mehrere, sondern eine zentrale Sünde mit uns herumtragen.
Wenn diese aufgelöst und weggeschwemmt ist, sind auch
wir gereinigt.

Ebenso schnell wie diese Vision kam, verschwand sie
auch wieder, und er gewahrte wieder seine Frau, und hörte,
wie sie auf ihn einredete. Augenblicklich überkam ihn ein
Gefühl von Zärtlichkeit, und er bedauerte, ihr all die Jahre

solche Sorgen gemacht zu haben. Offenbar bemerkte seine Frau, daß etwas Eigenartiges mit ihm vorgegangen war. Sie hielt inne, betrachtete ihn verwundert und ließ sich erschöpft in einen Sessel fallen.

Nun wußte er, daß er sich zu ändern hatte. Er fühlte, daß er unverzüglich etwas dagegen tun müsse, ansonsten er wohl nicht mehr die Kraft hätte, dieses dunkle Etwas aus dem Strom seines Gemüts zu entfernen, und somit alles wie bisher weitergehen würde. Daß er nichts von sich aus tun konnte, war ihm klar. Nur Gott war befähigt, ihm zu helfen. So teilte er denn seine Erfahrung mit seiner Frau, und beide beteten zu Gott und flehten ihn um Hilfe an.

Als mir dieser Mann davon erzählte, hob er hervor, wie innig er und seine Frau um Hilfe baten. Noch nie zuvor hatte er sich ›mit allem, was er hatte‹ an Gott gewandt. »Auf einmal«, erklärte er, »fühlte ich, wie mich der Glaube überflutete. Ein unbeschreibliches Gefühl der Erleichterung erfüllte mich.«

Die tatsächliche Umwandlung war nicht augenblicklich erfolgt, aber der Mann hatte sich bereits geändert, und sein Fortschritt hielt an. Er wurde ruhig, war nicht mehr so heftig und beherrschte sich viel besser. Ja, irgendwie kam eine ruhige Gelassenheit zum Durchbruch. Jener unansehnliche Klumpen hatte sich aufgelöst und ihn verlassen. Und in der Tat kann es nicht anders sein, denn selbst seine Frau — und sie muß es ja wissen — findet ihn ganz anders.

Seine Besserung drückt sich auch in seiner täglichen Erfahrung aus. »Die schreckliche Spannung von früher kenne ich nicht mehr, und ich fühle mich freier und erleichtert. Warum hat mir auch niemand diese Kraft erklärt, bevor ich mir mein Leben so qualvoll gestaltet habe? Immerhin, gottlob, weiß ich es jetzt.«

Auch Du kannst diese Kraft entfalten und gewappnet sein. Es liegt an Dir, ein unerschütterlicher Optimist zu werden.

Zusammenfassung

1. Man muß stark sein, wenn man in dieser Welt durchkommen soll. Schaffe Dir deshalb innere Widerstandsfähigkeit, einen kraftvollen Geist und ein starkes Gemüt.

2. Schwierigkeiten verlangen vollen Einsatz, und Du bist auch fähig dazu.

3. Sei Dir immer wieder bewußt, daß Deine Natur von Gott als stark geschaffen wurde. Wenn Du Dir das einprägst und diese Tatsache praktisch anwendest, so stärkst Du diese in allen Menschen schlummernde Kraft, so, wie Muskeln durch den Gebrauch kräftig werden.

4. Ändere Deine Geisteshaltung! Wahre Stärke hat mit Unversöhnlichkeit nichts zu tun. Vielmehr ist es eine gottähnliche Kraft, die eine ausgeprägte christliche Güte in sich schließt.

5. Kehre das Bild, das Dich schwach haben will, um. Nimm Deine wachsende Stärke wahr, verankere sie in Deinem Bewußtsein, bis sie ein Stück Deiner selbst wird.

6. Du kannst, wenn Du daran glaubst, daß Du kannst. Um diesen kraftvollen, schöpferischen Gedanken allgegenwärtig zu haben, mußt Du ihn ständig anwenden. Und so wirst Du ihn auch behalten.

7. Wie düster die Lage auch zu sein scheint oder gar ist, erhebe Deinen Blick und suche nach den positiven Möglichkeiten. Denn Möglichkeiten stecken in allen Problemen!

8. Sei Dir bewußt, daß Dich Gott dazu befähigt, Deinen Problemen mutig entgegenzutreten.

9. Vergiß nicht, daß Du so wirst, wie Du Dich siehst, sei es nun gut oder böse, stark oder schwach, geschlagen oder erfolgreich.

2

Fürchte niemanden und nichts

»Fürchte niemanden und nichts in diesem Leben.« An diesen Ausspruch erinnere ich mich noch sehr gut. Es waren Grove Patterson's Worte, so wie ich sie an jenem Oktobertag im Jahre 1920 im Redaktionszimmer des ›Detroit Journal‹ hörte.

Als junger Reporter, kaum der Schule entlassen, gab mir mein Chef gerade eine gutgemeinte Lektion. Er zeigte mit seinem plumpen und verschmierten Zeigefinger auf mich — seine Finger waren immer mit Tinte befleckt — und fuhr los: »Hör zu, Norman, nimm das Leben nicht wie zitterndes Espenlaub, verstecke Dich nicht hinter tausend Ängsten. Was zum Kuckuck gibt es überhaupt zu fürchten?«

Grove Patterson hatte mich durchschaut. Furcht und Scheu hatten mich jahrelang geplagt, bis ich endlich lernte, sie zu überwinden. Und seine Lektion hat mir dabei viel geholfen. Wir wurden Freunde fürs Leben.

»Du mußt Dich Menschen und Anforderungen gegenüber gewachsen zeigen. Sage Dir tagtäglich, daß Du mit Gottes Hilfe niemanden und nichts zu fürchten hast. Wiederhole es so lange, bis es sitzt.«

An jenem Tag hat mir mein Chef einiges beigebracht. Er drang mit seinen Worten und seinem unerschütterlichen Glauben tief in mein Bewußtsein ein. Zum ersten Mal gewahrte ich einen Hoffnungsschimmer, endlich einmal meine Furcht überwinden zu können. Er schien meine Gedanken zu erraten und fügte folgende Worte bei: »Sei stark und guten Mutes; fürchte Dich nicht..., denn Gott, Dein Herr, ist mit Dir allezeit.« Diese kraftvollen Worte der Bibel erfüllten mich mit einer Zuversicht, die auch das alte Zeitungsbüro in neuem Licht erstrahlen ließ. Indem er mir einen freundschaftlichen Hieb versetzte, schickte er mich an die Arbeit: »Und jetzt 'ran an das Zeug; zeig, was Du kannst.« Dies ist eine jener Erfahrungen, an die man sich immer wieder gerne erinnert, um neuen Mut und neue Kraft zu schöpfen.

Von da an habe ich in Sachen Furcht gewaltig gearbeitet. Allein schon rein persönlich gesehen, hatte ich es satt, ständig ängstlich, schüchtern und nervös zu sein. Ich mußte unbedingt Erleichterung finden und mich davon befreien; es ging so einfach nicht mehr weiter. Ich konnte nicht mein ganzes Leben lang mich von Furcht quälen lassen. Diesen Zustand hielt ich nicht mehr aus und war entschlossen, fortan furchtlos zu leben.

Aber wie? Das war die Frage. Grove Patterson war der Ansicht, daß mir religiöser Glaube helfen werde. Nun, ich wurde wohl religiös erzogen — mein Vater war Pfarrer — und bis zu meinem Eintritt in das College war ich mit der Kirche geradezu verheiratet. Doch dann, ich wage es kaum auszusprechen, hielt ich mich über vier Jahre vom Kirchenbesuch fern. Eine Ausnahme machte ich nur, wenn meine Eltern auf Besuch waren. Mag sein, daß ich vorher zuviel von der Kirche hatte, oder daß unsere Prediger im College den Weg zu mir nicht fanden, wobei ich aber einräumen muß, daß ich ihnen dabei nicht gerade behilflich war.

Zu Hause, während der Semesterferien, hörte ich jeden Sonntag die ganz anderen Predigten meines Vaters. Er stand mit beiden Füßen auf dem Boden der Wirklichkeit und erklärte die Religion in ihrer praktischen Anwendung. Jedem Kirchenbesucher war es bewußt, daß ihn mein Vater liebte. Vorher war er Arzt gewesen, und angesichts seiner Stellung in Milwaukee, wo er seine Praxis hatte, muß er ein guter Arzt gewesen sein. Dann erlebte er nach einer schweren Krankheit eine große geistige Wandlung, so daß er sich fortan der Kirche widmete. Religion und Medizin wickelte er in ein Paket für Körper, Geist und Seele. Er glaubte an die Bibel und an geistige Offenbarungen. Gleichzeitig war er aber auch ein aufgeschlossener und liberaler Denker mit einer starken Neigung für das Soziale.

Er war einmalig in Denkweise, Ausdruck und Methodik, offensichtlich paßte er in keine der üblichen Formen. Er war vollkommener Individualist. Wenn ich ihm zuhörte und ihn ständig beobachten konnte, so wurde ich gewahr, daß er etwas Außergewöhnliches hatte, ein Christentum, das wirklich angewandt werden konnte, und das mit innerer Kraft ausgestattet war. Es steckte darin geradezu ein therapeutisches Element, mit dem sich das Gemüt ändern ließ. Ich erkannte, daß ein verändertes und geheiltes Gemüt auch Körper und Geist beeinflußt. Und ich begriff auch die großartige Wahrheit, daß viele menschliche Leiden, sowohl körperliche wie geistige, ihren Ursprung in einer kranken Seele haben.

So erkannte ich denn dank der praktisch angewandten Religion, so wie sie mein Vater verstand, daß sich auch meine Schwierigkeiten überwinden ließen. Ich begann, einen ruhigen Gemütszustand anzustreben, mich selbst zu überwinden und jene Stärke und Kraft zu gewinnen, von der ich wußte, daß sie durch das Christentum erreicht werden konnte. Doch fand ich diese Kraft augenblicklich nicht. Es war ein langwieriges und mit Enttäuschungen verbundenes Suchen. Allein, ich fand den Weg, so daß ich, wie schon mein Vater, meine Berufung zum Priesteramt erkannte.

Ich nahm mein Studium an der Theologischen Fakultät der Universität Boston auf, aber leider fand ich noch immer keine Antwort auf meine eigenen Probleme. Zuerst richtete sich die Lehrmeinung der Fakultät gegen meinen ›einfachen‹ Glauben. Er sollte durch intellektuelles Erfassen der

Lehren Jesu ersetzt werden, und zwar so, daß Jesu Worte irgendwie zu einem gesellschaftlichen Manifest werden sollten. Man nannte diese Theorie das ›gesellschaftliche Evangelium‹, indem hier Jesu Lehren auf die Probleme der gesamten Gesellschaft anzuwenden waren. Diese Lehre wurde höher eingeschätzt als die antiquierte Ansicht eines ›individuellen Evangeliums‹, das sich zum Ziel setzte, das Gemüt und die Seele des Menschen zu retten. Es wäre nicht schwer gewesen einzusehen, daß sowohl die gesellschaftliche wie die individuelle Seite im Evangelium enthalten waren. Allein, mich beeindruckte die Fakultät an und für sich, ihre geistigen Führer, besonders kluge Studenten; ja, ich erklärte mich zum enthusiastischen Vertreter der ›gesellschaftlichen‹ Lehre.

Nachdem ich jedoch einige Jahre gepredigt hatte, vermochte ich diese Theorie nicht mehr als Antwort der Antworten zu betrachten. Mein geistiges Erfassen und meine geistige Kraft nahmen zusehends ab. Zudem gewahrte ich, daß die Kirchenbesucher nur dann von meinen Äußerungen erfaßt wurden, wenn ich mich einer einfachen Sprache bediente und zu ihnen über Gottes Hilfe zu einem besseren Leben sprach. Ich fragte mich denn auch, ob die ›gesellschaftliche‹ Betonung des Evangeliums die Kraft habe, das Wesen eines Menschen zu ändern. Ich erkannte, daß die Menschen erst einmal Gott in ihrer täglichen Erfahrung — ihrem eigenen Leben — brauchten, bevor sie sich an einem Gesellschaftsprogramm beteiligten. Ich erkannte auch, daß das Geistige im Menschen litt, wenn man sich ausschließlich auf die Anwendung des Evangeliums im Rahmen der ganzen Gesellschaft festlegte.

Ich befand mich in einem heiklen Dilemma. Indem ich mich Seite um Seite durch das Neue Testament durcharbeitete, suchte ich nach Anhaltspunkten für ein ›soziales‹ Evangelium. Ich war unbefangen genug, um das Neue Testament als einzige maßgebende Quelle der Lehren Jesu zu betrachten. Doch meine gelehrten Freunde rieten mir, mich eher auf die *gegenwärtig* als richtig empfundenen Stellen zu verlassen. Wahrlich eine unsichere Quelle!

Wahrscheinlich als Überbleibsel meiner früheren Schüchternheit empfand ich weiterhin eine gewaltige Ehrfurcht vor Gelehrten und Zungenfertigen. So suchte ich denn die Antworten auf meine Fragen in der vorherrschenden Lehrmeinung. Aber schon bald stellte ich mir die Frage: »Wer hat denn überhaupt den besten Einblick in das Evangelium, und was wissen denn jene schon?« Schon bald mußte ich einsehen, daß sich die besten Ansichten mit der Zeit ändern, während anderseits »Jesus Christus gestern und heute und derselbe auch in Ewigkeit« (Hebr. 13:8) ist.

Schließlich schloß ich daraus, daß seine Lehre dazu diene, in dieser schlechten Welt gottesfürchtige Menschen zu schaffen, die, unter dem Einfluß des Evangeliums, von sich aus den Nächsten nicht vergessen. So war eine Bruderschaft unter den Menschen möglich, ungeachtet der Rasse, Hautfarbe oder Stellung. Und diese Menschen würden alles daransetzen, um für alle ein besseres Leben zu ermöglichen. Es wurde mir klar, daß hier die Grundlage einer erleuchteten Gemeinschaft war. Auch bemerkte ich, wie anmaßend und gleichzeitig kleinlich die Exponenten der liberalen wie auch der buchstabengetreuen Interpreten sich gebärdeten. Daher entschloß ich mich, den Mittelweg einzuschlagen und mich an verständige Leute zu wenden, die sich darüber klar waren, daß sie selbst keine fertigen Antworten auf die grundlegendsten Fragen wußten, die jedoch ganz schlicht Gott suchten. Nach Abschluß meiner Studien an der Theologischen Fakultät hatte ich eine kleine baufällige Kirche mit nur 40 Mitgliedern zu übernehmen. Voller Begeisterung ging ich daran, meine Gemeinde aufzubauen. Ich tat alles, um die Leute zu erreichen, und tatsächlich zählte unsere Kirche nach drei Jahren an die tausend Mitglieder, und wir bauten erst noch ein neues Gotteshaus. Ich bemühte mich, eine Synthese zu finden aus den sozialen und individuellen Elementen des Evangeliums, indem ich ständig die Schönheit des Lebens hervorhob, wenn es sich um Christus entfaltet und Gott geweiht ist. Es war eine wunderbare, glückliche Kirchgemeinde. Ja, der dynamische Glaube meines Vaters erreichte die Gemeinschaft sogar durch mich — was etwas heißen will, denn ich war gewiß eines der unsichersten Werkzeuge, derer sich Gott je bedient hatte.

Später wurde mir eine große, prächtige Kirche in Syracuse anvertraut. Sie hatte großartige Kirchenfenster, und ich erinnere mich noch jetzt, wie an schönen Sonntagen die farbigen Scheiben ihre Strahlenbündel den hohen Säulen entlang durch das Mittelschiff steuerten.

Es handelte sich dort um eine sogenannte Universitätskanzel, und da ich noch immer einen gewaltigen Respekt vor den Theoretikern hatte, hielt ich denn auch einige sehr ›intellektuell‹ gefärbte Predigten. Da lud mich nach einiger Zeit Dean Bray, ein wahrer Gelehrter und liebevoller Mensch, zum Lunch ein. »Versuchen Sie nicht, uns mit Gelehrsamkeit zu beeindrucken!« riet er mir. »Wenn wir auch Professoren sind, so fühlen wir uns doch zuallererst als Menschen, ob Sie es mir nun glauben oder nicht. Sie sind unser geistlicher Lehrer; brechen Sie das Brot des Lebens in Stückchen, klein genug, damit wir es verdauen können. Geben Sie sich ruhig wie Sie sind, und lassen Sie uns an Ihren Erfahrungen teilhaben. Zeigen Sie uns den Weg zum Frieden, zum Verständnis und zur Kraft.« Das war ein weiser Ratschlag eines Professors, der so viel Größe hatte, daß er sich der Einfachheit bediente.

Meine Schwierigkeit lag darin, daß ich meine geistige Vitalität zusehends verlor. Doch nicht genug damit. Noch immer quälten mich die Zweifel an meinen Fähigkeiten. Ich fühlte mich mehr und mehr angespannt und stellte einen inneren Widerstreit fest. Ich mußte eingestehen, daß mein Glaube nicht genügend tief war und nicht die Kraft hatte, meinen schon lange fehlgeleiteten Gemütszustand zu ändern. Die ethischen und soziologischen Inhalte, die allgemein als Christentum bezeichnet werden und den amerikanischen liberalen Protestantismus auch beherrschen, vermochten mich nicht mehr zu befriedigen und waren in meinem Falle wirkungslos. Wenn jene Art Christentum nicht einmal mich als Einzelperson zu ändern vermochte, wie sollte es dann die Menschheit oder die Gesellschaft als Ganzes ändern? Ich mußte etwas finden, das sich auch wirklich praktisch anwenden ließ. Und ich wußte, wo ich zu suchen hatte.

Ich begann sogleich zu untersuchen, wie der Umwandlungsprozeß bei Menschen, von denen ich wußte, daß sie ihre Persönlichkeit geändert hatten, wissenschaftlich gesehen vor sich ging, wie sich Trunkenbolde, Diebe, Wüstlinge und andere geplagte Menschen von all diesen Schwierigkeiten befreit hatten. Sozusagen in jedem Fall stellte es sich heraus, daß sich diese Menschen in ihrem Innersten Jesus Christus hingaben und in der Folge die erstaunlichsten Wandlungen erlebten.

Obschon mich die obenerwähnten Schwierigkeiten nicht berührten, so waren meine Probleme doch mindestens so schwierig und führten ebenfalls in die Trübsal. Ich litt an Furcht und Schüchternheit, hegte Zweifel an mir selbst, betrachtete meine Fähigkeiten als ungenügend und hatte dazu noch einen großen Minderwertigkeitskomplex. Konnte sein, daß ich von all diesen Schwächen ebenso geheilt würde, wenn ich mich wie in den untersuchten Fällen Jesus Christus hingeben würde? Ich glaubte, daß dies möglich sein sollte, obschon ich an der Universität in Boston noch nie so etwas gehört hatte, ausgenommen vielleicht von unserem verehrten ›Daddy Butters‹, einem älteren, ausgesprochen menschenfreundlichen Professor, der sich oft mit den Studenten unterhielt, mit ihnen betete und sie gutmütig fragte: »Seid ihr auch wirklich rechtschaffen?«

Aber ich konnte mir diese Erlösung solange nicht nutzbar machen, als ich nicht eine intellektuelle Hürde übersprungen hatte. So wie es schien, wurde das Problem des ›gerettet werden‹ von den kirchlichen Führern etwas scheel betrachtet. Und da ich mich in der gleichen Gesellschaft befand, schreckte ich davor auch zurück. Ja, es wurde eher als dubiose Angelegenheit betrachtet, oder zum mindesten legte man der Forderung, daß man sein Leben zu ändern habe, kein Gewicht bei. Diese ›gehobenen‹ Kreise betrachteten die Sünde lediglich als soziales Phänomen, das sich auf Kapitalisten und Republikaner beschränkte. Prediger, welche mit der Zeit gingen, äußerten sich denn auch nicht über die Sünde, es sei denn in rein theoretischem Sinne. Wohl gab es noch ›Reaktionäre‹, die immer noch Zweifel am Sozialismus hegten, doch gab man ihnen bald zu verstehen, daß sie sich nicht mehr in jenem erlesenen Kreis der geistigen Führerschaft befanden.

Sogenannte ›Erweckungs-Versammlungen‹, wie sie Billy Sunday und in neuerer Zeit Billy Graham abhielten (mit dem die Intellektuellen nichts anzufangen wissen), wurden belächelt. Die ganze Idee des Erweckens ist im liberalen Christentum abhanden gekommen.

Kurz, das Christentum hat das Herz und einen guten Teil seiner Seele verloren. Gleichzeitig wandten sich Tausende geradewegs der Hölle zu, auch wenn sie noch die äußeren Formen wahrten und der Kirche ihr Scherflein zukommen ließen.

Meiner Ansicht nach bin ich weit umhergeirrt, bis ich ein System für die Anwendung des Glaubens fand, das mir ermöglichte, über mich selbst zu triumphieren. Bevor ich überhaupt daran denken konnte, andern zu helfen, mußte ich mir selbst helfen können, sonst wäre es einmal mehr der Fall des Blinden, der einen andern Blinden führt, worauf beide zusammen in die Grube fallen.

Ich begann, mich mit geistiger Lektüre zu befassen, von

der ich wußte, daß sie mehr und mehr in die Heime vieler Leute wanderte. Es handelte sich dabei um Material des ›Unity-Movements‹, der Wissenschaft des Gemüts, verschiedener metaphysischen Lehren, der christlichen Wissenschaft, der Oxford-Gruppe und der moralischen Aufrüstung. Autoren wie Glen Clark, Starr Daily und Sam Shoemaker waren sehr gefragt. Sie alle lehrten, daß Jesus Christus ein wissenschaftliches und funktionsfähiges Instrument errichtete, das Umwandlung und Sieg mit sich brachte. Was ich da las, erinnerte mich in gewissem Sinne an die Predigten meines Vaters, obschon er früher nie Zugang zu diesen Schriften hatte. Durch sein eigenes Suchen nach einer praktischen und konkreten Botschaft für den modernen Menschen — die dann auch wirken mußte, wenn sie nötig war — war er zu ganz ähnlichen Auffassungen gekommen.

Als loyaler Geistlicher der Reformierten Kirche Amerikas, der ältesten Kirche in diesem Lande, war und bin ich auch jetzt orthodoxer Christ. Abgesehen von gewissen Unterschieden im Vokabular und einer etwas weniger mechanistischen Methodik glaube ich genauso aufrichtig an die Bibel als dem Wort Gottes wie die eifrigsten Verfechter des Buchstabens. Ich bekenne mich zum Plan der Erlösung. Ich betrachte Jesus Christus als Gottes Sohn und als unseren Meister und Erlöser. Ich glaube an den Heiligen Geist, an Marias reine Empfängnis und an alle apostolischen Glaubensbekenntnisse. Ich gehe mit der historischen Lehrmeinung völlig einig. Doch bin ich der Ansicht, daß jener alte Glaube mit neuen, frischen Gedanken gelehrt und ausgedrückt werden kann und sich auch wirklich wissenschaftlich im Leben eines jeden Menschen anwenden läßt, um die schwierigsten Probleme der menschlichen Natur und der menschlichen Gesellschaft zu lösen.

In meinen Predigten und Büchern habe ich denn auch auf diese praktische Religion hingewiesen, jedoch nicht ohne eine gewisse Kritik seitens anderer Geistlicher. Ja, es wurden gar Predigten gegen mich gehalten, und ich wurde des ›Pealismus‹ bezichtigt, wobei mir jeweils die Verfechter der ›liberalen‹ Linie sowie der ›fundamentalen‹ Richtung gegensätzliche Vorwürfe machten. Ich durfte jedoch erfahren, daß meine Ideen durch diesen Widerstand beachtlichen Auftrieb erhielten.

Anläßlich einer Kirchenversammlung erzählte eine Frau den amüsanten Vorgang ihres Beitrittes zu unserer Kirche. »Der Teufel brachte mich zu Ihnen«, begann sie, hustete dann glücklicherweise, so daß sich die entsetzten Teilnehmer wieder beruhigten, »ich war in Pfarrer X's Kirche, und er predigte immer wieder gegen Pfarrer Peale, der des Teufels sei. Er ritt solange auf diesem schrecklichen Pfarrer Peale herum, daß ich neugierig wurde und in Pfarrer Peales Kirche ging. Dort sah ich die Leute vor der Kirche Schlange stehen. Ich hörte mir seine Predigt an, fand das Evangelium gut dargelegt und kam mehrmals erneut zur Predigt. Dann kehrte ich zu meiner Kirche zurück − und Pfarrer X predigte immer noch gegen Pfarrer Peale. Nach der Predigt begab ich mich zu ihm und fragte ihn, ob es etwa zwei Pfarrer Peale gebe. ›Nein‹, antwortete er mir, ›es gibt nur einen, Norman Vincent Peale!‹

›Komisch‹, wagte ich zu bemerken, ›ich habe nun einige seiner Predigten angehört, und die sind ganz anders, als Sie uns erzählten!‹«

Ich hatte mich entschieden, diese Angriffe ruhig hinzunehmen, für meine Widersacher zu beten und mich zu bemühen, wie ein Christ zu handeln. Auch hege ich keinen persönlichen Groll gegen irgendeinen von ihnen. Ich versuchte gewissenhaft, meine eigenen Lehren zu leben und keine Haßgedanken in meinem Gemüt zu dulden.

Immer noch etwas eingeschüchtert von der geistlichen Autorität, verwundeten mich diese Angriffe aber dennoch zutiefst. Ja, ich hatte mich bereits entschieden, mein Amt niederzulegen und meine geistliche Tätigkeit außerhalb der

Kirche weiterzuführen. Meine Rücktrittserklärung war bereits geschrieben.

Heute wundere ich mich, wieso ich mich durch jene Herren dermaßen beeinflussen ließ. Verschiedene Gründe hielten mich dann davon ab, die Kirche zu verlassen. Ein Grund war meine Zuneigung zu meiner Konfession, welche ich als eine der ausgeglichensten, freien und echten christlichen Körperschaften betrachte. Ein weiterer Grund lag in der Freundschaft, welche alle Beteiligten der Marble Collegiate Church beseelte, der gewaltige Zustrom von Gästen, die herkamen, um die natürliche Kraft Gottes, welche unser Leben zu ändern vermag, aufzunehmen. Gott segnete dieses Amt, und ich wußte, daß ich diese Botschaft weiter zu verkünden hatte von der Kanzel der ältesten Kirche Amerikas, um Gott und den Hilfesuchenden treu zu bleiben.

Im übrigen war ich vollends überzeugt, das Richtige zu tun. Ich suchte beständig Gottes Führung, und da ich fühlte, richtig zu handeln, faßte ich Mut und fand Unterstützung. Zudem wurde mir offenbart, daß ich jegliche Angriffe seitens der Menschen ignorieren sollte.

Ich blieb in der Kirche. Und in Gottes großer Kirche ist genug Platz für verschieden geartete Leute und unterschiedliche Stellungnahmen, solange alle Jesus Christus treu bleiben.

Ich könnte Hunderte von Schreiben von unermüdlichen und aufrichtig arbeitenden Pfarrern sowie anderen Leuten publizieren lassen. Sie alle versicherten mich der Wirksamkeit unserer angewandten Lehre sowohl in ihrem eigenen Lebensbereich als auch in der Kirche. Dieses ganze Kapitel hat nicht den Zweck, meine Botschaft oder gar mich verteidigen zu wollen, vielmehr soll damit veranschaulicht werden, wie es einigen von uns gelungen ist, sich vor niemandem und nichts zu fürchten. Als Beispiel möge das folgende Schriftstück dienen.

»Bei mir war schrecklich viel nicht in Ordnung. Ich hatte

ein Geschwür, und meine Hände und Knie waren gelähmt. Nach zwei Jahren gab ich die Therapie auf – mit demselben Geschwür und Muskeln, die sich weigerten, zu gehorchen.

Seit meiner College-Zeit betrachtete ich die Religion als Mittel für Schwächlinge. Dazu zählte ich mich nun auch. Lange tappte ich im dunkeln. Seit Kriegsende wanderte ich von einer Kirche zur andern, bis ich schließlich eine mit offener Tür fand, wo ich mich hineinsetzen und ein kaum wahrnehmbares ›Danke Dir, Herr‹ sagen konnte. Ich las ›Varieties of Religious Experience‹ von William James. Daraufhin fand ich verschiedene Ihrer Bücher in einer Bibliothek. Mit größter Mühe, zögernd und voller Furcht sagte ich Gott, daß ich mich ihm anvertrauen wolle.

Von dem Moment an, da ich Ihre Bücher gelesen hatte, begann sich eine Änderung in unserer Familie abzuzeichnen. Aus stiller Verzweiflung wurde zarte Hoffnung. Ich fand einen Arzt, der meinem Geschwür auf den Leib rückte, einen anderen, der meine körperliche Behinderung diagnostizierte. Geschäftsprobleme meines Mannes lösten sich zufriedenstellend. Unsere Kinder ließen sich leichter erziehen. Mein Mann ist nun Berater für das Personalwesen in einem Unternehmen. Ich stehe einer Bibliothek vor, unser Sohn darf über den Sommer eine durch Fonds unterstützte Tätigkeit an einer Medizinischen Fakultät ausüben, und unsere Tochter ist soeben in ein gutes College aufgenommen worden.

Ich weiß, daß Sie nicht auf die Kritik gewisser Geistlicher achten dürfen, die Ihre Lehren als zuwenig tiefgehend betrachten. Nur durch Einfachheit und praktische Anwendbarkeit läßt sich die Religion krankhaften, verlorenen und verirrten Seelen offenbaren.«

Als Grundpfeiler eines furchtlosen Lebens erkannte ich, daß durch beständiges Festhalten und Anwenden des schlichten Glaubens sich Gott unser annimmt. Für mich war diese Überzeugung der Grundstein beim Aufbau neuen Lebensmutes.

Einer meiner Freunde, Albert E. Cliffe, prominenter Chemiker in Kanada, lag in seinen letzten Zügen, und jegliche Hoffnung, ihn am Leben erhalten zu können, war schon aufgegeben. In diesem Zustand größter Not wandte er sich an Gott mit den Worten: »Dir, Herr, übergebe ich mich. Tue mit mir nach Deinem Willen.«

Er fand neue Kraft und Ruhe. Er wurde wieder gesund und durfte noch jahrelang ein äußerst fruchtbares Leben führen. Er schrieb ein Buch mit dem provozierenden Titel ›Gib auf und überlaß es Gott‹, ein Werk übrigens, dem ich sehr viel verdanke. Allein schon der Titel ist eine schöpferische Formel. Als Chemiker befaßte er sich ständig mit Formeln, und diese geistige Formel sah er mit derselben Klarheit wie die wissenschaftlichen. Sie diente dazu, Schwierigkeiten und Furcht zu überwinden, indem diese ganz einfach Gott überlassen wurden. Dann brauchte man nur noch zu erkennen, daß das Problem nun auch wirklich in Gottes Händen lag und nicht mehr in unseren.

Al Cliffes Formel beeindruckte mich gewaltig, zumal sie sein Leben wie auch meines und das anderer Menschen erstaunlich stark beeinflußte. Wenn ich dann mit Furchtgedanken beschäftigt war, pflegte ich ganz einfach zu sagen: »Gib auf und überlaß es Gott.« Ich übte mich in der geistigen Einstellung, daß ich nun wirklich nichts mehr damit zu tun hatte und war willens, Gottes Führung zu gehorchen. Dieser Prozeß geht nicht so ohne weiteres vor sich, aber er wird möglich, wenn wir fleißig daran arbeiten.

Dieses völlige Überlassen kann man auch als ›Übergabe‹ bezeichnen. Mit anderen Worten, es handelt sich um ein aktives, vorsätzliches Übergeben von Furchtgedanken, oder was immer das Problem sein mag, an Gott. Das ist allerdings alles andere als leicht, denn das Gemüt klammert sich an

Vorstellungen, die es einmal hat, auch wenn es sich noch so gerne davon trennen möchte. Ich muß da immer wieder an einen großartigen Ausspruch von Charles Dickens denken, der diese psychologische Tatsache genau erfaßt hat. Dickens sagt: »Unsere Ketten im Leben sind selbst geschmiedet.«

In Wirklichkeit hängen wir tatsächlich ein Glied in das andere ein, bis wir eine ganze Kette von Furcht zusammen haben, durch die wir dann auch gebunden sind. Komischerweise lieben wir diese Ketten nicht weniger, als daß wir sie hassen. Dies zeigt uns wenigstens teilweise, warum es so schwer fällt, sich von den Zweifeln an sich selbst zu befreien.

Und glaube mir, ich weiß, wovon ich spreche! Ich habe den Weg aus der Furcht auch gefunden, und er war alles andere als leicht. Als ich mich noch in Syracuse befand, machte ich einige Fortschritte. Doch als ich 1932 nach New York City umsiedelte, da machten sich wieder die alten Zweifel und Ängste, die ich schon von Kindheit auf kannte, bemerkbar. Ich wurde Pfarrer einer weitbekannten Kirche an der Fifth Avenue, und einige Leute waren der Ansicht, ich sei noch zu jung und unerfahren für eine so verantwortungsvolle Aufgabe. Obwohl ich innerlich diese abschätzige Bemerkung nicht widerlegen konnte, so trieben mich diese Bemerkungen dazu, ›denen zu zeigen‹, daß ich die Sache schon richtig anpacken würde, wie immer sie auch urteilen mochten. Nun, das waren gewiß nicht die edelsten Motive, doch habe ich mich einfach nicht geschlagen gegeben.

Doch die Schwierigkeiten mehrten sich. Es war zur Zeit der großen Krise, und die Leute suchten auf der Straße nach Arbeit, die einfach nicht zu finden war. Psychologisch und wirtschaftlich gesehen war das die schlimmste Zeit der Vereinigten Staaten, die ich miterlebte. Was sich vor und nachher ereignete, läßt sich auch nicht im entferntesten mit jener Mutlosigkeit vergleichen, die damals im amerikanischen Volk um sich griff, und ganz besonders in einem finanziellen Zentrum wie New York.

42

Zu diesen traurigen sozialen und wirtschaftlichen Miß-
ständen gesellte sich noch die fortlaufende Abnahme meiner
Kirchgemeinde. Ja, es schien mir, daß ich mich vom Hochal-
tar nur noch an eine Handvoll Getreuer wenden konnte, die
jedoch völlig niedergedrückt waren. An Mitgliedsbeiträgen
flossen uns im Jahr höchstens noch $ 15 000 zu, und dies für
eine weithin bekannte Kirche, der ältesten protestantischen
Kirchengemeinde in Amerika.

Die Kirche befand sich in einem bedrückenden Zustand,
und mir ging es nicht besser. Die alte Furcht begann wieder
an mir zu nagen. Was sollte ich denn tun? Ich sah bereits die
völlige Niederlage vor mir! Meine Gedanken irrten verzweifelt umher und machten mich nur noch angespannter, entmutigt und deshalb auch erfolglos.

Inzwischen war die Ferienzeit angebrochen, und ich
begab mich mit meiner Frau auf eine schon lange geplante
Europa-Reise. Statt mich von der Reise begeistern zu lassen,
überschüttete ich meine Frau mit negativen und furchtsa-
men Argumenten. Liebevoll und geduldig hörte sie mir zu.
Das war aber auch alles, was sie für mich tun konnte! Meine
endlosen Klagen hinderten sie − gelinde gesagt −, am Gespräch teilzunehmen.

Nachdem wir in England angekommen und bereits einige
Tage umhergebummelt waren, begaben wir uns nach Kes-
wick, dem Herzen des englischen ›Lake District‹. Das Bahn-
hofshotel war ein typisch englischer Landgasthof. Sämtliche
Räume und das Treppenhaus waren mit Drucken und großen düsteren Gemälden mit Szenen aus dem Lake District
behangen. Seither habe ich auch nie mehr eine derart vielfäl-
tige Kollektion an Zinngefäßen gesehen.

Das Hotel hatte einen wundervollen englischen Garten.
Von da aus öffnete sich eine großartige Aussicht auf die
düsteren, mit Wolken verhangenen Hügel. Während der
raren Momente, da die Sonne sich zeigte − ›vereinzelte
Aufhellungen‹ wurden tagtäglich bei der Wettervorhersage

über den Rundfunk gemeldet — erstrahlten die Blumen, Hecken und der geschnittene Rasen, wie man ihn nur in England sehen kann, in einem prächtigen Glanz. Am entfernten Ende des Parks befand sich eine Bank. Noch heute steht sie dort. Ab und zu gehen wir noch dorthin, setzen uns und danken Gott. Denn damals, im Jahre 1933, fand ich das grundlegende Geheimnis, wie ich mich vor niemandem und nichts zu fürchten brauchte. Seitdem habe ich das Vorrecht, diese Formel Tausenden zu lehren, die sich dadurch ihrerseits von Furcht freizumachen vermochten. Als wir an diesem Nachmittag auf jener Bank saßen, begann ich wieder mit meiner betrüblichen Wiederholung von Furchtgedanken. Ich sagte Ruth zum tausendsten Male, wie trostlos die Situation war und wie es daheim wieder schwierig sein würde. Ich zählte alle Probleme auf, und alle schienen erdrückend. Ich war meiner Niederlage schon völlig gewiß.

Da machte ich auf einmal eine der größten Erfahrungen meines Lebens, ein aufregendes Abenteuer in der persönlichen Veränderung, ein unerwarteter, aber offensichtlicher Sieg über die Furcht. Ruth, meine Frau, ist eine sanfte, liebenswürdige Seele; wenn sie sich aber aufregt und einen Standpunkt einnimmt, dann weiß sie, was sie sagt. Sie wandte sich zu mir mit den Worten: »Hör nun bitte mit diesem negativen Geschwätz auf. Ich habe es satt. Was bist Du eigentlich, ein Heuchler? Du predigst Glauben — und Du selbst? Hast Du keinen? Oder sind Deine Lehren gar nur bedeutungslose Phrasen? Bedeutet Dir Gott und Jesus Christus nichts?

Gott hat Dir große Fähigkeiten gegeben und hat Dich zu beispiellosem Dienst berufen. Du bist dem auch gewachsen, sofern Du Dich vergessen kannst. Du denkst nur an Dein Ich, Du bist verstrickt, gefesselt und beherrscht von Deinem eigenen Ich. Darum gehst Du so betrübt durchs Leben und fürchtest Dich, bis das Leben kaum mehr lebenswert ist. Es tut mir sehr leid um Dich.«

Dann nahm sie meine Hand. Bei Spaziergängen hatte ich sie jeweils zart gefunden, doch jetzt hielt sie mich fest und sagte bestimmt: »Du bleibst hier bei mir sitzen, bis Du Dich selbst und Deine Furcht Jesus Christus anvertraut hast!«

Als theologisch geschulter Seelsorger fragte ich sie demütig, wie man sich denn selbst aufgeben könne, was zu sagen und zu tun sei.

Aus dem reinsten Herzen, dem ich je begegnete, entgegnete sie in natürlicher Weisheit folgendermaßen − und ich hatte jedes Wort nachzusprechen: »Herr, mein Leben, mein Gemüt, mein Körper und meine Seele, ich gehöre Dir. Alle meine Furcht lege ich in Deine Hände. Tue mit mir nach Deinem Willen. Nimm alles von mir. Dir übergebe ich alles.«

Zögernd wiederholte ich Wort für Wort. Jenes Gebet drang tief in mein Gemüt. Augenblicklich lösten sich meine Spannung und mein unglückliches Befinden. Ich fühlte mich genau wie ein angespanntes Gummiband, das sich wieder entspannt. Ich war von einer großen Glückseligkeit durchdrungen und empfand eine Freude wie noch nie zuvor.

Ich war dermaßen überwältigt, daß es geradezu schmerzte − wie bei der Reinigung einer infizierten Wunde. Dann folgte eine unbeschreibliche Erleichterung. Sollte ich nie wieder so berührt werden, so war ich es damals, als ich mit letzter Gewißheit wußte und erlebte, wie Gottes heilende Gegenwart unser schwaches menschliches Leben mit wundervoller Gnade und Kraft beglückt.

Ohne diese außergewöhnliche Erfahrung hätte ich mir mein ganzes Leben durch Furchtgedanken und meinen Minderwertigkeitskomplex ruiniert. Von da an erkannte ich, daß ich nicht der einzige war, der furchtbesessen war. Vielmehr mußten es Tausende von Leuten sein, die wie ich mit der einfachen Formel der Selbstaufgabe von ihren Ängsten befreit werden konnten. Ich wurde mir meiner Mission bewußt, meinen Mitmenschen den Glauben zu vermitteln, der sich kraftvoll in der täglichen Erfahrung des einzelnen wie auch der ganzen Menschheit anwenden ließ und Enttäuschungen und Niederlagen zu überwinden vermochte.

Selbstverständlich gehören noch weitere Elemente dazu, die es uns ermöglichen, uns vor niemandem und nichts zu fürchten. Der erste, grundlegende und unvermeidliche Schritt bleibt aber die Selbstaufgabe, durch die wir alles Gott überlassen. Im Grunde genommen können wir das nicht selbst tun. Nur Gott kann es für uns tun. Und Gott vermag das und ist dazu bereit, wenn wir wirklich gewillt sind, uns Ihm anzuvertrauen. Solche tiefgreifenden geistigen Erfahrungen, wie ich sie eben dargelegt habe, sind sehr selten. Warum, wann und wer sie erlebt, weiß nur Gott. Es sind Segnungen, die ich nicht zu analysieren wage. Befreiung von Furcht erreicht man normalerweise durch beständiges und konsequentes Anwenden der Gesetzmäßigkeiten des geistigen Lebens.

Eines dieser Gesetze ist die Gegenwart Gottes. Die wichtigste aller Tatsachen in dieser Welt liegt darin, daß Du und ich nicht allein sind. Alles Leben auf der Erde wäre ziemlich seicht, wenn Gott ihm nicht eine Bedeutung und einen Sinn zu geben vermöchte. Wir hätten uns dann mit erschreckten Kindern in einem dunklen und furchteinflößenden Wald zu vergleichen. Einige würden wohl ab und zu prahlen, doch alle wären voller Ängste, und zwar mit Recht.

Damit, daß wir rein theoretisch an Gott glauben, ist es nicht getan. Dieser Glaube allein vermag Dich nicht von Furcht zu befreien. Erst durch die Anwendung dieser Tatsache gelangst Du allmählich zu einer tiefen Überzeugung, geführt und erhalten zu werden — und dementsprechend lebst Du im Vertrauen auf diese Gewißheit.

Wie läßt sich das aber erreichen? Dazu möchte ich die Erfahrung eines Mannes schildern, den ich anläßlich eines Vortrages, den ich vor etwa zweitausend Kaufleuten in einer Stadt der Südstaaten hielt, kennenlernte. Ich sprach über Selbstvertrauen und Persönlichkeitsentfaltung und legte deshalb dabei besonders Wert auf das Überwinden von Furcht.

Nachdem ich meinen Vortrag beendet hatte, trat ein Mann auf mich zu und stellte sich als Besitzer eines blühenden kleinen Unternehmens in der Stadt vor. Ich bemerkte unverzüglich seine Dynamik und Selbstsicherheit.

»Sie haben wahrlich recht mit Ihren Äußerungen über Glaube und positive Gedanken«, pflichtete er mir bei, um dann aus seinem eigenen Leben zu erzählen. »Vor einigen Jahren war ich in einer schwierigen Lage. Das Geschäft ging schlecht, und mir ging es noch schlechter. Ich war das Opfer von Furcht, Zweifel und Unentschlossenheit geworden. Ihre Bücher brachten mich dazu, die Bibel zu lesen, und zum ersten Mal in meinem Leben lernte ich zu beten. Eines Tages traf ich mit Gott eine Übereinkunft.«

Eine Übereinkunft mit Gott? Das ist sicher keine glückliche Formulierung, allein, ich fand das Gebet, das dieser Mann gesprochen hatte, gut. Im Grunde genommen handelte es sich um die folgenden schlichten Gedanken: »Herr, zu allererst bitte ich Dich um gute Gesundheit, einen starken Körper und die Fähigkeit, klar zu denken. Gib mir echten Mut, um meine Schwierigkeiten zu meistern. Schenke mir Vertrauen, und lasse mich wissen, daß Du mit mir bist, daß ich nicht allein bin. Herr, um diese fünf Dinge bitte ich Dich — den Rest werde ich selber tun!« »Und hat Ihnen Gott die erbetenen fünf Dinge gegeben?« »Ja, aber ich bekam sie nicht so ohne weiteres lediglich auf Grund meiner Bitte«, fuhr mein Gesprächspartner fort. Trotz seiner burschikosen Ausdrucksweise merkte ich aber bald, daß er seinen Glauben nicht etwa leicht nahm. »Gott hat mich einige Male in eine Wringmaschine gesteckt, und ich schrie mehrmals auf. Aber ich fühlte, daß er mit mir war, und so ertrug ich es bedeutend leichter. Er hat jedenfalls seinen Teil unserer Übereinkunft erfüllt. Sie können sich auf Gott verlassen; er läßt Sie nicht im Stich, wenn Sie zu Ihm halten.«

Man könnte sagen, dieser Mann habe das Zeug zu einem wirklichen Philosophen, aber vorab war er ein Praktiker.

»Wie ich Ihre sogenannten ›geistigen Gesetze‹ anwandte, entdeckte ich, daß sie funktionierten, genau wie Sie es vorausgesagt haben; und ich zähle mich nicht zu jenen, die sich mit Halbheiten zufriedengeben. Selbstverständlich muß man den Weg kennen und dann auch dabei bleiben.«

»Und glauben Sie wirklich, daß Gottes Gegenwart eine Tatsache ist?« fragte ich ihn nochmals.

»Sicher! Ich fühlte es, und ich fühle es jetzt noch. Fragen Sie mich nicht, wie ich das fühle. Aber glauben Sie mir, es ist so. Ich weiß, daß Er bei mir ist. Daran zweifeln Sie doch auch nicht, oder?« fragte er mich etwas mißtrauisch. – Wir schüttelten uns die Hände auf diese Tatsache, denn daß er an Gottes Gegenwart glaubte, lag offen zutage. Und weil er sich ständig dieser Gegenwart bewußt war, bis er sich restlos sicher fühlte, wurde er von seiner Furcht befreit; aber nicht nur das: er überwand auch noch andere persönliche Fehler. Er wurde zum unerschütterlichen Optimisten.

Wenn Du eine realistische und harmonische Einstellung gegenüber Deinen Mitmenschen gewinnst, wirst Du niemanden mehr fürchten. Es ist eine betrübliche Tatsache, daß sich viel mehr Leute vor den Mitmenschen fürchten, als man glaubt. All die Scheuen und Zurückgezogenen sowie die von Minderwertigkeitsgefühlen Geplagten fürchten sich vor anderen Menschen.

Man verzeihe mir, wenn ich nochmals eine persönliche Erfahrung anführe. Es handelt sich um einen harten und langwierigen Kampf gegen die Furcht vor unseren Mitmenschen. In meiner Kindheit wurde in kleinen Städten in Ohio der Lokalbankier allgemein als eine sehr wichtige Persönlichkeit betrachtet. Ich erinnere mich noch, daß er in meiner

Stadt im größten Hause an der Hauptstraße residierte. Sein Sitz war von einem großartigen Park mit ehrwürdigen Bäumen umgeben. Die Einfahrt führte durch wuchtige Torbogen zu einer gediegenen Säulenhalle. In meiner frühen Jugendzeit pflegte der pompöse Bankier mit einem prächtigen Pferdegespann morgens in die Stadt zu fahren, mittags wieder nach Hause und nachmittags nochmals in die Stadt und zurück. Selbstverständlich war er etwas später der erste, der mit einem Auto die Hauptstraße hinunter fuhr, hin zur Bank, wo vor seinem Arbeitstisch unzählige Bücklinge und Kratzfüße gemacht wurden von Leuten, die ihm Geld schuldeten — und das war so ziemlich die ganze Einwohnerschaft.

Montag morgens durfte ich oft meinen Vater zur Bank begleiten. Der Bankier zahlte ihm dann jeweils sein Gehalt als Geistlicher aus, denn Kassier der Kirchengemeinde war er auch noch. Zitternd und mit Herzklopfen schlich ich mich jeweils hinter meinem Vater in das Büro des großen Mannes. Seine abgedroschene, wenig geistreiche Bemerkung: »So, Pfarrer Peale, finden Sie, daß Ihre gestrige Predigt Ihr Gehalt rechtfertigt?« brachte mich jedesmal auf. Mein Vater nahm ihm jedoch seine nicht sehr taktvollen Späße nicht übel, wußte er doch, daß sie nicht böse gemeint waren. Was jedoch mich betraf, fürchtete ich mich noch jahrelang vor Bankiers.

Ich fürchtete mich auch vor den aufdringlich erfolgsbewußten Schülern — jenen zungenfertigen Musterschülern, die es verstehen, überall Eindruck zu machen. Obwohl ich meinen Stoff kannte, fühlte ich mich doch angespannt und wagte kaum zu sprechen, wenn mich der Lehrer aufrief. Die Worte, die ich dann mühsam stammelte, wirkten immer etwas komisch, ja, das Antworten war mir so zuwider, daß ich — selbst wenn ich der Sache sicher war — mein Wissen denkbar schlecht vorbrachte. Dementsprechend war ich auch jedesmal vor Ehrfurcht ergriffen, wenn jemand wie ein Gelehrter sprach. (Seither habe ich allerdings nie mehr etwas von jenen ›Kirchenlichtern‹ aus der Studienzeit gehört.)

Ich habe mich zur Hauptsache durch die Kraft schöpferischer Gedanken von meinen Ängsten befreit. Ella Wheeler Wilcox beschreibt die Wirkung rechten Denkens sehr gut:

»Der Mensch ist so, wie er denkt. Durch richtiges Denken vermagst Du gewisse Zustände in nichts aufzulösen. Du kannst Dich von allen Ketten befreien, sei es Armut, Sünde, Krankheit, Unglück oder Furcht.«

Es gibt etwas, das stärker ist als Furcht: der Glaube; nicht irgendeiner, sondern der echte, demütige Glaube an Gott, unseren Vater.

Das sei abschließend an folgender kleinen Begebenheit illustriert: Ich hielt einmal eine Bibel in der Hand, von der gesagt wird, daß sie von Lincoln während des Bürgerkrieges gebraucht wurde. Es war ein großes, strapaziertes Buch, in der Erscheinung irgendwie Lincoln ähnlich. Beim Öffnen teilte sich die Bibel beim 34. Psalm, dessen 5. Abschnitt oft aufgeschlagen worden sein muß, denn der Buchrand war an jener Stelle beschädigt und ein wenig verschmiert. Ich las: *»Da ich den Herrn suchte, antwortete er mir und errettete mich aus aller meiner Furcht.«*

Genau das ist es, was Gott tun wird. Darum fürchte niemanden und nichts mehr.

3

Die Lage und sich selbst meistern

Niemand darf erwarten, ohne Schwierigkeiten durchs Leben zu kommen. Niemand bringt es fertig, zu leben, ohne ab und zu aufgehalten zu werden. Aber es gibt Möglichkeiten, unseren Schwierigkeiten zu begegnen. Gewisse Verhaltensmaßregeln können und sollten angewendet werden, wenn man das Gleichgewicht verloren hat. Vor nicht allzulanger Zeit habe ich das auf mühsame Art erlernt. Die Erfahrung war schmerzhaft, doch ich lernte dabei, und nur darauf kommt es schließlich an.

Ich möchte gleich das Ende vorwegnehmen, denn nur das Endergebnis zählt. Die äußerst schwierige Lage, in der ich mich im Herbst 1960 befand, zwang mich dazu, noch inniger als je zuvor zu beten und meine Seele zu erforschen. Heute ist es mir eine Freude, allen, die bekümmert sind, die Lehren, die ich aus dieser Erfahrung zog, bekanntzugeben.

Für mich steht außer Zweifel, daß uns jede Seelenqual Gelegenheit zu geistigem Wachstum gibt. Geistig reife Menschen werden auch in schwersten Prüfungen nach schöpferischen Werten suchen. Als ich mich in jener Krise befand, fragte ich mich, wie mein geistiges Wahrnehmungsvermögen vertieft werden könnte, und wie ich dadurch andern in ihren Schwierigkeiten besser zu helfen vermöchte.

Ich betete in diesem Sinne, und schließlich wurde mir klar, daß ich wahrscheinlich einen harten Schlag bekommen mußte, da mich Gott demütigen wollte. Es war mir ganz allgemein bis dahin viel zu gut gegangen; der Erfolg war zu groß, viel zu viele Leute äußerten sich zu meinen Gunsten.

Vielleicht bedurfte ich gerade eines schweren Rückschlages, um meinen Glauben an gewissen Grundsätzen zu prüfen. Es handelte sich um eine der schwierigsten Erfahrungen, welche ich je durchgemacht habe.

Ich hatte bereits Bücher über positives Denken und die Kontrolle des Bewußtseins geschrieben und selbst die Grundsätze und Lehren seit Jahr und Tag aufrichtig angewandt. So wie ich meine Leser des Erfolges versicherte, sofern sie ihr Denken zu beherrschen vermochten und danach lebten, fand ich diese Werte auch für mich selbst.

Man möge mir verzeihen, wenn ich hier für mich besondere Umstände geltend mache. Mir − der ich ja diese Philosophie lehrte − bereitete sie zusätzliche Schwierigkeiten. Allein schon die Tatsache, daß ich verwirrt war, irritierte mich. Ich war überzeugt, jegliche Neigung, mein Gemüt trüben zu lassen, überwunden zu haben. Die Wahrnehmung, daß ich nicht immer gewappnet war, überdies noch den Kummer über die Angelegenheit selbst, empfand ich als aufwühlend und niederdrückend.

Viele Gründe mögen einen aus der Fassung bringen. Ein selbst begangener dummer Fehler mag uns ärgern, ebenso von andern angezweifelt oder mißverstanden zu werden. Von Kollegen kritisiert oder unerwartet angefeindet zu werden, kann uns betrüben und erregen. Mir erging es jedenfalls so, und zwar stand ich all diesen Problemen gleichzeitig gegenüber. Ich zweifelte nicht zuletzt auch an meinen Fähigkeiten.

Zu Beginn der Wahlkampagne in den Vereinigten Staaten im Jahre 1960 bereiste ich gerade Europa und das Heilige Land. Gegen Ende meiner Reise fand ich, in London angekommen, eine Einladung zu einer Versammlung von Geistlichen und Laien in Washington, D. C., am 7. September, einen Tag nach meiner vorausgeplanten Ankunft in den USA. Das Treffen wurde arrangiert, um das Problem der Trennung von Kirche und Staat zu behandeln.

Das ist selbstverständlich eine Frage von großer Tragweite, und ich halte sie für sehr wesentlich. Für dieses Prinzip haben Menschen gekämpft und dafür einen hohen Preis bezahlt, oft sogar mit ihrem Leben. Wenn Kirche und Staat getrennt sind, so können sie einander ergänzen, sind sie aber ein und dasselbe, so vermögen die wahren Funktionen von beiden nicht mehr ausgeübt zu werden. Jahrelang habe ich die Beziehung der Religion zur Freiheit des Menschen auf der Basis von Jesu Lehre hervorgehoben: »Und ihr werdet die Wahrheit erkennen, und die Wahrheit wird euch freimachen« (Joh. 8:32).

In der gleichen Nacht flog ich, von Europa kommend, nach Washington weiter und nahm am folgenden Morgen an jener Versammlung von ungefähr 150 Personen teil. Darunter befanden sich alte Freunde, die mich willkommen hießen, und ich war einfältig genug, mich als Vorsitzender für die Vormittagskonferenz ernennen zu lassen, obwohl ich zu jenem Zeitpunkt nur mangelhaft über die Agenda Bescheid wußte. Zudem hatte ich, soeben von meiner Reise zurückgekehrt, den Kopf nur halb bei der Sache. Nachdem ich den Vorsitz eine Weile innehatte, verließ ich die Versammlung für längere Zeit, um einige Telefongespräche in privaten Angelegenheiten zu führen. Ich begab mich auf die Straße und spazierte auf und ab. Es war schrecklich heiß. Zudem habe ich Versammlungen sowieso nicht gerne. Nach einer Stunde werde ich stets unruhig und möchte sie verlassen. Ich erinnere mich noch, wie ich zögerte, überhaupt an der Konferenz weiter teilzunehmen. Ich erwog bereits, darauf zu verzichten, kehrte jedoch schließlich zögernd zurück.

Wenn ich zurückblicke, bin ich erstaunt, die Bedeutung jener Zusammenkunft, und ganz besonders zu jener Zeit, nicht in ihrem Ausmaß erkannt zu haben. Wohl war mir bewußt, daß der Wahlkampf sich der spannenden Endphase näherte. Doch sah ich nicht ein, weshalb eine Gruppe Geistlicher und Laien nicht zusammenkommen sollten, um eine so wichtige Angelegenheit wie die religiöse Freiheit zu besprechen. Die Konferenz entwickelte sich nach meinem Ermessen auf vernünftige Weise. Allein, mir hätte auffallen sollen, daß Reporter — immer auf eine große Sache gefaßt — auf alles loszielten, was irgendwie mit der Politik in Zusammenhang gebracht werden konnte. Auch hätte ich erkennen sollen, daß die Gefahr bestand, daß man mich mit der Versammlung identifizierte, da ich ja den Vorsitz — wenn auch nur für kurze Zeit — innehatte.

Und in der Tat wurde die Versammlung denn auch als die ›Peale-Gruppe‹ bezeichnet. Das überraschte mich gewaltig, denn ich hatte überhaupt nichts mit der Organisation jener Versammlung zu tun gehabt, und ich führte den Vorsitz für kurze Zeit im Grunde genommen nur, weil ich dazu aufgefordert worden war. Die an dieser Versammlung maßgebend Beteiligten bereiteten eine Erklärung an die Presse vor; darin waren mehrere wichtige Grundsätze aufgeführt. Ich sah die Resolution, nachdem sie fertiggestellt war. Mit der Abfassung hatte ich nichts zu tun gehabt. Sie schien mir eine gemäßigte und vernünftige Diskussionsgrundlage von Problemen, die von vielen Leuten als sehr wichtig betrachtet wurden. Sie enthielt auch eine Befürwortung der Trennung von Kirche und Staat. Ebenso wurde erklärt, daß diese Frage im Wahlkampf verheimlicht worden sei. Sollte eine Angelegenheit, die nun einmal existierte, in einem freien Land verschwiegen werden?

In unserer freiheitlichen Ordnung hat jeder das Recht zu denken, wie es ihm beliebt, und seine Überzeugung nach seinen Fähigkeiten darzulegen. Aber gerade in dieser Angelegenheit bestand eine gewisse Verschwörung zu schweigen. Nur schon die Frage als solche anzuerkennen, wurde als Bigotterie aufgefaßt.

Ferner fand ich in jener Erklärung eine Bemerkung über die Wichtigkeit anderer Fragen im Rahmen der Wahlkampagne. Endlich wurde auch die Berücksichtigung der religiösen Frage nach dem eigenen Gewissen des Wählers empfohlen. Es handelte sich lediglich um einen Versuch, das Problem zur Diskussion zu stellen.

Hätte ich geahnt, was meine Gegenwart in jener Versammlung alles nach sich ziehen würde, so hätte ich nie daran teilgenommen. Eigentlich hätte mir bewußt sein sollen, daß jegliche Erklärung dieser Art, und sei sie noch so gut gemeint, auf dem Höhepunkt einer Wahlkampagne wie der bekannte Funken im Pulverfaß wirkt, der eine Explosion auslöst und Leidenschaften und Feindschaften auf beiden Seiten entfesselt. Es war naiv, dies nicht vorauszusehen, aber ich bin nie Politiker gewesen.

Am meisten empfand ich es, daß ich nach der Publikation jener Erklärung des Fanatismus bezichtigt wurde. Ausgerechnet ich, der ich mich ein Leben lang bemühte, Untoleranz zu bekämpfen! Ich arbeitete in verschiedenen Organisationen, die sich bemühten, Untoleranz in nationalen oder religiösen Angelegenheiten, wie auch in bezug auf Rassen, auszumerzen. Besonders lag mir daran, zwischen den führenden religiösen Gruppen, zwischen Juden, Katholiken und Protestanten, Harmonie zu entfalten. Wenn sich einer sein Leben lang gegen jede Bigotterie eingesetzt hat, ist es qualvoll, ausgerechnet dessen schuldig gesprochen zu werden, das er stets bekämpft hat.

Diese Zusammenkunft in Washington betrachte ich als Meilenstein in meinem Leben. Zurückblickend scheint mir, daß sie auch in der Geschichte freier religiöser Diskussion in den Vereinigten Staaten einen Meilenstein darstellt. Aus meiner bitteren Erfahrung ging kristallklar hervor, daß es heute in den Vereinigten Staaten nicht mehr möglich ist, überhaupt das Prinzip der religiösen Freiheit zu diskutieren, wie leidenschaftslos und objektiv eine solche Diskussion auch geführt würde. Was mich betrifft, so werde ich mich nie mehr in irgendeine Betrachtung über die religiöse Freiheit in irgendeinem Zusammenhang einlassen, denn es ist mir klar, daß man sich dabei der Gefahr aussetzt, des Fanatismus bezichtigt zu werden.

Ich begehre kein Mitleid, aber ich muß sagen, daß ich entsetzt war, als ich am folgenden Tage durch die Straßen Washingtons ging, unmittelbar nachdem der Sturm losgebrochen war. Ich war versucht, meine Blicke von den Passanten abzuwenden, aus Furcht, einen meiner römisch-katholischen Freunde zu treffen, der fälschlicherweise annehmen könnte, ich hätte mich gegen ihn gewandt. Ich war in schwerer Bedrängnis. Die unglaubliche Folge jener Versammlung belastete mich schrecklich. Zudem irritierte mich auch die eigene Ungeschicklichkeit.

Bemüht, den Irrtum zu zerstreuen, daß ich ein Führer — ja, *der* Führer — jener Gruppe sei, informierte ich die für das Treffen verantwortlichen Teilnehmer dahingehend, daß ich damit in keiner Weise mehr in Zusammenhang gebracht zu werden wünsche. Daraufhin zog ich mich in mein Landhaus zurück und war weder für die Presse noch für das Fernsehen zu sprechen, die ihre Vertreter sandten und ›Erklärungen‹ verlangten. Aber auch das war ein Fehler. Ich hätte mich der Presse stellen und die ganze Sache so freimütig und ruhig erzählen sollen, wie ich es jetzt tue. In Wirklichkeit war ich dermaßen außer Fassung, daß ich daran zweifelte, mich überhaupt verständlich machen oder meine Gefühle richtig interpretieren zu können. Ich befürchtete, daß sich wieder falsche Darstellungen seitens der Presse ergeben oder grobe Vereinfachungen verbreitet würden. Es ist doch so, daß ein kleiner Fehler zu einem nächsten führen kann und so fort. Je mehr Fehler wir machen, um so verwirrter werden wir, und um so mehr Fehler begehen wir wieder. Zudem betrübten mich scharfe persönliche Anschuldigungen seitens zweier hervorragender Geistlicher. Politisch bedingt, erklärten sie mich lautstark als Führer der ›protestantischen Unterwelt‹ und nannten mich einen Fanatiker. Darauf erwiderte ich nichts, was auch wieder falsch war und dazu führte, daß sich falsche Vorstellungen anhäuften und große Verbreitung fanden.

Obschon einige Seiten dieses Kapitels dem Treffen in Washington gewidmet sind, so soll das weder meine Teilnahme erklären noch rechtfertigen. Die etwas ausgedehnte Schilderung soll jedoch dazu dienen, zu zeigen, wie man in eine Sache verwickelt werden kann, mit der man fertig zu werden hat. Meine persönliche Erfahrung soll als Testfall dienen für die Anwendung einer Technik, welche wir alle gebrauchen können.

Ich bin von den noch zu erklärenden Methoden völlig überzeugt. Man kann sich darauf verlassen, denn in meinem Fall ›funktionierten‹ sie. Und bei mir handelte es sich um einen Fall, wie er nicht alle Tage vorkommt. All denen, welche in die verschiedensten Schwierigkeiten verstrickt sind, mag die ganze Sache sozusagen als Laboratoriumsversuch für ihre eigenen Probleme von Nutzen sein, die sich nach demselben Verfahren ebenfalls lösen lassen.

Ich war dermaßen fassungslos, daß ich alle vorausgeplanten Ansprachen absagte, aus Furcht, daß meine Beteiligung an irgendeiner Zusammenkunft die dafür Verantwortlichen in Verlegenheit bringen könnte. Von vierzig Verpflichtungen wurde meine Entschuldigung jedoch nur in zwei Fällen angenommen. In allen anderen wurde entschieden abgelehnt, mich zu entlasten; dabei handelte es sich nicht um kirchliche Zusammenkünfte, vielmehr waren Leute der verschiedensten Religionen zugegen.

Es kam soweit, daß ich meinen Rücktritt vom Pfarramt einreichte, nachdem ich der Kirche 28 Jahre lang gedient hatte. Niemand hatte davon gesprochen, auch nicht andeutungsweise; doch als die Aufregung um mich herum weiter anstieg und ich Kritik aus jüdischen, katholischen und protestantischen Kreisen hörte, glaubte ich, die Kirche und ihre Mitglieder, welche ich so schätzte, in Unehre gebracht zu haben. Ich fühlte immer mehr, daß ich eine Belastung für meine Kirche darstellte und mich deshalb zurückziehen sollte.

In diesem Sinne unterbreitete ich denn auch den Kirchenältesten mein Entlassungsgesuch. Allein, es wurde sofort und einstimmig zurückgewiesen. Selbstverständlich hat mich dieser Vertrauensbeweis tief beeindruckt. Ihre Versicherung der brüderlichen Verbundenheit und das Gebet bestärkten mich gewaltig.

Daraufhin richtete ich ein Schreiben an alle Mitglieder unserer Kirchengemeinde, mit denen mich christliche Zuneigung und echtes geistiges Verständnis verband. Die Freundschaft und geistige Unterstützung durch jene, die uns am besten kennen, bedeuten viel in Zeiten der Trübsal.

Als Seelsorger war es mein Vorrecht, ihnen zu helfen. Jetzt hatten sie die Güte, mir beizustehen, und so trug einer des andern Last.

Nach jener schlimmen Zeit in Washington war ich an jenem Sonntag, da ich wieder in der Marble Collegiate Church in New York anwesend sein mußte, kaum darauf vorbereitet, so viel Liebe und Unterstützung zu empfangen, wie sie mir gewährt wurde.

Als ich mich zur Kanzel begab, erhob sich auf einmal die ganze Kirchengemeinde. So etwas habe ich während meiner ganzen Kirchentätigkeit noch nie miterlebt. Die aufrecht stehende Gemeinschaft und der Ausdruck ihrer Gesichter überraschten mich dermaßen, daß mich eine tiefe Rührung überkam. Ich bat die Leute, Platz zu nehmen, und schon fühlte ich eine machtvolle Woge der Stärke und Zuversicht.

Auch seither tappte ich zu Zeiten im dunkeln. Aber ich habe eine Methode entwickelt, um mit mir und der Situation fertig zu werden. Ihre Anwendung ist besonders dann von großem Wert, wenn man sozusagen außer Fassung ist. Die Methode wird auch Dir helfen.

Den ersten Schritt sah ich darin, die Situation kritisch und ehrlich zu analysieren, ganz besonders in bezug auf das eigene Verhalten. Wenn Du fühlst, unklug gehandelt zu haben, so stehe dazu und gebe es zu. Das ermöglicht Dir nämlich, von da an die Situation realistisch zu betrachten. Statt Dich durch Selbstrechtfertigung in Deinem Urteil beeinträchtigen zu lassen, gewinnst Du die wahre Perspektive wieder, was dem Auftürmen weiterer Fehler ein Ende setzt.

Im weiteren ist dieser Schritt die beste Antwort auf Kritik. Was haben Deine Kritiker noch zu sagen, wenn Du ihnen zustimmst? Du hast sie um den ganzen Effekt gebracht. Dein Fehler wird gemildert – denn wer handelt nicht ab und zu unweise, wenn nicht gar dumm?

Fiorello La Guardia erklärte einmal, als er noch Bürgermeister von New York war: »Ich begehe selten Fehler, aber wenn ich einen mache, dann ist es gewiß ein Prachtstück!« Selbstverständlich vergab ihm das Publikum in diesem Moment sämtliche Fehler.

Wer das Gefühl hat, einen Fehler begangen zu haben, und den Mut aufbringt, dazu zu stehen, wird sich über die Unterstützung wundern, die ihm von allen Seiten gewährt wird.

Der zweite Schritt liegt darin, analytisch und objektiv zu werden. Das führt dazu, eine allfällige emotionale Reaktion einzudämmen, und das wiederum ermöglicht uns, vernünftige Ansichten zu entwickeln und klar zu denken.

Wenn nun zum Beispiel sehr unfreundliche Bemerkungen über Dich geäußert wurden, so verlangt ein objektives Vorgehen die Abklärung folgender vier Fragen: (1) Stimmt die Behauptung oder nicht? (2) Wer machte die Behauptung? (3) Hat seine Meinung überhaupt Gewicht? (4) Ist es ein aufrichtiger Kritiker, oder hegt er Vorurteile?

In meinem Fall wurde ich von einem Theologieprofessor, der daneben auch Politiker und zweiter Vorsitzender einer Partei war, zur ›protestantischen Unterwelt‹ gezählt. Offen gesagt, so etwas kann einen aufbringen. Mir ging es so. Doch dann fragte ich mich: »Ist die Behauptung jenes Mannes wahr?« Natürlich nicht. Und sogleich erinnerte ich mich jenes Ausspruches, daß eine Behauptung allein noch keine Tatsache schaffe. Also hatte ich mich nicht weiter darum zu kümmern.

Einmal kam ein Mann zu mir, der durch Bemerkungen seitens eines früheren Freundes – Anwürfe voller Haß und Zorn – äußerst irritiert war. »Wissen Sie, was jener Kerl macht?« fragte er aufgebracht. »Er verleumdet mich bei seinen Bekannten und nennt mich einen Schuft, einen dreckigen Schuft! Was sagen Sie dazu – einen dreckigen Schuft!«

»Nun, sind Sie einer?« fragte ich ihn trocken.

»Natürlich nicht!« fuhr er los, »sehe ich denn so aus?«

»Gewiß nicht«, wandte ich ein, »und Sie wissen es auch. Die Behauptung jenes Mannes ist somit eine Unwahrheit. Allein, durch seine Behauptung kann er aus dieser Unwahrheit keine Tatsachen schaffen. So lassen Sie ihn doch dabei. Mit der Zeit werden die Leute schon merken, wer eigentlich der Schuft ist!«

Sollten die Behauptungen der anderen zutreffen, dann solltest Du so ehrlich sein, dies zuzugeben, und Deine Haltung dementsprechend korrigieren. Im übrigen erinnere Dich daran, daß Geschwätz aus Unwahrheit keine Wahrheit zu schaffen vermag! Wohl vermag es Dir eine Unmenge von Schwierigkeiten und Ärger zu bereiten, aber an den Tatsachen vermag es nicht zu rütteln, und im weiteren richten sich unterdrückte Wahrheiten immer wieder selber auf.

Ebenso wesentlich sind die restlichen Punkte, die zu beachten sind, um uns wieder aufzufangen. Fragen wir uns: »Wer machte die Behauptung?« Handelt es sich um jemanden, dessen Ansichten wir respektieren? Ist es ein ehrlicher Kritiker, oder hegt er gewisse Absichten? Könnte es sein, daß er persönliche Gründe hat, Dich herabzusetzen? Ehrliche Kritiker soll man respektieren, solange sie nicht bösartig und persönlich angreifen. Doch um die anderen braucht man sich nicht zu kümmern. Ihre Ansicht ist unwesentlich.

Ein weiteres Element, um das aufgebrachte Gemüt zu besänftigen, liegt darin, jene Bemerkungen, welche wir als besonders schmerzhaft empfinden, leidenschaftslos zu analysieren und zu untersuchen, was dahintersteckt.

Damit noch nicht genug, denn um wirklich kuriert zu sein, muß man eine positive Einstellung gewonnen haben und versuchen, gegen niemanden schlechte Gedanken zu hegen. Diesen weiteren Schritt erachte ich als unerläßliche Voraussetzung für einen dauerhaften Sieg über einen aufgebrachten Gemütszustand. Jemanden achten heißt noch nicht, ihm zugeneigt zu sein, vielmehr bedeutet es eine kühle Wertschätzung des Ichs jener Person; dabei braucht man das Urteil und die Handlungsweise solcher Leute gar nicht unbedingt zu respektieren.

Die Anwendungsmöglichkeiten dieser objektiven Methode sind vielfältig. Angenommen, jemand begeht Dir gegenüber eine unfreundliche Handlung oder verletzt Dich sonst auf irgendeine Art und Weise. Setzen wir sogar voraus, daß es sich dabei um einen früheren Freund handelt. Es ist außerordentlich wichtig, zu erkennen, daß uns Freunde oft viel mehr zu verletzen vermögen als Feinde, denn es ist eine psychologische Tatsache, daß jene, welche uns am meisten zugeneigt sind, uns auch am meisten zu enttäuschen vermögen. Wenn Du nun wegen irgendeiner Handlung oder Äußerung eines Freundes aufgebracht bist, so verlangt die objektive Methode, die Angelegenheit ruhig und gelassen zu betrachten, wobei wir uns der eng verflochtenen Liebe-Haß-Reaktion bewußt sein müssen. Wenn Dich nun der Freund gar zu hassen scheint, so könnte es sich sehr wohl um die Kehrseite einer verletzten Liebe handeln, die er für Dich empfindet. Fahre deshalb fort, ihn zu schätzen, und halte Dein Gemüt frei von seinen gegenwärtigen Handlungen und Worten, indem Du Dir sagst: »Im Grunde genommen meint er es nicht so, wie er es sagt und wie es scheint. Ich werde es nicht so auffassen.«

Zusätzlich müssen wir uns aber fragen, was jene Person wohl dazu geführt haben mag, sich uns gegenüber so zu verhalten. Dies bedingt, daß wir unser eigenes Verhalten unter die Lupe nehmen und uns bemühen, herauszufinden, was für den anderen als Stein des Anstoßes gewertet werden könnte. Mit anderen Worten: Wir müssen uns mit den Augen des anderen sehen, also so, wie er sieht, so denken, wie er denkt. Von diesem Gesichtswinkel aus vermögen wir die Wirkung unserer eigenen Handlungen besser zu ermessen. Es mag sehr wohl sein, daß er unser Verhalten völlig falsch auffaßt, aber wenn wir wissen, weshalb er irrt, dann ist es leichter, dafür zu sorgen, daß wir ihm diesen Eindruck nicht länger vermitteln. Wir haben damit jene Elemente erkannt, die von unseren Mitmenschen als schwache Stellen aufgefaßt werden und haben nunmehr Gelegenheit, uns dementsprechend persönlich zu ändern, was für uns nur hilfreich ist. Zu unserer Technik gehört auch die einfache Frage: »Hat diese Person das Recht, zu tun, was sie tat? Hat sich der andere seiner Ansicht nach pflichtgemäß verhalten?« — Wenn er das Recht dazu hatte und sich so verhielt, wie er es unter den Umständen als richtig erachtete, dann dürfen wir ihn deswegen nicht verdammen. Du magst seine Verhaltensweise bedauern, aber Deine Mißbilligung rechtfertigt weder Feindschaft noch Gekränktsein Deinerseits. Dieses vernünftige Denken beruhigt sofort. Vergegenwärtige Dir seinen Standpunkt und billige ihm das Recht zu, so zu handeln, wie er handelte.

Ich erhebe keinen Anspruch auf Vollkommenheit, aber diese Methode hat sich noch jedesmal gut ausgewirkt, wenn ich sie anwandte. Sie hat mir ermöglicht, meine Gefühle unter Kontrolle zu bekommen, und das ist den persönlichen Beziehungen noch immer gut bekommen.

Selbstverständlich ist deswegen noch nicht alles nach meinem Willen gegangen. Weshalb sollte auch alles nach meinem oder Deinem Willen gehen? Es muß so sein, daß im

Leben auch ein Schlag am Ziel vorbeigeht. Aber es mag sehr wohl sein, daß gerade diejenigen, welche am meisten danebentreffen, sich am meisten bemühen, den Ball zu treffen. Der Cricketspieler Babe Ruth schlug auch daneben, anfänglich sehr oft sogar, aber im Durchschnitt geriet sein Resultat immer besser, und er wurde Champion. Er schlug oft, und wenn es mißlang, dann gab er nie auf. Hätte er aufgegeben, so wäre er nicht Babe Ruth gewesen. Ich behaupte also nicht, daß meine Philosophie und ihre praktische Anwendung alle Probleme beseitigt. Es mag Rückschläge und Enttäuschungen geben — sogar mit dieser Methode, aber eines ist gewiß: Du wirst nicht dermaßen außer Fassung sein, wie es Dir sonst passieren kann, und das ist ja der Kern dieses Kapitels.

Die Anwendung unserer objektiven Methode führt dazu, daß unsere Ansichten über das Problem nicht mehr gefühlsbedingt sind. Mit anderen Worten: Wir betrachten nun jedes Problem vernunftmäßig. Wie groß auch die Herausforderung sein mag, so lassen wir uns nicht mehr vom Emotionalen überwältigen.

Wende immer die Vernunft an! Mache Dir die ungewöhnliche Eigenschaft, genannt ›gesunder Menschenverstand‹, zunutze. Erhelle Dein trübes Gemüt mit dem Licht des unverfälschten Verstandes. Frage Dich ganz einfach, was es überhaupt für einen Zweck hat, die Fassung zu verlieren. Was nützt es Dir, verstrickt, erregt, niedergeschlagen und gar verärgert zu sein? Handle besser mit kühlem Verstand. Frage Dich: »Wie weit und wie lange noch will ich mich selbst quälen? Versuche ich etwa absichtlich, mich selbst zu ruinieren? Klammere ich mich an die bittere Freude des Selbstmitleids?« Solche Fragen müssen wir bedenken und sie beantworten.

Es ist klar, daß die Anwendung der Vernunft in einem Moment, da wir geladen sind von Gemütsbewegung, von Empfindungen des Verletztseins, der Empörung und des

Selbstmitleids, schwierig ist. Hier braucht es unbedingt Selbstdisziplin.

Plato bemerkte einst, und sein Ausspruch kann Dein Leben revolutionieren: »Nimm Dich Deines Lebens an. Du kannst damit machen, was Du willst!« Stelle Dir die klare Frage: »Wohin führt mich mein bedrückter Gemütszustand, außer dem, daß er mich noch mehr bedrücken wird?« Wenn Du nämlich lange genug in diesem Zustand verharrst, so wirst Du Dein Dasein nicht mehr unter Kontrolle bekommen. Und dann hast Du Dich ruiniert. Es geht nicht an, daß Du anderen Menschen oder den Umständen Schuld gibst, Dir anzutun, was Du Dir selbst antust, wenn Du Dich laufend einem bedrückten Gemütszustand ergibst.

Zugegeben, dieser Ratschlag ist leichter zu geben als zu befolgen. Mir fiel es auch nicht leicht, mich danach zu verhalten. Ist dieser Weg auch nicht leicht, so ist er andererseits auch kein Ding der Unmöglichkeit. Es wurde mir von Leuten, die meine Ansichten entweder nicht kennen oder mißverstehen, vorgeworfen, einer ›leichten Religion‹ das Wort zu reden. Ist es nicht so, daß es niemand in dieser Welt weit bringt, wenn er nicht eine gewisse Standhaftigkeit besitzt. Selbstdisziplin, wie sie hier verlangt wird, ist eine harte Sache. Um sie zu erlangen, brauchst Du Hilfe, und zwar jene Art von Hilfe, die Dir nur Gott gewähren kann. Das Problem, wie wir uns diese Hilfe sichern können, zieht sich wie ein roter Faden durch das ganze Buch.

Eines müssen wir alle lernen, nämlich, daß die meisten Schwierigkeiten, denen wir begegnen, ihren Ursprung in uns selbst haben. Glücklicherweise liegt aber die Lösung auch inwendig in uns. Machen wir uns deshalb dieses Lebensgesetz vermehrt nutzbar! Darin liegt das Reich Gottes: eine machtvolle, schöpferische Kraft, die nur darauf wartet, beansprucht zu werden. Und wenn Du sie anwendest, dann verfügst Du über eine solche innere Stärke, daß Dich nichts mehr aus der Fassung zu bringen vermag.

Zusammenfassung

1. Analysiere die Lage genau. Ergründe, ob Du unklug gehandelt hast. Gestehe alle Deine Fehler offen ein, indem Du die ganze Wahrheit sagst und Deine Albernheit zugibst.

2. Wende die objektive Methode an, wenn abschätzige oder unfreundliche Bemerkungen über Dich gemacht wurden. Frage Dich: »Trifft die Bemerkung zu oder nicht? Wer machte sie? Hat seine Meinung irgendwelchen Wert? Hegt er ein Vorurteil, oder ist er ein ehrlicher Kritiker?«

3. Unterziehe die betreffende Bemerkung einer genauen Untersuchung, indem Du die Elemente einzeln betrachtest und abklärst, ob sie zutreffend sind. Wenn ja, dann korrigiere Dich. Wenn nein, dann vergiß die ganze Sache.

4. Fahre fort, die Leute zu schätzen, auch wenn sie Dir gegenüber schlecht gehandelt haben.

5. Und noch eine leidenschaftslose Frage: War die betreffende Person berechtigt, so zu handeln, wie sie es tat? Wenn ja, dann bejahe ihre Gutgläubigkeit.

6. Suche den Rat bedachter Freunde, und wende all den gesunden Menschenverstand an, über den Du verfügst. So schwer es sein mag, Du mußt denken, Vernunft und nicht Gemütsbewegung helfen Dir. So wird sich jeder Sturm legen. Du wirst brauchbare Antworten erhalten.

7. Frage Dich: »Finde ich Gefallen an meiner Misere?« Weise jegliches Selbstmitleid von Dir.

8. Versuche alle Beteiligten zu lieben und für sie zu beten, so schwer dies auch sein mag. Liebe hat nichts mit Sentimentalität zu tun, vielmehr ist es eine vernunftsmäßige Wertschätzung des anderen als Person.

9. Lege das ganze Problem in Gottes Hände. Er wird es besser lösen, als Du denkst.

4

Bewahre Dir Deine Selbstachtung

Als er die Türe öffnete, hatte er keine Ahnung davon, was alles auf ihn zukommen würde. Zudem war er alles andere als vorbereitet. Aber auch so meisterte er die Lage, obwohl es ein Notfall war. Der junge Pfarrer und seine noch jüngere Frau hatten seit drei Tagen in einem kleinen Städtchen mit einer kleinen weißen Kirche eine Landpfarrei übernommen. Daneben lag das bescheidene Pfarrhaus. Die beiden saßen gerade zu Tisch, als die Hausglocke läutete.

Draußen stand ein etwa 35jähriger, elegant gekleideter und sicher auftretender Mann. Am Straßenrand war ein auffälliger ausländischer Sportwagen geparkt.

»Sie kennen mich nicht«, begann er, »ich wohne in... (er nannte eine Stadt, nicht allzuweit entfernt), aber ich stecke in Schwierigkeiten, und in was für Schwierigkeiten!« Sein gespanntes Gesicht ergänzte diese Feststellung. »Ich bin stundenlang im Kreis herum gefahren und bin todmüde.«

Der Pfarrer nahm ihn in die Wohnung und hieß ihn Platz nehmen. Darauf fuhr der Besucher fort: »Ich muß mich unbedingt mit jemandem aussprechen, der mich versteht und die Sache in völliger Vertraulichkeit behandelt. Ich bin erledigt, völlig geschlagen, ich kann mir nicht vorstellen, daß es noch einen Ausweg geben könnte; ja, ich könnte Ihnen geradesogut sagen, daß Sie mein letzter Halt sind. Wenn Sie mir nicht helfen können, mache ich Schluß, sofern ich den Mut dazu aufbringe.« Auch dem ungeübten jungen Pfarrer war klar, daß es sein Gast ernst meinte. »Warum sind Sie gerade hierhergekommen?« fragte er dazwischen, um etwas Zeit zum Überlegen zu gewinnen. »Ich fuhr in der Gegend herum, weiß nicht wie lange, und dann sah ich auf einmal die Kirche. Eigentlich weiß ich nicht, weshalb ich hier anhielt — es sei denn —, ja, sehen Sie, ich bin als Junge buchstäblich in der Sonntagsschule aufgewachsen. Auf alle Fälle sagte mir etwas, hier anzuhalten.«

»Und was bedrückt Sie?« fragte der junge Pfarrer.

»Ich weiß eigentlich nicht... Ich bin schrecklich deprimiert. Ich kann mich nicht mehr ausstehen. Ja, ich bin meiner dermaßen verdammt überdrüssig, daß ich mich nicht mehr ansehen mag. Was zum Teufel können Sie für mich tun?«

»Wissen Sie was«, bemerkte der Pfarrer, »bleiben Sie einige Minuten hier sitzen und ruhen Sie sich etwas aus.« Dann rief er seiner Frau: »Liebling, bring bitte unserem Freund eine Tasse heißen Kaffee!

Trinken Sie diesen Kaffee, er wird Ihnen guttun. Unterdessen kümmere ich mich noch schnell um jemandem im Nebenzimmer. Ich werde bald zurück sein.«

Im Nebenzimmer schaute er zum Fenster hinaus, völlig abwesend. Wie war er Pfarrer geworden? Anläßlich einer Universitäts-Vorlesung entfachte der Dozent bei ihm ›eine tiefgreifende Beunruhigung über die Welt‹, so daß er sich für das geistige Amt interessierte. Im theologischen Seminar versuchte er, mit seinen Problemen fertig zu werden, allein, er wurde nur noch verwirrter. Noch immer suchte er, sich klar zu werden über sich selber.

»Ein heißes Eisen!« sagte er sich. »Ich habe ja noch nicht einmal richtig angefangen mit meiner Tätigkeit, und da kommt dieser Kerl und wirft mir ein derartiges Problem an den Kopf. Was zum Kuckuck soll ich nur tun?«

In Gedanken überflog er schnell einige Seminarübungen und suchte verzweifelt nach einer Idee, welche sich in einer derartigen persönlichen Krise anwenden ließe.

»Nichts als Philosophie und Soziologie. Das Zeug ist schon recht, aber hier nicht am Platz, dessen bin ich sicher. Warum haben mir die Professoren auch nie erklärt, wie man einen einzigen Menschen verstehen und ihm helfen kann? Was nützt mir die Lehre des ›sozialen Christentums‹, wenn ich dabei nicht einmal in der Lage bin, einem armen Kerl zu helfen? Warum verlassen sie das Auditorium nicht, um sich vom Leben ein Bild zu machen? Mein Gott, ich weiß mir nicht zu helfen. Kommt mir überhaupt nichts in den Sinn?« jammerte er vor sich hin.

Dann begab er sich zu jener ›Konsultation‹. Er betete ohne gekünstelte Worte: »Herr, ich bin geschlagen. Laß mich bitte wissen, was ich diesem Menschen sagen soll. Amen.«

Meiner Meinung nach ist das die Art Gebet, die zu Gott gelangt. Und Gott ließ ihn tatsächlich wissen, was er seinem Mitmenschen zu sagen hatte, und wie es wirksam zu sagen war. Obwohl unser Pfarrer unerfahren war, so war er doch in der Lage zu helfen, denn er hatte eine echte Zuneigung zu seinen Mitmenschen, und das ist das Wesentliche beim Helfen.

Er erkannte auch, daß der Mann, der sich selbst nicht mehr leiden mochte, dringend jemanden brauchte, der ehrliches Interesse ihm gegenüber empfand und ihm seine Selbstachtung zurückgeben konnte.

So begab er sich denn wieder in sein Wohnzimmer zurück und räkelte sich entspannt und ungezwungen in einem Sessel, so, als hätte er unendliche Zeit. Dies schien seinen Gast sofort etwas zu entspannen, und er begann denn auch zu sprechen, zuerst stockend, dann zusehends freier. Er zählte eine Fülle von moralischen Niederlagen, Konflikten und Unehrlichkeiten auf. Alles zusammen vermochte tatsächlich die Selbstachtung eines Menschen zu untergraben. Der Pfarrer hörte ihm voller Interesse zu.

Nach einer Stunde ruhigen Zuhörens streckte sich unser Seelsorger etwas: »Ich habe einen Bärenhunger! Sie müssen auch ausgehungert sein!

Liebling«, rief er seiner Frau, »glaubst Du, zwei ausgehungerte Burschen retten zu können?«

»Natürlich«, kam es aus der Küche zurück, »ich komme gleich.« Wenig später langten die beiden gewaltig zu, besonders der Gast, dessen Gemütserleichterung ein ausgesprochenes Hungergefühl mit sich brachte. Die beiden Männer scherzten dabei ein wenig, und noch bevor sie das Mahl beendet hatten, nannten sie sich beim Vornamen (wie das in Amerika üblich ist). Sam, der Gast, und Chuck, der Pfarrer.

Es war elf Uhr nachts, als Sam und Chuck draußen neben dem Sportwagen standen. »Noch etwas, bevor Du gehst, Sam«, sprach ihn unser Pfarrer nochmals an, »Du fühlst Dich besser, weil Du einen Freund gefunden hast, mit dem Du Deine Schwierigkeiten teilen kannst. Aber Sam, das ist nicht genug! Du mußt Dich von mir, als menschlichem Freund, weg zu jenem anderen Freund wenden, der allezeit bei Dir ist und Dich zu jenem neuen Leben führt, in das Du Dich begibst.«

»Ich verstehe, Chuck, und ich möchte es auch.«

So beteten denn die beiden draußen in der Nacht. Es war nur ein kurzes Gebet. Chuck sprach: »Herr, nimm Dich Sams an und führe ihn. Hilf ihm, daß er sein Leben durch Dich bestimmen lasse.« Dann fügte er bei: »Und jetzt bete auch Du noch, Sam.«

»Laut? Das habe ich in meinem Leben noch nie getan.«

»Ich weiß schon. Doch jetzt ist die Zeit, damit zu beginnen, und zudem sind wir ja Freunde, nicht wahr?«

Nach langem Zögern sprach Sam: »Lieber Gott, ich bin dankbar für Chuck. Gewiß hast Du mich zu ihm geführt. Ich benötige Deine Hilfe. Bitte nimm Dich meiner an und führe mich. Amen.«

Nachdem Sams Wagen auf der Hauptstraße entschwunden war, ging Chuck mit einem Glücksgefühl, wie er es noch nie empfunden hatte, vor seiner kleinen Kirche auf und ab. Er hatte Tränen in den Augen. Auf einmal liebte er die ganze Welt und ganz besonders seine kleine Kirche, die im Mondschein weiß leuchtete. »Wahrhaftig«, sprach er vor sich hin, »ich würde mein geistliches Amt für nichts in der Welt hergeben. Ich danke Dir, Herr, daß Du Sam zu mir gesandt hast. Ich will ihm beistehen, bis er Dich wirklich gefunden hat, und nachher werden Sam und ich anderen Menschen helfen.«

Mit drei Sätzen war er wieder im Haus, hob seine Frau in die Luft und tanzte mit ihr im Zimmer herum. »Halt, halt«, rief sie, »ich bin ganz außer Atem, was ist denn in Dich gefahren?«

»Schau, es ist einfach wunderbar, als Geistlicher tätig zu sein. Heute abend war Gott in diesem Haus.«

Sie hielt inne. »Sieh mich an, Chuck, wahrhaftig, ich habe Dich noch nie so gesehen. Es ist wundervoll. Du bist wirklich begeistert«, und dann ganz zärtlich, »ich habe einen neuen Einblick in Dich gewonnen. Mein Chuck ist wirklich ein Mann Gottes.« An diesem Abend wurde Chuck zum unerschütterlichen Optimisten.

Der Leitsatz dieses Kapitels, sich selbst zu achten, mag vielleicht etwas verwirren. Du magst dabei an Menschen denken, deren Ego alles andere als unterentwickelt ist und die sich offensichtlich selbst so gut gefallen, daß absolut keine Notwendigkeit erscheint, ihre Selbstgefälligkeit noch zu fördern. Nun soll aber nicht eine ausgesprochene Eigenliebe oder aufgeblähte Bewunderung des eigenen Ichs gefördert werden, sondern einfacher, normaler Selbstrespekt, wie er zu einer ausgeglichenen Persönlichkeit gehört.

Jene aufgeblasene Selbstsicherheit, die man gewöhnlich als Selbstgefälligkeit bezeichnet, ist sehr oft nichts anderes als ein Deckmantel für ein Minderwertigkeitsgefühl und eine Abneigung gegen sein eigenes Ich. Leute mit verletzender Selbstüberheblichkeit sind oft ihrer selbst am unsichersten, jedoch bemüht, mit ihrem Eigendünkel das mangelnde Vertrauen in sich selbst zu stützen.

William Nichols, Redakteur des ›This Week‹-Magazins, hat in einem köstlichen Buch mit dem Titel ›Worte fürs Leben‹ unter anderem aus einem Werk von John Steinbeck zitiert. Es handelt sich dabei um einem Mann, der sich selbst nicht leiden kann:

»Lange Zeit mochte ich mich nicht leiden … und zwar aus verschiedenen Gründen, echten und eingebildeten. Aber allmählich«, so meinte er, »gewahrte ich mit Überraschung und Freude, daß mich einige Leute sehr mochten. Und ich fragte mich, wenn die mich mögen, wieso kann ich es dann nicht? Langsam lernte ich, mich selbst zu schätzen, und dann war die Sache wieder in Ordnung.«

Dr. med. Maxwell Maltz zeigt uns, wie das Bild, das wir uns von uns selber machen, bestimmt, ob wir Selbstachtung entwickeln oder nicht:

»Das Bild unseres eigenen Ichs, welches wir in uns festhalten, ist der Schlüssel zum Erfolg oder Mißerfolg unserer Pläne und unserer Wünsche. Wenn diese Vorstellung ungenügend ist, so ist es angezeigt, sie zu korrigieren. Wir können dies systematisch erreichen, indem wir uns vorstellen, daß wir bereits die Art Person sind, die wir zu sein wünschen. Wenn Du von schrecklicher Schüchternheit geplagt bist, so stelle Dir vor, Du würdest mit Leichtigkeit mit den Menschen umgehen. Solltest Du furchtsam und überängstlich sein, so versuche Dich als ruhig, vertrauensvoll und mutig handelnd vorzustellen.«

Wenn wir uns vorstellen, in einer gewissen Weise zu handeln, so beeindruckt diese Vorstellung unser Unterbewußtsein fast so stark wie eine effektive Leistung.

Die Gedanken, die uns über uns selber beschäftigen, begrenzen oft unsere Möglichkeiten. Als Schuljunge hatte der berühmte Psychiater Prof. Alfred Adler einen schlechten Start in der Arithmetik. Sein Lehrer war überzeugt, daß er in der Mathematik ein Dummkopf sei. Adler akzeptierte diese Einschätzung, und seine Noten schienen sie zu bestätigen. Als sein Lehrer aber eines Tages ein Problem auf der Tafel aufzeichnete und niemand in der Klasse es zu lösen wußte, durchfuhr ihn ein Geistesblitz, und er meldete sich. Die ganze Klasse lachte darüber. Das machte ihn dermaßen ungehalten — er ging zur Tafel und löste das Problem. Dabei wurde er sich bewußt, daß er die Mathematik begriffen hatte. Er hatte neues Selbstvertrauen gewonnen und wurde ein guter Mathematikschüler.

In diesem Fall war Adler durch eine falsche Annahme über sich selbst beeinflußt. Wenn Du einmal eine Vorstellung, komme sie nun von Dir, Deinem Lehrer, Deinen Eltern oder Freunden, angenommen hast und überzeugt bist, daß sie zutrifft, dann beherrscht Dich diese Annahme stark.

Negative Gedanken vermögen uns alle einzuengen, sofern wir dies zulassen. Umgekehrt gilt auch, daß in Dir im jetzigen Zeitpunkt die Kraft liegt, Leistungen zu vollbringen, die Du nie für möglich gehalten hast.

Es ist nur natürlich, daß Deine Kraft und das Wissen um Dich selbst — sofern Du sie bewußt anwendest — zur Selbstachtung führen.

Dr. Maltz sagt:

»Wir alle haben eine bestimmte Vorstellung von uns, ein Bild, das unsere Haltung und Einstellung weitgehend beherrscht. Um das Leben einigermaßen zufriedenstellend zu finden, mußt Du ein Bild Deiner selbst entwickeln, mit dem Du leben kannst. Du mußt Dir selbst annehmbar erscheinen. Du mußt über ein Ich verfügen, das Du schätzt, eines, auf das Du Dich verlassen und dem Du vertrauen kannst. Wenn dieses Bild so aussieht, daß Du darauf stolz sein kannst, dann fühlst Du Dich sicher. Nun funktioniert alles besser.«

Wenn immer ich dieses Problem betrachte, muß ich an einen gewissen Mann denken, der, geplagt und unglücklich, wütend bemerkte: »Ich gäbe ein halbes Jahresgehalt, wenn ich nur vierzehn Tage Ferien von meinem Ich haben könnte.« Natürlich ein Ding der Unmöglichkeit. Du bist auf immer an Dich gebunden, wohlverstanden an Dich, Dein Ich. Es gibt keine Flucht, keine Alternative, keine Lösung. Du mußt mit Deinem Ich leben, solange du lebst. Von Deiner Dreiheit, Körper, Geist und Seele, genannt ›Du‹, kannst Du Dich nie trennen. Das mag hart sein, ja unerfreulich, aber es ist nun einmal so.

Da es sich hier um eine unumstößliche Tatsache handelt, ist es nur vernünftig, uns zu überlegen, wie wir mit diesem Ich meistens friedlich und glücklich leben können. Wenn wir ›meistens‹ sagen, so deshalb, weil sich oftmals selbst bei ausgewogenen Persönlichkeiten eine unbestimmte Unzufriedenheit bemerkbar macht. Bei einem in sich selbst gefestigten Individuum ist das jedoch keine ständige Erscheinung, und auf keinen Fall vermag sie den Menschen zu beherrschen, aber es mag Momente, womöglich nur Bruchteile von Momenten geben, wo sich Selbstunzufriedenheit bemerkbar macht. Das kann man nicht verhindern. Etwas von dieser Ratlosigkeit wird wahrscheinlich immer in uns stecken.

Vielleicht sind wir vom Schöpfer mit dieser Unzufriedenheit ausgestattet worden, um zu verhindern, daß wir zu schnell mit uns zufrieden werden! Und ohne eine kleine Dosis Unzufriedenheit, so störend dies sein mag, mangelte es an einer genügenden Triebkraft, ohne die jeglicher Fortschritt unmöglich wäre. Die Einschränkung ›meistens‹ beachtet somit die Tatsache, daß eine gewisse Unzufriedenheit zu unserer Ausgewogenheit und zu unserer Entfaltung beiträgt. Niemand, der schnell mit sich zufrieden ist, wird im Leben weit kommen oder errungene Erfolge halten können.

Wie aber können wir lernen, uns selbst zu achten? Ganz einfach, wir müssen uns selbst kennenlernen. Du magst jemanden nicht leiden, aber wenn Du ihn einmal kennst, dann magst Du ihn immer mehr. Wahr ist, daß viele Menschen nur deshalb nicht geschätzt werden, weil man sie nicht kennt.

Dasselbe Gesetz über die menschliche Natur gilt auch für Dich selbst. Wie Du lernst, Dich selbst zu kennen, wirst Du auf tiefgründige Qualitäten stoßen, von denen Du nie wußtest, daß Du sie hast. Du wirst Dich dann akzeptabler finden, Dich selbst schätzen, ja Deine Meinung über Dich wird sich bessern, bis Du schließlich Gefallen daran findest, mit Dir selbst zu leben.

Wenn wir uns selbst schätzen lernen, so hat das seinen praktischen Wert. Da Du dabei so viel Zeit mit Dir selbst verbringen mußt, so mag es gut sein, daß Du aus dieser Beziehung Nutzen ziehst. Es hat wenig Sinn, mit seinem Ich unglücklich zu leben, speziell, wenn es nicht nötig ist. Es ist deshalb nur klug, mit sich selbst gut auszukommen.

Dazu bedarf es aber einer ehrlichen und gewissenhaften Selbstanalyse, einer umfassenden Bestandsaufnahme Deiner selbst. Beachte die besten Aspekte Deines Ichs und ergründe sie. Mache Dir ein Bild Deiner besten Eigenschaften. Behalte dieses Bild in Deinem Gemüt, und halte es ständig in Deinem Bewußtsein fest. Vergegenwärtige Dir dieses Bild als einen Faktor, der in Deiner Persönlichkeit eine dominierende Stellung erreichen wird. Wenn Du an dieser Formel festhältst und sie anwendest, dann wird das Konzept Wirklichkeit, denn wenn dieses Bild von Deinem ganzen Bewußtsein gestützt wird, dann neigt es dazu, Tatsache zu werden.

Vergegenwärtigen wir uns die vielsagenden Worte des Weisen Marcus Aurelius — *»Die Seele trägt die Farbe Deiner Gedanken«*. Damit will er sagen, daß die Seele die Farbe unserer Gedanken annimmt. Es gibt eine alte orientalische Maxime, welche sagt: *»Was Du denkst, das wird.«*

Aber es geht hier um mehr als den Versuch, sich selber zu achten! Ich muß nämlich auch vor der schlechten Seite unseres Ichs warnen. Man muß sich fortwährend dagegen schützen, daß sie die Zügel in die Hände bekommt, denn darin verkörpert sich der alte Adam. Der seit Jahrtausenden währende Zivilisationsprozeß hat ihn nur mit einer dünnen Schicht von Pseudoniedlichkeit umgeben. Seien wir uns bewußt, daß er unter dieser dünnen Hülle unmoralisch, raubgierig und aggressiv geblieben ist!

Und bilde Dir nicht ein, Du habest nichts von diesem rauhen Geschlecht in Dir, wie artig Du auch sein magst. Es kann sich freimachen und alles über den Haufen werfen. Der einzige Schutz vor diesem schlechteren Ich liegt darin, daß Du das beste Ich in Dir festigst und es festhältst. Dein gutes Ich rührt nicht vom alten Adam her, sondern von Gott. Ja, es ist Gott in Dir. Um Dich zu lieben, mußt Du zuallererst Gott lieben, denn Gott ist von Natur aus in Dir. In dem Maße, wie Du Gott kennenlernst, wirst Du Dich besser kennen und Dich selber mehr schätzen. Die Liebe zu Gott führt schließlich zu einer natürlichen Wertschätzung des Ichs.

Das ist keine Theorie, sondern Tatsache, wie folgender Brief von Philipp X. beweist. Philipp wohnt in Bronx, New York City. Er ist Teenager, und nach seinem Brief zu schließen ein flotter Kerl. Nun ist es so, daß Teenager oft mit sich selbst schlechte Zeiten durchmachen. Manchmal wechseln sie im Handumdrehen von höchster Begeisterung zu völliger Niedergeschlagenheit. Aber nun zu Philipps Brief:

»Lieber Dr. Peale,

ich habe soeben Ihr Buch ›Die Kraft positiven Denkens‹ gelesen. Es gibt Antworten auf die meisten Probleme, die mich beschäftigen.

Als Jugendlicher hatte ich viele Zweifel an mir selbst. Ich fand mich unzulänglich, abnormal, nutzlos und so fort. Diese Gefühle trieben mich in eine schreckliche Niedergeschlagenheit. Es war eine kaum auszuhaltende Tortur. Ich hatte das Gefühl, verstoßen zu sein, sogar von Gott, und zwar wegen meiner Fehler. Ich fühlte mich so elend, daß ich sogar Gott verdammte.

Doch ich fing mich bald wieder, betrachtete mich objektiv und versuchte, meine guten Eigenschaften hervorzuheben. Dann wandte ich meine Gedanken weg von mir selbst und richtete sie auf andere Menschen. Ich beteiligte mich bei verschiedenen Organisationen und begann, anderen zu helfen. Es war großartig. Ich konzentrierte mich darauf, meine guten Eigenschaften zu festigen, und erfuhr, daß andere Leute anfingen, mich wegen meiner Haltung zu schätzen. Ich fühlte mich nicht mehr verstoßen und gewann eine positive Einstellung zu mir selber.

Ich habe Gott gefunden. Es war, als ob ich ihn selbst gesehen hätte, und ich fand meinen Platz in dieser Welt.

All das erlebte ich, bevor ich Ihr Buch gelesen hatte. Es gab mir die Bestätigung, daß ich recht hatte, und daß auch andere Menschen an diesen Problemen leiden.

Dieser Brief diene Ihnen ebenfalls dazu, die Richtigkeit Ihrer Philosophie des positiven Denkens zu bestätigen.«

Kein Wunder, daß Tolstoi sagte: »Gott kennen, heißt leben.« Eines ist sicher, Gott kennen heißt ihn lieben. Das führt dazu, daß wir uns selbst kennenlernen und uns zuletzt auch lieben, ein natürlicher Vorgang, wenn wir beachten, daß Gott, indem er uns geschaffen hat, sich selbst auch in uns verkörpert. Wenn Du Dich an Gott hältst, so bleibst Du in Harmonie mit Dir selbst. Wenn Du Dich aber von ihm losmachst, dann entfernst Du Dich auch von Deinem wirklichen Ich. Dann verharrst Du in einem seltsamen, unnatürlichen Zustand einer Pseudo-Persönlichkeit. Und da dieser Zustand unnatürlich ist, bist Du auch nicht glücklich. Bald wirst Du Dich selber nicht mehr leiden können; was Du aber wirklich nicht magst, ist lediglich jenes vermeintliche, von Gott losgelöste Ich.

Kehrst Du zu Gott zurück, so findest Du Dein wahres Ich wieder. Endlich bist Du wieder zu Hause bei Deinem natürlichen Ich, das Du gerne haben kannst. Genauso ging es Philipp. Nun mag er sich wieder, findet das Leben lebenswert und ist glücklich.

Tennison sagt, »Selbstrespekt, Selbstkenntnis und Selbstkontrolle — nur diese drei erheben das Leben zu souveräner Macht«. Die Selbstachtung ist eine absolute Notwendigkeit für unsere Persönlichkeit. Sie hat Wurzeln tief im Ego selbst und steht in Beziehung mit unserer fundamentalen Identität. Wenn nun diese Identität herabgewürdigt wird, so ist es das Schlimmste, was unserer Persönlichkeit widerfahren kann. Tief in der menschlichen Natur steckt ein Gefühl der Heiligkeit gegenüber dem Ich, der eigenen Person. Die meisten Menschen möchten es nicht dermaßen dramatisiert wissen, denn der Begriff ›Heiligkeit‹ wird oft als übertrieben aufgefaßt. Aber trotzdem, es gibt in jedem Menschen eine fundamentale Würde, die nie verletzt werden darf. Es ist dies eine innere Region des Bewußtseins, in der Gott in uns lebt. Wenn sie verletzt wird, leidet das Individuum schweren Schaden; jener Mensch leidet dann an einer quälenden Form von Selbstabneigung, und in der Folge zerfällt seine Persönlichkeit.

Ich will Dir zum besseren Verständnis ein menschliches Drama erzählen, in dem der Verlust der Selbstachtung eine starke Abneigung gegen das Ich bewirkte und fast zur Selbstzerstörung führte. Glücklicherweise enthält die Geschichte auch den positiven Prozeß der Umwandlung. Die betreffende Frau berichtet darüber wie folgt:

»Es war Herbst, und die Hügel um die Stadt herum leuchten golden und scharlachrot. Allein, ich konnte der Jahreszeit keine Beachtung mehr schenken. Den ganzen heißen Sommer lang hatte ein Schuldgefühl und ein Gefühl der Wertlosigkeit an mir genagt. Der Grund war ganz einfach. Letzten Frühling beging ich einen Fehler. Ich war meinem

Mann gegenüber untreu geworden. Er wußte nichts davon. Niemand wußte etwas davon, ausgenommen der andere Mann … und den sah ich nicht mehr. Vielleicht lagen mildernde Umstände vor, vielleicht nicht. Tatsache war, daß ich das 6. Gebot verletzt hatte, und von diesem Moment an haßte ich mich. Ich ging in die Kirche, betete, bat Gott um Verzeihung, aber ich konnte mir nicht vergeben.

Ich sagte niemandem etwas, dazu war ich zu beschämt. Aber ich war nicht sicher, ob jener Mann auch schwieg. Irgendwie gewann ich den Eindruck, daß einige Leute meines Bekanntenkreises eine gewisse Kälte zeigten. Auch empfand ich eine Distanz im Verhalten meiner Mutter. Ich war überzeugt, daß meine Schuld kein Geheimnis mehr war. Im Verlaufe des Sommers verstärkten sich meine Vorstellungen. Ich erinnere mich, daß mir jemand zum Geburtstag eine Karte mit den besten Wünschen zu ›Einem frohen Anlaß‹ sandte. Nun war der Buchstabe ›E‹ beim Wort ›Einem‹ groß und in roter Farbe geschrieben. Für mich bedeutete dieses ›E‹ Ehebrecherin. Zitternd zerriß ich die Karte. Durch meine Erziehung habe ich ein anspruchsvolles, viel zu strenges und mit übertriebenen Vorstellungen ausgestattetes Gewissen. Nun geriet mein Verstand vollkommen unter seinen erbarmungslosen Druck. Ich konnte nicht mehr klar denken; ich fühlte nur noch. Ich verlor an Gewicht und konnte nicht mehr schlafen.

Mein Mann forderte mich auf, einen Arzt aufzusuchen, aber ich weigerte mich. Ich war bereits der Meinung, daß auch er mein Geheimnis kannte. Ich fürchtete, daß auch der Arzt es bereits wissen oder irgend etwas sagen würde, um seine Überzeugung durchblicken zu lassen, daß ich unrein und als Frau oder Mutter unzulänglich war. Ich lebte buchstäblich in einer selbstgeschaffenen Hölle.

Darauf trieb mich eine Bemerkung meines Gatten zum äußersten. Er las etwas in der Zeitung von einer Frau, welche ihre Familie verlassen hatte und mit einem anderen

Mann durchgebrannt war. ›Ein Glück, daß sie die los sind‹, meinte er, ›sie werden ohne sie besser dran sein!‹

Ich fühlte, wie eisige Finger mein Herz zusammenpreßten. Sagte mein Mann nicht, daß er mein Geheimnis kannte — daß er mich loswerden wollte!?

In einem zerstörten Gemüt herrscht oft eine entsetzliche Logik. Die Frau, die mit ihrem Liebhaber davonrannte, so sagte ich mir, ist ehrlicher und nicht so heuchlerisch wie ich. Mein Mann dachte offenbar, daß sie es verdiente, ihre Familie zu verlieren. Was verdiente denn ich für eine Strafe, ich, deren Leben zu einer Lüge wurde? Diese Frage stellte ich mir mit quälender Heftigkeit, und irgendwo in mir antwortete eine Stimme wie eine verhüllte Glocke, die langsam läutete: ›Du bist für niemanden von Gutem. Du bringst Schande über Deine Familie. Du solltest Dich überhaupt beseitigen. Dann könnten sie ein neues Leben anfangen — ohne Dich.‹

Ohne ein Wort zu sagen, packte ich einen kleinen Koffer und ließ ihn vom Schlafzimmerfenster aus an einer Schnur in den Garten hinunter gleiten. Dann ging ich wieder ins Wohnzimmer, von dort an meinem Mann vorbei in die Küche und zur Hintertüre hinaus. Daraufhin begab ich mich in das Hotel der Stadt mit den meisten Stockwerken.

Mein Zimmer war im 5. Stockwerk. Ich fürchtete, es wäre nicht hoch genug. Ich trat ans Fenster und schaute hinunter. Die Straße war dunkel, aber ich konnte die Lichter des Verkehrs erkennen. Ich fürchtete mich vor dem Tode, aber die Stimme inwendig war lauter, zäher, unerbittlicher. Sie sagte mir, daß ich als Mitglied des Menschengeschlechts nichts mehr taugte.

Ich setzte mich an den Tisch und machte eine Notiz für meinen Mann, indem ich versicherte, ihn und die Kinder zu lieben, aber daß es so besser wäre. Ich weinte, als ich diese Worte schrieb, aber ich schrieb sie. Die Stimme drängte mich, zu eilen. Ich öffnete das Fenster und schloß die

Augen. Ich wagte nicht hinunterzuschauen. ›Oh Gott!‹ rief ich aus, wandte mich um und setzte mich auf den Sims. Rückwärts ließ ich mich in die leere Dunkelheit fallen.

Ich fiel fünf Stockwerke tief, wartete auf den Aufschlag auf dem Pflaster, auf das Nichts, auf die Selbstvergessenheit. Statt dessen stürzte ich auf einen geparkten Lieferwagen und fiel durch das Plandach auf den hinteren Sitzplatz. Ich fühlte einen qualvollen Schmerz im Rücken und in den Gliedern. Dann fiel ich in Ohnmacht.

In einem ruhigen Zimmer in einer Klinik kam ich wieder zu mir. Ich versuchte, mich zu bewegen, aber vergeblich; von der Hüfte an abwärts war ich in Gips eingebettet. Ein junger Mann in einem weißen Mantel schaute mich an. ›Ich bin Ihr Arzt‹, bemerkte er freundlich — ›wie geht es?‹

Über mir schlug eine Woge der Verzweiflung zusammen. Ich war noch am Leben! Ich war ein so miserabler Stümper, daß es mir auch noch mißraten war, mich selbst aus dem Wege zu schaffen. Nicht einmal der Tod wollte mich. Ich fühlte heiße Tränen in den Augen. ›Ach Gott‹, rief ich — ›Gott vergib mir!‹ Der junge Arzt legte seine Hand auf meine Stirne. ›Das tut er auch‹, bemerkte er ruhig. ›Sorgen Sie sich um nichts. Wir werden Ihnen helfen, sich selber wieder lieben zu lernen.‹

Mich selbst zu lieben. Diese Worte habe ich nie vergessen. Sie waren der Schlüssel, mit dem sich mein Gefängnis, das ich mit Eigenhaß um mich herum errichtet hatte, öffnen ließ. Diese Worte waren es, die mir schließlich ermöglichten, mein Leben neu aufzubauen.«

Das ist ein Extremfall, wo sich eine Frau dermaßen haßte, daß sie sich selbst nicht mehr ertragen konnte. Glücklicherweise leiden nicht alle Menschen so schrecklich. Aber es sind ihrer viele, welche, wenn auch in kleinerem Maße, mit ähnlichen Problemen kämpfen.

Niemand braucht jedoch in diesem unglücklichen Gemütszustand zu verharren. Der Weg in die Freiheit führt erstens über den Willen, überhaupt aus diesem Zustand ausbrechen zu wollen, und zweitens über die Hilfe von außen, komme sie nun von einem Pfarrer, einem geistig gebildeten Freund, einem Arzt oder Psychiater — letzterem nur, falls er über ein gewisses geistig-religiöses Verständnis verfügt. Wenn nicht, läßt man sich besser auf keinen Fall mit ihm ein!

Drittens ist ein Gebet vonnöten, das sich an die erlösende Gnade Jesu Christi, unseres Retters, richtet. Sage dem Herrn ganz einfach, daß Du Deiner selbst überdrüssig seist und nicht so bleiben möchtest. Sage Ihm, daß Du mit Dir selbst nichts Konstruktives mehr anzufangen wüßtest, und so wende Dich an Ihn, damit Er mit Dir tut, was Dir bekommt. Gott erhört jedes ehrliche, demütige und vertrauensvolle Gebet dieser Art. Er wird den folgenden Prozeß in Dir in Bewegung setzen: 1) Die Selbstbefreiung, 2) das Wiederfinden Deines Ichs und 3) die Selbstachtung. Dann wirst Du mit Dir auch wieder ins reine kommen. Halte also Deine Selbstachtung ständig hoch.

Das dritte Element, welches der junge Seelsorger in seinem Nebenzimmer erhielt, so wie es in diesem Kapitel beschrieben wurde, lautet: Lasse Dein Leben von Gott bestimmen.

Es ist mir klar, daß jemand, der wenig oder nichts von dieser Denkweise kennt, diese Ratschläge etwas seltsam findet, ja, sie womöglich als verworrenes ›religiöses Zeug‹ abtut. Wenn Du jedoch mit Dir oder Deinem Leben bisher nicht gut gefahren bist, so ist es an der Zeit, das Steuer jemandem zu überlassen, der etwas davon versteht. Gott wird Dich auf den rechten Weg bringen und Dich dorthin führen, wo er Dich haben will, nämlich zu einem glücklichen, erfolgreichen und nützlichen Leben.

Natürlich mag sich ein Mensch nicht mehr leiden, wenn er ständigen inneren Konflikten ausgesetzt ist, wenn ihm Enttäuschungen die Lebensfreude nehmen oder wenn er von Schuldgefühlen geplagt wird. Wie soll das Gemüt Fröhlichkeit, Friede und Zufriedenheit ausdrücken, wenn man mit Bitterkeit, Haß und Groll beladen ist?

Jeder Denkende weiß, daß nur solche Gedanken aus dem Gemüt kommen, die vorher hineingegeben wurden. Wenn Du nicht glücklich bist oder Dir nichts gelingt, oder wenn Du selbst alles durcheinander bringst, dann bist Du unter schlechter Führung. Dein Gemüt sorgt in diesem Falle weder für Kontrolle noch für Erkenntnis.

Hier hilft eine einfache Umstellung. Zuerst braucht es Demut. Das mag ziemlich schwierig zu erreichen sein, besonders wenn man es nicht gewohnt ist, demütig zu sein. Die meisten von uns hegen einen beachtlichen Grad von falschem Stolz, der darauf beharren will, daß wir selbst zu unserem Leben schauen können und keine Hilfe von außen benötigen. Aber wohin führt das? Oft zu Schwierigkeiten, Mißerfolg und Bedrücktheit. Demütig zu werden ist sehr wichtig. Nur innerlich große Menschen können demütig sein. Die anderen wissen gar nicht, was Demut ist. Sie ist nicht die Tugend der Kleinmütigen; sie ist dem Großmütigen vorbehalten. Dazu gehörst auch Du! Weshalb ich das weiß? Nun, weil Du bis hierher gelesen hast. Wenn Du Dich nicht nach etwas Großem sehnen würdest, dann hättest Du es nicht bis zu dieser Seite gebracht. Du hättest das Buch schon lange mit einem Fernsehprogramm vertauscht.

Nachdem wir demütig geworden sind, geht es zweitens darum, sich direkt an Gott zu wenden. Das hat nichts mit Frömmlerei zu tun. Wende Dich an Ihn, als Freund, der Dich aus Deiner Verstrickung herauszieht und Dich auf die Hauptstraße zum Erfolg und zur Glückseligkeit führt.

Einer meiner Freunde, ein robuster Typ, ›torkelte‹, um seine eigenen Worte zu gebrauchen, vierzig Jahre lang mit einer ständig wachsenden Selbstabneigung umher. »Dann rückte ich mir gegenüber mit der Sprache heraus und sagte mir die harten leidigen Tatsachen über mich. Ich begab mich in einer Nacht hinter die Garage und lehnte mich an einen Zaun. Irgend etwas rührte mich, und glauben Sie mir, da stand ich und betete laut vor mich hin. ›Nun, Gott, ich bin geschlagen, ich kann nichts mehr mit mir anfangen; führe Du mich, und tue, was immer Du für richtig hältst.‹

Ich betete nicht mit geschlossenen Augen, und habe es auch seither nie mehr getan. Ich will nicht schläfrig aussehen, wenn ich mit Gott spreche.«

Nun, das mag merkwürdig klingen, aber es ist gewiß nicht die schlechteste Methode, lesen wir doch in der Bibel (2. Mose 33:11): »Der Herr aber redete mit Mose von Angesicht zu Angesicht, wie ein Mann mit seinem Freunde redet.«

Das Leben dieses Mannes geriet auf einmal in eine andere Bahn. Er war persönlich, im Geschäft und zu Hause, zufrieden. Er wurde ein zufriedener Mensch mit jener demütigen Bereitschaft, sich von einer großen Hand führen zu lassen. So kuriert man Selbstabneigung.

Wieviel Leid und Widerwärtigkeiten bringen wir doch über uns, indem wir hartnäckig an unseren inneren Konflikten festhalten. Dabei besteht gar keine Notwendigkeit, voller Konflikte zu leben. Die Lösung ist einfach; wir brauchen uns nur von Gott führen zu lassen. So wird das Leben wieder zur Freude, denn wenn sich Gott unser annimmt, haben wir uns viel weniger um uns zu kümmern.

Zusammenfassung

1. Erkenne Dich selbst, und lerne, Dich zu achten.

2. Pflege ein Ich, das glaubwürdig ist, und dem Du vertrauen kannst.

3. Vergegenwärtige Dich als die Persönlichkeit, die Du sein möchtest. Halte daran fest, daß Du so und nicht anders bist, und verhalte Dich entsprechend.

4. Betrachte eine gewisse inspirierende Unzufriedenheit als anspornende Kraft. Völlige Selbstzufriedenheit lähmt den Tatendrang.

5. Dein Ich gehört zu Dir, und Du kannst Dich nicht von ihm trennen.

6. Da Du mit Deinem Ich zusammenleben mußt, ist es wichtig, ein Ich zu entwickeln, das Dir angenehm ist.

7. Liebe Gott, und Du wirst eine vernünftige Selbstachtung entwickeln.

8. Lerne, Dein Leben Gott anzuvertrauen. Du wirst mit dem Ergebnis zufriedener sein, als mit Deiner eigenen Steuerung.

9. Sei demütig, großmütig in Geist und Seele, liebenswürdig; so kannst Du Dich achten, und andere werden Dich ebenfalls schätzen.

5

Wohlstand und Lebensfreude

Ich muß zugeben und tue dies ganz gern, daß mein Wohlergehen und meine Lebensfreude zu einem großen Teil auf eine gute Ehe zurückzuführen sind.

Eine schlechte Heirat bringt jedem, sei es Mann oder Frau, einiges Kopfzerbrechen. Eine gute Ehe anderseits erfüllt Dein Leben mit Freude und Wohlergehen.

Es wird von vielen Männern behauptet, daß sie außerordentlich erfolgreich wären, hätten sie nicht zu Hause eine an allem herumnörgelnde, jammernde und zu keinem Selbstopfer bereite Frau. Das Gegenteil trifft allerdings auch zu. Manch eine Frau würde viel zum Wohlergehen ihrer Familie beitragen, wenn ihr unausgeglichener und unfähiger Ehemann sie nicht daran hinderte.

Wenn zwei Menschen, Mann und Frau, loyal zusammenstehen und ihre Ehe auf geistigen Prinzipien aufbauen, dann verfügen sie über eine der besten Rückversicherungen für Erfolg und Glück im Leben.

Meine Frau und ich entschlossen uns schon zu Beginn unserer Ehe, als ›Team‹ zu handeln, jedes nach bestem Wissen und Gewissen, zum Besten unseres gemeinsamen Unternehmens, wobei die schwachen Stellen des einen durch entsprechende Stärke des anderen gegenseitig ausgeglichen werden sollten. Es war uns auch daran gelegen, unsere Lebensgemeinschaft auf Gott zu stellen, denn wir wußten, wie die Bibel zutreffend sagt, daß, so der Herr nicht Baumeister ist, jene vergebens bauen.

Die Hauptstütze der Familie Peale ist meine Frau, Ruth. Bei unserer Heirat war sie erst dreiundzwanzig Jahre alt, aber sie war geistig so reif, daß sie schon damals die Gewißheit hatte, daß Gott für uns sorgen würde, wenn wir unser Leben vertrauensvoll in seine Hände legten, ihm aufrichtig dienten, daneben das Arbeiten nicht vergessen und allen Menschen Liebe entgegenbringen würden.

Für sie war diese Gewißheit keine Theorie. Sie war ihr so selbstverständlich wie das Atmen. Und so lebten wir denn auch mit dieser Überzeugung, denn es war nicht nur einer ihrer fundamentalen Glaubenssätze, sondern es blieb uns gar nichts anderes übrig. Was mich betraf, so hegte ich damals noch Zweifel an dieser Konzeption, denn ich war der Ansicht, daß Gott nur jenen helfen würde, die sich selbst zu helfen wußten. Ja, ich war überzeugt, daß man die Hilfe Gottes am besten dadurch sicherstellen konnte, indem man die Dinge selbst in die Hand nahm. An der Theologischen Fakultät hatte ich nichts von dieser einfachen Art des Glaubens gehört. Über den vertrauensvollen Gottesglauben naiver Seelen, die Gottes Hilfe auch im praktischen Leben suchten, zuckte man die Achsel. Man sah überhaupt kein Element des Wunders in der Religion. Hauptsache war ein ethisch ausgerichtetes Christentum, welches dazu dienen sollte, die Allerweltsheilmittel gewisser Menschheitsverbesserer zu fördern. Dies betrachtete man als ›intellektuell tragbare‹ Religion. Es waren flotte Leute, die dort lehrten und studierten. Viele davon kamen aus schlichtem Elternhaus. Sie spürten zwar einige Sehnsucht nach dem unkomplizierten Glauben ihrer Väter, waren aber bereits so sehr im religiösen und soziologischen Intellektualismus befangen, daß sie Gottes Hilfe für einen Menschen, wenn diese auch nur den Anflug des Übernatürlichen hatte, als reaktionär darstellten. Selbstverständlich war auch ich diesem ›intellektuellen‹ Standpunkt völlig ergeben. In dieser Beziehung hatte Ruth ihre liebe Mühe mit mir.

Ihr Glaube war echt und lauter. Erinnern wir uns, daß Glaube die Substanz des Unsichtbaren ist. Genauso war es in unserem Fall. Ruth hatte zu Beginn unserer Heirat zum Haushalten schrecklich wenig in den Händen. Eine Zeitlang war sie dem College ferngeblieben, um in einem Unternehmen für ihren älteren Bruder zu arbeiten, damit er sein Studium beenden konnte. Nachher nahm er eine Arbeit an, um ihr die Mittel für das College zur Verfügung zu stellen. Nachdem sie ihre Abschlußprüfung bestanden hatte, nahm sie eine Stelle an, um auch noch ihrem jüngeren Bruder ein Studium zu ermöglichen.

Als Pfarrer in Syracuse hatte ich ein anständiges Gehalt, doch mußte ich die Schulden aus meinem eigenen Studium zurückzahlen und gleichzeitig noch meinem jüngeren Bruder das College ermöglichen. Ich arbeitete mich durch die Seminarien, indem ich nebenbei noch den Paß in der Kantine bediente und so wenigstens keine Auslagen für die Mahlzeiten hatte.

Selbstverständlich hatte ich bei unserer Heirat nichts Erspartes. Wir begannen unsere Ehe denn auch ziemlich mittellos. Ich erinnere mich noch gut, wie ich in der Zeit der Weltwirtschaftskrise zu Beginn der dreißiger Jahre mittellos im Park auf und ab ging. Ich war der Verzweiflung nahe. Aber Ruth beeindruckte das gar nicht. »Gott wird für uns sorgen«, besänftigte sie mich, »fahren wir fort, Ihm zu dienen und zu vertrauen. Er wird uns mit Eingebungen versehen, mit Ideen, aus denen wir konkrete Pläne schaffen können.«

Nun, seither sind dreißig Jahre vergangen, und wir mußten nicht auf eine einzige Mahlzeit verzichten, obschon uns dies wahrscheinlich auch nichts geschadet hätte. Wir haben immer schön gewohnt, haben immer alles Notwendige gehabt und sogar noch etwas zusätzlichen Komfort. Wir haben drei Kinder erzogen und sie ausbilden lassen; mit keinem hatten wir je Schwierigkeiten, im Gegenteil, lauter

Freude. Wir sind weit herumgereist. Wir haben außerordentliche Gelegenheiten erhalten, anderen zu dienen und sind mit der Freundschaft und Liebe vieler gesegnet worden. Ruth hat recht bekommen. Gott hat sich wirklich unser angenommen. Wir haben einen gewissen Wohlstand errungen und glücklich gelebt, obwohl wir auch harte Schläge erlitten. Schon lange bin ich auf Ruths Glauben an Gottes Fürsorge eingeschwenkt. Es blieb mir nichts anderes übrig, denn ich erlebte diese Fürsorge nicht nur in eigener Erfahrung, sondern auch im Leben von Hunderten von Menschen.

Wahrscheinlich war sich Ruth zuerst gar nicht bewußt, daß sie auf eines der größten Gesetze, die es gibt, gestoßen war. Es ist das Gesetz der Versorgung. Weder sie noch ich hatten je etwas davon gehört. Erst viele Jahre später sprach Dr. Frank Boyden, Schuldirektor der Deerfield Academy — eine außergewöhnliche Privatschule für Knaben — davon. Dr. Boyden hatte sein Institut sozusagen aus dem Boden gestampft. Heute gehört es zu einem der besten auf dem Gebiete der Erziehung.

»Wie haben Sie das fertiggebracht?« fragte ich ihn voller Bewunderung, als er mir eines Tages erzählte, in welchen Schwierigkeiten sie oft gesteckt hatten, und daß sie mehrmals nahe am Bankrott vorbeigegangen waren.

»Ganz sicher hatte uns die Bank schon hundertmal abgeschrieben, aber immer wieder fanden sich die benötigten Mittel. Oft ging es hart auf hart. Aber wir fanden immer wieder die Mittel.«

»Aber wie?« wollte ich wissen.

»Nun, durch das Gesetz der Versorgung«, antwortete er mir voller Vertrauen. »Ich tat etwas, was Gott vollbracht haben wollte — ich erzog Knaben zu Männern. Ich gab mein Bestes. Ich folgte Gottes Wille. Ich legte alles in seine Hände. All das stimulierte das Gesetz der Versorgung, und es wirkt auch jetzt noch.«

Als Ruth und ich von Deerfield wegfuhren, wiederholte sie immer wieder den Ausdruck: »Das Gesetz der Versorgung! — Das ist ja, was ich mein Leben lang angewandt habe. Ich wußte nie einen Namen dafür — aber das muß es sein.« Und von Ehrfurcht ergriffen: »Norman, das ist unser großes Lebensgeheimnis.«

»Deines, Liebling«, wandte ich ein, »aber ich hoffe, eines Tages auch hundertprozentig dafür einzutreten, so wie Du.«

Es war für mich nicht leicht, an das Gesetz der Versorgung zu glauben und es anzunehmen. Noch heute, da ich diese Zeilen schreibe, muß ich eingestehen, daß ich es bisher nicht vollkommen angewandt habe. Glücklicherweise tut Ruth es für mich. Daran, daß es existiert und auch wirklich ›funktioniert‹, hege ich nicht den kleinsten Zweifel. Es ist für mich absolute Gewißheit.

Nun, wie arbeitet das Gesetz der Versorgung? Wie schafft es Wohlstand, Wohlergehen, schöpferische Ideen, ein glückliches Leben?

Dazu braucht es erstens die absolute, unerschütterliche Überzeugung, daß die Versorgung immer genügend sein wird, nicht unbedingt übergenug, aber immer genügend.

Zugegeben, es ist nicht leicht, zu dieser Überzeugung zu gelangen, besonders wenn Du Deine Lage schon lange pessimistisch beurteilst. Mit dieser negativen Betrachtungsweise müssen wir uns zuallererst befassen. Du mußt ein unerschütterlicher Optimist werden. Es lohnt sich, das kann ich versichern.

Wenn ich in London bin, dann gehe ich immer die Fleet Street hinunter und durch eine kleine Gasse zum ›Old Cheshire Cheese‹, einem sehr alten Gasthaus, das Tausenden von amerikanischen Touristen bekannt ist. In einer Ecke ist der berühmte Tisch, an dem Dr. Samuel Johnson jeweils seine Mahlzeiten einnahm und dabei seine Freunde mit seinen scharfsinnigen Bemerkungen und seiner Weisheit bedachte. Eines Tages diskutierte die Gruppe den schädlichen Einfluß einer gedrückten Stimmung. Indem Johnson mit seinen Fäusten auf den Tisch klopfte, erklärte er: »Zuversicht ist im Jahr mindestens 1000 Pfund wert.« In unseren Geldeinheiten ausgedrückt, macht das fast 3000 Dollar. So viel gewinnen wir, wenn wir uns eines bedrückten Gemüts entledigen.

Vergiß nie, daß Bedrücktheit den Wohlstand vertreibt. Wohlstand verträgt sich nicht mit einem Gemüt, das nicht bereit ist, ihn zu empfangen, das von Schatten und Zweifel geplagt ist; denn Zweifel neigen dazu, sich in zweifelhaften Resultaten zu manifestieren und fortzupflanzen.

Diese Erkenntnis wächst durch beständige Anwendung zur Überzeugung, daß das Gesetz der Versorgung in uns arbeitet. Natürlich garantiert die Überzeugung allein den Erfolg noch nicht, aber man kann sagen, daß die anderen wesentlichen Faktoren, die zum Funktionieren dieses Gesetzes notwendig sind, ohne diese Überzeugung nicht spielen.

Wenn diese Überzeugung einmal in uns verankert ist, dann ist es nicht mehr notwendig, kostbare Energie mit Aufregungen und Angst zu vergeuden. Wir können mit sicherer Gewißheit unserer täglichen Arbeit nachgehen, wissend, daß alles nur zu unserem Besten und zum Besten aller dient, die mit uns zu tun haben. Damit wirst Du schöpferisch tätig. Diese Kraft wird sich gewaltig auswirken. Du wirst nicht mehr Mißerfolg ernten, oder sagen wir, nicht mehr so viel.

Während ihrer College-Zeit mußte Ruth sehr sparsam sein. In ihrem Studentinnenheim wurde sie sozusagen als geborene Geschäftsfrau zur Hausvorsteherin gewählt. Dadurch erhielt sie freie Verpflegung und Unterkunft. Sie hatte eine wundervolle Zeit — praktisch kostenlos.

Eines Tages bemerkte sie, daß sie gerade noch über 37 Cents verfügte. Sie hatte keine Ahnung, woher noch mehr kommen sollte. Doch sie war nicht bekümmert, sie lebte ja nach dem Gesetz der Versorgung, des Wohlstandes. An jenem Abend schrieb sie wie jede Woche nach Hause, und wie immer war ihr Brief voller Zuversicht. Rein zufällig erwähnte sie, daß sie wahrhaft reich sei, denn sie verfüge noch über 37 große Pennystücke. Doch kümmere sie das gar nicht, sie hätte schon weniger gehabt.

Nun war ›rein zufällig‹ ihr Bruder in diesem Moment zu Hause und sah ihren Brief. »Komisch«, meinte er, »kürzlich dachte ich daran, Ruth ein bißchen zu helfen. Scheint mir, daß es jetzt Zeit dazu ist.« Wenige Tage später erhielt sie von Bruder Chuck 75 Dollar. Sie nahm sie mit großer Selbstverständlichkeit an. »Was soll ich mit 75 Dollar anfangen?« fragte sie. Nun, ich weiß, was sie damit tat. Für einen Teil kaufte sie sich notwendige Gebrauchssachen, den Rest sparte sie. Meine Frau ist eine glückliche Mischung von religiösem Vertrauen und Geschäftssinn.

Erst vor kurzem machte mich Ruth darauf aufmerksam, daß das Gesetz der Versorgung immer noch funktioniere, wobei sowohl unsere Ansprüche wie auch das Einkommen etwas größer sind als damals zur Zeit der 37 Cents. Ruth mußte gerade Schecks für einige hundert Dollar ausstellen. Sie führt die Bücher, macht die Zahlungen und befaßt sich auch mit den Steuern.

Nun, an jenem Tag reichte unser Konto nicht aus, um allen Anforderungen zu genügen. Sie hätte sich von unserem Ersparten die Mittel beschaffen können. Aber wenn man das tut, dann ist es eben nicht mehr Erspartes. Zudem fand sie, daß sie das mit mir besprechen sollte, wollte mich aber nicht stören, da ich gerade an diesem Buch arbeitete. Voller Vertrauen stellte sie sämtliche Schecks aus, legte sie aber noch nicht der Post bei. Sie wußte, daß am kommenden Morgen etwas unternommen werden mußte. Erfreut, aber nicht überrascht, entnahm sie der Morgenpost einen Scheck für ein Guthaben, das wir noch ausstehend hatten. Nun fehlten nur noch wenige Dollar für die Deckung. Es war eine neue Form der alten 37-Cent-zu-75-Dollar-Gleichung. Die Summe war größer, aber das Prinzip blieb sich gleich.

Einer meiner Freunde, der von diesem Prinzip ebenfalls fest überzeugt ist und mich im Laufe der Jahre oft inspirierte, ist Eugen, ein Züchter von Blumenzwiebeln auf den Bermudas. Eugen ist dynamischer, völlig Gott zugewandter und demütiger Schüler Christi. Seit Jahren ›hält‹ er in unserer Kirche die Osterpredigt, indem er jeweils bis über siebentausend Lilien von den Bermudas nach New York City fliegen läßt, damit sie darauf am Ostermorgen in ihrer ganzen Pracht unseren Gottesdienst verschönern.

Eugen praktiziert das Gesetz der Versorgung in seinem Privat- und Geschäftsleben. Er hat die Gnade, an Wunder zu glauben. Über die Wirkung dieses außerordentlichen Gesetzes erzählte er mir:

»Ich verlor mein Geschäft und mußte wieder von vorne anfangen. Eines Tages erhielt ich einen Sichtwechsel zum Einlösen von 287,60 Dollar, aber ich hatte kein Geld in den Händen. Überzeugt, daß Gott jenen hilft, die sich selber zu helfen wissen, machte ich mich an meine Bücher, schaute mir die Konten an und begab mich auf den Weg, um noch einige Forderungen einzukassieren. Mittags kam ich müde nach Hause. Ich hatte von meinen Schuldnern nicht einen Cent erhalten. Daraufhin schlug meine Frau vor, daß wir Gott die ganze Sache überlassen sollten, was wir denn auch taten.

Jenen Abend, um etwa 8.30 Uhr, bekam ich einen Telefonanruf aus einem großen Hotel. Es wollte mich jemand in einer geschäftlichen Sache sprechen. Eine halbe Stunde später war ich am Ort, wo mich die liebenswürdige Frau jenes Herrn empfing, der selbst im Rollstuhl saß. Er dankte mir, noch zu so vorgerückter Stunde gekommen zu sein. Er habe einigen Freunden noch Blumen zu schicken. Ob ich seine verschiedenen Aufträge wohl annehmen könnte? Und schließlich: ›Zählen Sie es doch bitte zusammen, damit ich Ihnen gerade einen Scheck ausstellen kann.‹ Jenen Abend fuhr ich mit neu gestärktem Glauben nach Hause. Ich hatte einen Scheck über 286 Dollar in Händen, nur 1,60 Dollar weniger, als der Sichtwechsel vom Morgen betrug.

Ein andermal brauchte ich 4000 Dollar für mein Geschäft. Ich schrieb Briefe und sandte Telegramme an Kunden, an die ich noch Forderungen hatte, allein ohne Erfolg. Etwa zwei Wochen später, als ich immer noch um Hilfe betete, erhielt ich einen Scheck über 900 Pfund, sozusagen den Betrag, der mir fehlte. Das Geld kam aus England, zum Ausgleich eines Kontos, das ich bereits abgeschrieben hatte − aber Gott nicht.«

Ich bin mir klar darüber, daß diese Philosophie angezweifelt und oft angegriffen wird, und wenn der Leser sie nicht wahrhaben will, dann sage ich ›meinetwegen‹! Aber ich habe dieses Prinzip so oft funktionieren sehen, sowohl im Leben meiner Frau wie bei anderen Leuten, daß ich mich entschloß, selbst danach zu leben. Ich verstehe nicht viel von Naturgesetzen, aber ich lebe dennoch dementsprechend. Diese Welt ist durch einen großzügigen Gott geschaffen worden, der sicher nur das Beste für seine Kinder will.

Er sorgt für uns, für alles, dessen wir bedürfen, so wir uns im Einklang mit Ihm und Seinem Vorgehen befinden. Dies soll kein Ratschlag sein, wie man reich werden kann. Das Verlangen nach Reichtum unterbindet die Beziehung zum geistig Guten. Hier arbeitet das Gesetz nicht. Wohl mag das Versorgungs-Prinzip zu einer beachtlichen Geldanhäufung führen, doch wäre es in diesem Fall auf Kosten der grundlegenden Segnung, und das Endergebnis könnte sich sehr wohl gegen uns richten.

Das Gesetz der Versorgung kann nicht beabsichtigen, einen Überfluß an materiellen Gütern zu erzeugen, es sei denn, es gehe damit auch eine geistige Führung zu seiner Verwendung einher. Unsere Verantwortung für diese Verwendung liegt in der Übereinstimmung mit unserem Erkennen von Gottes Willen. Du magst alles Geld ergattern, dessen Du habhaft werden kannst, und ein Leben ohne Sorge um die geistigen Werte führen. Du magst schön für Dich sorgen und es Dir dabei eine Zeitlang gut sein lassen, ohne daß Du merkliche Probleme hast, aber eines versichere ich Dir wahrhaftig – Gott zahlt jedesmal zurück. Manchmal nicht sofort, aber einmal tut er es. Mit anderen Worten, wenn Du das Gesetz der Versorgung seines geistigen Gehalts beraubst, dann nimmst Du etwas an, das Dir gar nicht bekommen wird.

Es ist nichts Schlechtes dabei, Geld zu besitzen, solange das Geld nicht Dich besitzt. Aber wenn Du in den Händen Gottes bist, dann kann Dir nur daran gelegen sein, es für gute Zwecke auszugeben und zirkulieren zu lassen. Zusätzlich zum Geld wirst Du dann noch eine Fülle von Segnungen empfangen dürfen, und Du wirst sowohl das materielle wie auch das geistige Geschehen um Dich herum positiv beeinflussen und die Räder der schöpferischen Tätigkeit in Gang halten. Kurz gesagt: Ich bin der Ansicht, daß Geld, welches ohne oder fast ohne Berücksichtigung des Willens Gottes gehandhabt wird, sich schlecht auswirkt. Andererseits betrachte ich Geld, das mit Verantwortung gehandhabt wird, als gutes Geld, das weiterhin ausreichend fließen wird im Rahmen der notwendigen Versorgung.

Ich habe tatsächlich einigen Leuten helfen können, über mehr Geld zu verfügen. In vielen Fällen gelang dies, indem ich sie lehrte, Geld zu spenden. Es ist unmöglich, hier all die Fälle aufzuzählen, in denen mir die Leute etwa nachfolgende Schilderung voller Bedeutung gaben:

»Ich war zu Beginn ängstlich, Geld auszugeben in dem Maße, wie Sie es vorschlugen, aber so komisch es auch scheinen mag, je mehr ich ausgab, je mehr hatte ich.«

Eine Stenotypistin erklärte mir: »In dem Maße, in dem ich mehr ausgebe, füllt sich meine Brieftasche um so mehr. Ich weiß nicht, wie das geht, aber ich war noch nie glücklicher in meinem Leben.«

Wie recht doch dieses Mädchen hat. Eines Tages kam auch der Mann, von dem sie geträumt hatte... Als ich die beiden traute, erklärte mir ihr Gatte: »Irgend etwas in ihr erwischte mich. Sie ist eine unwahrscheinliche Frau.« Recht hatte er schon, aber ich erinnerte mich noch, daß das Kind früher eher langweilig war, bis sie sich selbst und das Geld Gottes Willen überließ. Seltsam, je mehr man gibt, um so mehr kommt zurück, wenn auch nicht immer in Form von Geld.

Manchmal kommt es in Form größerer Werte zurück, aber nur mit soviel Geld, um gerade die Bedürfnisse zu decken. Meine Schwiegermutter zum Beispiel kam aus einer typisch kleinstädtischen Kirchengemeinde in Kanada. Sie heiratete einen jungen Pfarrer. Sein Leben lang hatte er nur kleine Kirchen betreut. In seinen späteren Lebensjahren arbeitete er bei Ford in Detroit und predigte am Sonntag. Heute ist seine Kirche eine der größten Kirchen des ganzen Gebietes.

Großvater und Großmutter Stafford mußten sich immer gewaltig anstrengen, um einigermaßen durchzukommen. Das Gesetz der Versorgung brachte ihnen nur wenig, aber doch genügend Geld.

Doch habe ich selten Leute gesehen, die so mit Segnungen bedacht wurden.

Großvater und Großmutter Stafford besaßen die Zuneigung vieler Leute, denen sie liebevoll und schöpferisch behilflich waren. Sie hatten immer, was sie benötigten. Ich fragte unsere Großmutter − sie ist jetzt 85 Jahre alt −, ob sie an das Gesetz der Versorgung glaube. Der Ausdruck war ihr neu, doch als ich ihr die Bedeutung erklärte, strahlte sie und meinte: »Du meinst Gottes großzügige Güte. Ich habe in einem ständigen Regen von Segnungen gelebt. Selbstverständlich glaube ich an das Gesetz der Versorgung. Und was für eine gute Bezeichnung das ist!«

Dann ist hier noch von meinem alten Freund Ralph

Rockwell zu berichten. Vor ungefähr zwanzig Jahren kaufte ich mit Ruth eine kleine Farm in Duchess County, New York. Ralph Rockwell war an harte Arbeit gewöhnt. Er war Metzger und Milchmann gewesen und wollte nunmehr unsere Farm überwachen. »Ich bin von Eurer Art«, meinte er zu uns, und wir wußten sofort, daß er recht hatte.

Von da an bearbeitete er die Farm, wie wenn es seine eigene wäre. »Ich schaue auf die Farm, sorgen Sie für das Gebet«, forderte er mich auf. Obschon ich nicht allzuviel vom Beten verstehe, so verstehe ich noch weniger von der Landwirtschaft und stimmte deshalb seinem Vorschlag zu.

Dann, im Laufe der Jahre, wurde die Arbeit für Mr. Rockwell zu viel, und sein Sohn Elliot trat an seine Stelle. Auch er ist mein Freund geworden. Wenn ich ein Stück köstlichen Schokoladekuchen will, dann begebe ich mich in Mrs. Ralph Rockwells Haus. Diese liebevolle Mutter verabschiedet uns in der Regel mit einem Kuß — und einem Kuchen.

Sie haben ihr ganzes Leben lang nach Gottes Versorgungsgesetz gelebt, und so wie früher nehmen sie auch heute noch eine Fülle von Segnungen entgegen.

Wir dürfen also nicht in den Fehler verfallen, Wohlergehen notwendigerweise oder üblicherweise in Geldeinheiten messen zu wollen. Eine alte Hymne gibt wahrscheinlich die beste Definition dafür: »Und es wird eine Fülle von Segnungen unseres Vaters auf uns kommen.« Hier liegt das Geheimnis für Wohlergehen und Glück. Es ist die unerschütterliche Überzeugung, daß sich Gott derer, die Ihn lieben und Ihm vertrauen, annimmt. Und Er tut es wahrhaftig.

Das soll nun aber nicht heißen, daß wir dadurch von Anstrengungen, Schwierigkeiten, ja auch Bedrängnis verschont werden. Wir müssen uns darüber klar sein, daß wir nicht das Süße im Leben allein haben können. Das Bittere gehört mit dazu. Durch die erforderliche Anstrengung wird die Lösung des Problems aber noch schöner. Hauptsache ist, daß der

Anhänger der Philosophie des Versorgungsprinzips erfolgreich alle Schwierigkeiten meistert. Mag sein, daß er viele Schwierigkeiten zu überwinden hat. Aber auf das Endergebnis kommt es an, und es darf beigefügt werden, daß das Leben dadurch viel Schönes offenbart. Man kann wohl sagen, daß der Weg des unerschütterlichen Optimisten oft schwierig ist, doch ihn zu begehen ist gut.

Zum ersten Schritt, den wir aus Überzeugung tun, immer genügend versorgt zu sein, kommt noch ein weiterer: Denke nie an Mangel, und sprich nie davon! Emerson sagte, daß Worte lebendig sind. Wenn wir eines verletzen, so blutet es.

Georgina Tree West legt diesen Zusammenhang ausgezeichnet dar. Sie sagt: »Wenn wir über ein Ding denken, dann geben wir ihm eine Form; wenn wir darüber sprechen, dann schlägt sich das Wort in der Form nieder. Wir sollten keine Idee äußern, wenn wir nicht wollen, daß sie in unserem Leben Gestalt annimmt. Im Alten Testament«, fährt sie fort, »findet sich das Versprechen ›Du sollst bestimmen, und es wird geschehen‹. Unser Wort ist wie eine Verordnung. Wenn wir sagen ›Ich bin arm‹, dann verordnen wir uns Armut. Je mehr Wert wir auf diese Erklärung legen, desto ärmer werden wir auch tatsächlich. Unsere Worte sind Ausdruck unseres Gemüts.«

Mit anderen Worten: Es ist unklug, Gedanken des Mangels nachzuhängen oder darüber zu sprechen. Wir laufen sonst Gefahr, tatsächlichen Mangel zu erwirken.

Charles Fillmore warnt uns: »Sage nicht, daß das Geld rar ist; diese Bemerkung wird das Geld wegschrecken. Sage nicht, die Zeiten seien schwierig; gerade diese Worte schnüren den Geldbeutel derart zu, daß nicht einmal Gott etwas hineinzugeben vermag. Du darfst nicht zulassen, daß auch nur ein Gedanke des Mangels in Dein Gemüt eindringt. Fülle jeden Winkel, jede Ecke mit dem Wort genug, genug, genug.«

Leute, die sich der erstaunlichen Kraft der Gedanken

nicht bewußt sind — seien diese nun positiv oder negativ —, finden diese Äußerungen vielleicht unglaubwürdig. Der Grund, weshalb Emerson den Ausdruck ›bluten‹ im vorerwähnten Zusammenhang gebrauchte, besteht im Erkennen, wie die Gedanken, welche den Worten zugrunde liegen, für unsere Hoffnungen und Wünsche Leben und Tod bedeuten können. Gedanken und Worte des Mangels haben die Neigung, wirklichen Mangel zu erzeugen. Gedanken und Worte des Wohlergehens andererseits bringen uns auf die entgegengesetzte Seite — zum Wohlergehen. Kürzlich feierten wir das sechzehnjährige Bestehen unserer Zeitschrift ›Guideposts‹, der meistverbreiteten Zeitschrift zwischenkonfessioneller Art in Amerika. Die Redaktion besteht aus Juden, Katholiken und Protestanten. Die Auflage ist auf über eine Million Exemplare geklettert, und ›Guideposts‹ wird monatlich von mehreren Millionen gelesen.

›Guideposts‹ hat sich nie mit Insertionen befaßt, die einzige Einkommensquelle ist das Bezugsabonnement. Zweck der Zeitschrift ist die Verbreitung von Erfahrungen, in denen Furcht, Mißerfolg und Niederlagen durch die Macht Gottes überwunden wurden. Im weiteren sollen die Möglichkeiten, welche der Freiheit Amerikas innewohnen, aufgezeigt werden.

Im Jahre 1945 war ›Guideposts‹ nicht mehr als die Idee einiger weniger. Daß so eine Zeitschrift dringend nötig war, war uns klar; sie zu gründen, schien weit schwieriger. Dazu brauchte es Kapital, erfahrene Mitarbeiter und ausgezeichnete Schriftleiter. Wir besaßen weder Geld noch Erfahrung, noch Redakteure. Alles, was wir hatten, war die Idee, die Überzeugung, etwas Vertrauen — neben einem gewaltigen Durchsetzungswillen. So begannen wir mit dem ›Magazin‹ als kleinem vierseitigem Blatt. Aber — die Artikel hatten Gewicht und waren lesenswert. Wir begannen mit dem astronomischen Betriebskapital von siebenhundert Dollar. Langsam kletterte die Abonnementsliste auf zwanzigtausend. Als Redaktionsräume und Druckerei hatten wir ein Wohnhaus auf dem Quaker Hill, in Pawling, New York. Eines Nachts fiel das Haus, und damit unsere ganzen Einrichtungen, dem Feuer zum Opfer. Dazu gehörten auch die Subskriptionslisten, wovon wir dummerweise keine Kopie besaßen. Wir waren wirklich in einer verzweifelten Lage — ohne Druckerei, ohne Redaktion, ohne Abonnenten. Doch Lowell Thomas, in dessen Haus wir uns vorher eingerichtet hatten, erzählte unser Mißgeschick in seinem Radioprogramm und bat unsere Abonnenten, uns ihre Adressen nochmals bekanntzugeben. Unser Freund De Witt Wallace vom ›Readers Digest‹ schrieb einen Artikel über das gleiche Thema. Resultat: In kurzer Zeit hatten wir nicht zwanzigtausend, sondern vierzigtausend Abonnenten. Ein Feuer, das sich einmal gelohnt hatte!

Wir fuhren mit der Herausgabe ohne Unterbrechungen fort. Doch gefährdeten die stets steigenden Kosten die Lage unserer Zeitschrift zusehends. Die Rechnungen häuften sich. Unser Papierlieferant drohte, uns kein Papier mehr zu liefern. Die Lage wurde immer schwieriger. Wir machten uns nicht nur düstere Gedanken über unser Projekt, sondern wir äußerten auch Bemerkungen wie: »Auf diese Weise können wir nicht mehr lange durchhalten, es muß schiefgehen.« Zu jener Zeit waren wir alles andere als unerschütterliche Optimisten.

Wir suchten verzweifelt nach irgendeiner Unterstützung. Das Tröpfeln einiger Zuwendungen hielt die Maschinen in Gang. Aber wir lebten nur noch von der Hand in den Mund. Daraufhin berief ich eine Zusammenkunft des gesamten Mitarbeiterstabes ein. Die Leute waren entmutigt und enttäuscht. Sie mögen auch schon an Sitzungen teilgenommen haben, welche unter ungünstigen Vorzeichen standen. Aber ich kann mir kein trüberes Treffen als das erwähnte vorstellen. Es wurden nur Schwierigkeiten angeführt. Was sollten wir mit dem Berg unbezahlter Rechnungen anfangen? Unser Magazin lag in den letzten Zügen. Nur noch ein Wunder konnte es retten.

Und genau das geschah. ›Guideposts‹ wurde durch ein Wunder gerettet. Es war das Wunder neuer, frischer und schöpferischer Gedanken, welche unserem reaktivierten Geist entsprangen. Jener Vorfall gehört zu den großen Erfahrungen, welche ich bisher erleben durfte. An jenem Tag lernte ich etwas, was mein Leben sprichwörtlich änderte.

Wir hatten eine Dame zu dieser Zusammenkunft eingeladen. Sie hatte uns bereits einmal bei einer fast gleich verzweifelten Lage eine Zuwendung von 2500 Dollar gemacht. Wir hofften, dieser Blitz würde ein zweites Mal zünden. Sie hörte sich in aller Ruhe die düstere Voraussage des traurigen Endes unserer Zeitschrift an. Schließlich begann sie zu sprechen: »Ich habe den Eindruck, meine Herren, daß Sie von mir erwarten, daß ich Ihnen wiederum einen Zuschuß leistete. Nun, ich könnte Ihnen wohl aus der Misere helfen. Aber, um Ihnen die Lage klarzumachen, Sie werden von mir keinen Cent erhalten, nicht einen einzigen Cent.«

Das half uns natürlich nicht, im Gegenteil, es sah alles noch schlimmer aus. Sie war für uns der letzte Strohhalm gewesen, an den wir uns hätten halten können. Jetzt hatten wir auch den nicht mehr. Der Trübsinn umschloß uns förmlich.

Dann wurde diese Schwermut jedoch durch das helle Licht des schöpferischen Gedankens durchbrochen − ein Gedanke, der alles veränderte; denn er änderte uns selber. Die Frau fuhr fort: »Ich möchte Ihnen kein Geld geben, denn das könnte Ihnen nicht viel helfen in Anbetracht des trüben Gedankenbildes, von dem Sie alle beherrscht sind. Ich werde Ihnen aber etwas geben, das viel wertvoller ist als Geld.«

Das erstaunte uns nun doch einigermaßen, denn im Moment konnten wir uns nichts Nützlicheres vorstellen als bares Geld.

Dann geschah das Wunder, welches unser Unternehmen rettete und das Leben einiger Leute seither revolutioniert hat. »Ich will Ihnen eine neue, dynamische und schöpferische Idee geben«, fuhr sie fort. »Damit können Sie Ihre Probleme lösen und die notwendigen materiellen Hilfsmittel erhalten.« Sie hielt, was sie versprach, glauben Sie mir. Der Wohlstand setzte in der Folge ein.

»Schauen wir uns doch einmal die ganze Situation an«, sprach sie weiter. »Ihnen fehlt es an allem, oder nicht? Es fehlt Ihnen an Geld, an Maschinen, an einer genügend großen Zahl von Abonnenten, an Ideen, an Vertrauen. Sie befinden sich in einem Zustand des Mangels. Wissen Sie überhaupt, wieso Ihnen das alles fehlt?«

Daraufhin beantwortete sie ihre eigene Frage. »Sie haben ständig an Mangel gedacht und damit auch einen Zustand des Mangels erzeugt.« Zuerst fand ich dieses Argument komisch, als ich aber darüber nachdachte, mußte ich zugeben, daß es vernünftig war. Mangel litten wir, das war klar. Ebenfalls traf zu, daß wir an Mangel dachten, von Mangel sprachen, jammerten, daß wir dieses und jenes nicht tun konnten. Nur ungern mußten wir zugeben, daß sie recht hatte. Aber auch so war es noch schwer einzusehen, daß Gedanken des Mangels den Mangel zur Folge haben konnten. Dort drüben auf dem Tisch lagen nämlich all die unbezahlten Rechnungen. Man konnte die doch nicht einfach ignorieren.

»Nun, das genügt«, fuhr sie weiter. »Wir dürfen keine Minute länger an Mangel denken und darüber Worte verlieren. Schlagen Sie sich all Ihre negativen Gedanken aus dem Kopf.«

»Wie wollen Sie das fertigbringen?« wandte ich ein. »Man kann doch die Gedanken nicht durch ein Loch im Kopf wegspülen. Man kann doch den Gedanken nicht befehlen, einfach zu verschwinden.«

Sie starrte mich an. »Sie können alles mit Ihrem Gemüt

machen, wenn Sie wirklich wollen. Plato sagte: ›Wache über dein Leben, du kannst damit machen, was du willst.‹ So befehlt endlich über Euer Gemüt und sorgt im Namen Gottes dafür, daß Euch jene bösen Geister, Euer falsches Denken, verlassen. Beginnen Sie sofort damit, diese Gedanken auszumerzen.«

Etwa zehn Minuten lang saßen wir mäuschenstill da, jeder damit beschäftigt, ›Mangelgedanken wegzuspülen‹. Nebenbei gesagt, sollte man diese Operation jeden Tag machen und einige Minuten lang alte, müde und falsche Gedanken wegspülen. Entferne sie aus Deinem Gemüt, sonst setzen sie sich fest und verhärten Dein Bewußtsein.

»Nun«, meinte sie strahlend, »nun habt Ihr Euer Gemüt erleichtert. Das ist gar nicht verwunderlich«, fügte sie etwas boshaft bei, »denn schließlich ist ja all der Ballast von Mangelgedanken entfernt. Damit diese nicht wieder zurückschleichen, muß Euer Gemüt schleunigst mit Gedanken des Wohlergehens erfüllt werden.«

Dann wandte sie sich mir zu: »Norman, wie viele Abonnenten brauchen Sie, um ›Guideposts‹ erfolgreich weiterführen zu können?« Ich überlegte schnell und sagte: »Hunderttausend sollten ausreichen.«

»Gut, so stellen wir uns zuerst einmal die hunderttausend Abonnenten in unserem Geist vor. Fragen wir uns aber zuerst noch, ob wir für dieses Projekt gebetet haben? Haben wir es Gott gewidmet und den Menschen zur Hilfe? Sind unsere Motive selbstlos und echt?«

Wir überlegten uns diese Fragen und bejahten sie alle. Wir müssen erkennen, daß etwas Falsches niemals gut werden kann. In falschen Ansichten und Beweggründen stecken keine guten Resultate. Man muß richtig beginnen, wenn die Sache richtig herauskommen soll.

Dann fuhr die Dame mit der dramatischen Behandlung unseres lethargischen Gemütszustandes fort: »Sie müssen die hunderttausend Abonnenten von ›Guideposts‹ sehen.

Ja, ich meine wirklich, sie sehen. Sie müssen solange schauen, bis Sie sie sehen, natürlich nicht mit den Augen, sondern in Gedanken.« Wir müssen einen komischen Anblick geboten haben, bemüht, uns hunderttausend Abonnenten vorzustellen, wo wir doch genau wußten, daß in unserem Mitgliederverzeichnis nur vierzigtausend vorhanden waren. Doch war das gewiß noch lange nicht so sinnlos, wie über unseren Mißerfolg nachzugrübeln.

Doch auf einmal erkannten wir tief in unserem Bewußtsein die große Zahl von Abonnenten, denen wir zu dienen und zu helfen hatten. Die ganze Sache war höchst erstaunlich. Wir sahen, wie sich die Zeitschrift entwickelte, um all diesen Leuten zu dienen. Ich vergaß mich selbst (genau was ich brauchte, das eigene geschlagene Ich zu vergessen) und rief ganz erregt aus: »Ich sehe sie, ich sehe sie!«

Sie schaute mich zustimmend an. »Ich glaube Ihnen. Wundervoll, daß Sie sie sehen. Nun, da wir sie sehen, haben wir sie ja. Beten wir, und danken wir Gott für die hunderttausend Abonnenten.« Darauf war ich nun allerdings nicht vorbereitet, aber da ich immer bereit bin, mit irgend jemandem zu irgendeiner Zeit zu beten, so betete ich denn mit.

Im stillen dachte ich, daß wir von Gott diesmal doch etwas viel verlangten. Sie dankte Gott in ihrem Gebet für die hunderttausend Abonnenten, für die Wende zum Erfolg und Wohlergehen, das er uns zukommen ließ. Zum Schluß zitierte sie noch folgenden Ausspruch: »Was immer Ihr fragt und erbittet, so Ihr daran festhaltet, daß Ihrs erhalten werdet, so soll es Euch zufallen.«

Mit dem Gebet fertig, schaute ich um mich. Ich erwartete, alles anders vorzufinden — aber dort war immer noch der Berg unbezahlter Rechnungen auf dem Tisch. Halb hatte ich erwartet, sie wären verschwunden, durch ein Wunder bezahlt, aber sie waren noch dort. Alles blieb sich gleich, das heißt, mit Ausnahme der Leute, welche um den Tisch versammelt waren. Sie waren nicht mehr die gleichen.

Dies zeigte sich auf ihren Gesichtern, in ihrem Verhalten, doch hauptsächlich in den neuen Ideen, welche die verhärteten Schwierigkeiten zu überwinden begannen. Eine neue Kraft belebte uns. Wir hatten uns geändert, und damit änderte sich alles zum Besseren.

Das war 1945. Heute zählt ›Guideposts‹ über eine Million Abonnenten, und mehr als zwölfhundert Unternehmen beziehen es für ihre Mitarbeiter. Sie finden das Magazin in Hunderten von Hotelhallen, wo es die Gäste inspiriert. Heute arbeiten zweihundert Leute an ›Guideposts‹. Seine Botschaft ist tief in das Leben Amerikas eingedrungen, indem es die Menschen emporhebt, sie überzeugt und ihnen zeigt, wie man auf Gottes Macht bauen kann. Es hat Tausende von Menschen, hier und im Ausland, mit Gottes Kraft bereichert. Es hat gottesfürchtige Männer zu einem gemeinsamen geistigen Unternehmen zusammengebracht, der Freiheit und der Brüderlichkeit gewidmet. Ja, es ist zu einem der wirksamsten interkonfessionellen Zeitungsunternehmen geworden. Die Erfahrung mit ›Guideposts‹ zeigt ein einfaches Geheimnis. Um erfolgreich zu leben, müssen wir die Gedanken des Mangels von uns weisen und an ihre Stelle Gedanken des Wohlergehens aufnehmen. Und mit Gottes Hilfe werden wir auf diesem Pfad bleiben.

Denke nie an Mangel, denke immer an Wohlstand. Baue Dein Leben sowie Deine Gedanken auf Gott. Liebe Ihn und diene Ihm, diene Deinen Mitmenschen − und Du besitzt das Kostbarste, worauf es im Leben ankommt. Überzeugte Optimisten leben glücklich nach Gottes großem Versorgungsgesetz.

Zusammenfassung

1. Lerne, nach dem göttlichen Gesetz der Versorgung zu leben.

2. Entwickle eine zuversichtliche Grundhaltung.

3. Bemühe Dich aufrichtig, Dein Bestes zu tun; denke richtig, und Gott wird Dich versorgen.

4. Gott nimmt sich immer derer an, die Ihn lieben, Ihm vertrauen und seinen Willen aufrichtig befolgen.

5. Wohlstand darf man nicht immer in Geld suchen. Vielmehr ist es ein beständiger Strom göttlicher Gaben.

6. Denke nie an Mangel, und sprich nie davon, denn sonst verordnest Du Dir Mangel. Gedanken des Mangels schaffen Mangelzustände.

7. Stärke die Gedanken der Fülle; sie helfen mit, Fülle zu verwirklichen.

8. Gedanken und Worte formen Dein geistiges Bild. Da wir so werden, wie wir dieses Bild sehen, sollen unsere Gedanken und Worte Wohlergehen und Segen ausdrücken, anstatt Armut und Niederlage.

9. Spüle jeden Tag Gedanken des Mangels aus Deinem Gemüt. Sammle es wieder an mit schöpferischen Gedanken der Fülle.

6

Laß das Wunder der Begeisterung für Dich wirken

Während einer Vortragsreise besuchte ich, wie es unter Rotariern die Regel ist, den Rotary Club Lunch. Wahllos entschied ich mich für einen Tisch und stellte mich den bereits dort sitzenden Herren vor. Etwas überrascht hörte ich einen von ihnen brummig, aber scherzhaft sagen: »So, Sie sind also Norman Peale! Nun, ich hoffe, Sie können etwas für mich tun. Nehmen Sie Platz, und fangen Sie gleich an, Ihre Weisheit zum besten zu geben.«

Es war sofort ersichtlich, daß er nicht so rauhbeinig war, wie es den Anschein machte; man hätte ihn als eine Art Rohdiamanten-Typ bezeichnen können. Ich betrachtete ihn sogar als einen sehr liebenswerten Menschen, allerdings mit einer etwas spöttischen oder herausfordernden Art, sich zu geben. »Erzählen Sie mir nur nichts über positives Denken«, fuhr er fort, »ich bin nämlich komplett erledigt, völlig auf dem Hund, und wie Sie es sonst noch bezeichnen wollen.«

So etwa lautete seine drastische, aber im übrigen völlig offenherzige Beichte. Es schien ihn keineswegs zu kümmern, ob uns jemand zuhörte, denn er gab dies alles mit einer Nebelhornstimme — für jedermann zu hören — von sich.

»Ich habe jeglichen Glauben verloren, und Begeisterung ist doch gerade das, was Sie immer zu erwecken suchen. Und glauben Sie ja nicht, ich hätte nicht alle Ihre Bücher gelesen! Ich besitze sämtliche. Ich schätze sie auch, und ihre Aussage ist völlig richtig; nur warum das alles bei mir keine

Wirkung erzielt hat, weiß ich nicht. Was soll ich tun? Wie kann ich etwas Begeisterung in mir erwecken, wie kann ich wieder in Schwung kommen?«

Ich gab ihm ohne Umschweife eine so direkte Antwort, wie er sie brauchte, und da er mit seiner Sprache nicht zurückhaltend war, so tat ich mir auch keinen Zwang an, noch kümmerte ich mich darum, wer uns hörte. »Was Sie brauchen«, sagte ich, »ist Gott.«

Dies erschütterte den Mann sichtlich, und man hätte die plötzliche Stille an unserer Tafelrunde mit dem Messer schneiden können. Immerhin zeigten mir die Mienen der beiden Herren, die mir gegenübersaßen, daß ich mit meiner Meinung nicht ganz allein war. Ich hatte eigentlich eine spöttische Antwort erwartet, und sie würde auch ganz zum Gebaren des Mannes gepaßt haben; doch man kann eben nicht immer aus dem äußeren Verhalten auf den wirklichen Charakter ziehen.

Als er endlich wieder sprach, sagte er leise: »Vielleicht haben Sie recht. Doch tun Sie mir den Gefallen und stellen Sie für mich die Verbindung her zwischen der Begeisterung und Gott. Wollen Sie das für mich tun?«

»Natürlich will ich«, erwiderte ich, nahm eine Speisekarte vom Tisch und schrieb darauf in großen Druckbuchstaben ENTHUSIASMUS. »Haben Sie schon den Ursprung und die Bedeutung von Worten studiert?« fragte ich. »Sie werden viel daraus lernen, etwas, das Sie nie zuvor wußten. Was glauben Sie, woher wir das Wort Enthusiasmus, das wir so oft verwenden, ohne tiefer in seine Bedeutung einzudringen, wohl haben?«

»Wie sollte ich das wissen«, brummte mein Rotarier-Kollege. »Ich habe nie Wortbedeutungen studiert. Immerhin verstehe ich, auf was Sie anspielen, also heraus damit.«

»Nun«, erwiderte ich, »das Wort Enthusiasmus stammt von zwei griechischen Worten, nämlich EN und THEOS. Das erste meint IN, und das zweite ist das griechische Wort für

GOTT. So meint das Wort tatsächlich IN GOTT oder, in anderer Form, ERFÜLLT SEIN VON GOTT. Um also auf Ihre Frage zurückzukommen, wie Sie Enthusiasmus in sich erwecken und erhalten können, so lautet die Antwort darauf: Werden Sie von Gott erfüllt, und bleiben Sie von ihm durchdrungen.«

»Wollen Sie mir eine kleine Predigt halten?« knurrte unser Freund, doch diesmal schon etwas weniger brummig.

»Warum eigentlich nicht? Sie haben doch so etwas Ähnliches verlangt, nicht wahr? Sie brachten die Frage ins Rollen, nicht ich.« Hierin stimmten mir die beiden gegenübersitzenden Tafelgenossen zu, und es entwickelte sich ein angeregtes Gespräch über die Möglichkeiten, Enthusiasmus positiv für uns wirken zu lassen. Unter seiner rauhen Schale hatte dieser Mann wirklich das Bedürfnis nach Hilfe.

Was immer geschieht, welche schmerzlichen Verluste Du immer erleidest, wenn Du Deine positive Geisteshaltung nicht aufgibst, so wird Deine Fähigkeit zur Regeneration für Dich arbeiten, und wir alle verfügen über diese Fähigkeit.

Doch sobald sich Deine Begeisterung gewissermaßen abkühlt, dann leidet auch die Kraft Deiner Persönlichkeit. Während Du vorher die heftigsten Schicksalsschläge überstehen konntest, wirst Du nun von relativ unbedeutenden Ereignissen angeschlagen oder zerbrichst sogar daran.

In einer Gießerei sah ich einmal zu, als geschmolzenes Metall aus riesigen Schmelztiegeln ausgegossen wurde. Die Tiegel waren aus einem durchsichtigen Material, das bei dieser Hitze feuerrot glühte. Der Gießereimeister, der mich herumführte, nahm einen großen Schmiedehammer in beide Hände und führte einige kräftige Schläge gegen einen solchen Tiegel, der eben geleert worden und noch heiß war. Alles, was er mit dem Hammer dabei ausrichten konnte, waren einige kaum wahrnehmbare Einbuchtungen an seiner Oberfläche. Dann nahm er einen kleinen Handhammer und schritt zu einem völlig ausgekühlten Tiegel. Mit einer leichten Bewegung aus dem Handgelenk führte er einen einzigen Schlag gegen den Schmelztiegel und zerschmetterte ihn.

»Nichts kann diese Schmelztiegel zerbrechen, solange sie heiß sind«, sagte er, »aber ein Kind kann sie zerbrechen, wenn sie kalt sind.«

Dann fügte er mit einem gewissen philosophischen Ernst hinzu: »Es ist ziemlich schwer, einen Menschen, dessen Geist aktiv ist, zu zerbrechen; doch selbst kleine Ereignisse werden ihn schwer verletzen, wenn sich seine Begeisterung abgekühlt hat.«

Das schien mir ein gutes Beispiel, um zu zeigen, was Begeisterung für uns erreichen kann.

Nun gehe ich nicht so weit, Dir zu versprechen, daß Begeisterung, welche wirklich etwas Positives für Dich bewirkt, eine Eigenschaft ist, die Du Dir einfach aneignen und für Dich ausnützen kannst, ohne Dir dabei allzuviel Mühe geben zu müssen. Tatsache ist, daß es dazu eines wohlüberlegten Umerziehungsprozesses bedarf. Es wird vielleicht eine gründliche Überholung Deiner ganzen Denkweise nötig sein, und vor allem bedarf es der Übung, denn Begeisterung ist zu einem bedeutenden Teil eine Fähigkeit, die man sich aneignen muß. Wie schon früher angedeutet, liegt die Quelle der Begeisterung hauptsächlich im Geist. Gerade aus diesem Grunde sagte ich zu unserem sich unglücklich fühlenden Freund, daß er Gott brauche. Wenn Du selbst Dir eine Begeisterung wünschest, die positiv für Dich wirkt, so muß ich Dir in aller Offenheit sagen, daß auch Du Gott brauchst!

Vielleicht sollte ich hier die Nachdrücklichkeit meiner Aussage unterstreichen, indem ich Dir einen klaren Abriß darüber gebe, was ich meine, wenn ich sage *Gott brauchen* und *Gott besitzen*. Der beste Weg, um Dir diese Konzeption zu vermitteln, ist, so glaube ich, Dir die Erfahrung eines

Mannes zu schildern; und der Mann, an den ich dabei denke, ist mein Freund Fred R.

Fred war der etwas zerrüttete Sohn eines vermögenden Vaters, der ein recht gut gehendes, kleineres Geschäft besaß. Er war eine charmante Persönlichkeit und besaß einen guten Verstand. Doch unter seinem sorglosen Gebaren verbarg sich die Tatsache, daß er nicht sehr glücklich war. Eines Abends rief ihn ein Freund an und schlug ihm vor, eine große Versammlung in New Haven zu besuchen, um den Missionar E. Stanley Jones sprechen zu hören. »Ich soll einem Missionar zuhören! Daß ich nicht lache!« sagte Fred. Doch sein Freund beharrte darauf, und Fred wollte ihm die Freude nicht verderben.

Der Vortrag des Missionars bewegte Fred so stark, daß er, als dieser fragte, wer tiefer in die Fragen des Geisteslebens einzudringen und noch eine private Zusammenkunft wünsche, sich als erster meldete. Noch vor dem Ende der Versammlung hatte Fred sein Leben Gott anvertraut. Ich gebe zu, das alles erscheint etwas allzu schnell, und Skeptiker mögen es als oberflächlich abtun und die Ansicht vertreten, so etwas würde nicht von Dauer sein, wenigstens nicht bei einem Menschen wie Fred. Doch es ist keineswegs gesagt, daß ein Mensch immer das ist, was er zu sein scheint.

Dr. Jones verlangte von seinen Neubekehrten als ersten Schritt eine geistig-religiöse Betätigung, und Fred wollte das Eisen schmieden, solange es heiß war, und erschien am anderen Morgen an der Türe des ortsansässigen Pfarrers.

»Was ist los?« fragte der schlaftrunkene Pfarrer vom Fenster des Obergeschosses.

»Ich bin Fred R., und ich möchte von Ihnen etwas über Religion erfahren. Kommen Sie herunter und öffnen Sie mir!«

Der Pfarrer öffnete ihm und sagte recht humorlos: »Warum nehmen Sie nicht zu einer anständigeren Tageszeit Religionsunterricht?«

»Wie wär's mit einem Kaffee?« fragte Fred, und im Handumdrehen saßen die beiden Männer am Küchentisch. Der Pastor war noch immer etwas ungehalten, doch bemerkte er auf Freds Gesicht ein merkwürdiges Leuchten. Natürlich hatte er schon immer an religiöse Erlebnisse geglaubt. Konnte es sein, daß dieser sorglose junge Bursche wirklich Jesus Christus begegnet war? Als Resultat dieser Küchen-Konferenz begannen sich erstaunliche Dinge zu ereignen in einer Kirchengemeinde, in einer Stadt und bei ungezählten Leuten.

Der Pastor wußte gar nicht recht, was er tun sollte mit der entfesselten Begeisterung dieses Eiferers, der ihn ständig mit dem Ausruf bedrängte: »Wir müssen zielbewußter vorgehen und mit dem Christentum endlich ernst machen.« Nach kurzer Zeit ernannte der Pastor Fred zum offiziellen Mitglied des Kirchenrates. In der ersten Sitzung hörte er den Quästor mit matter Stimme berichten, daß die Kirchengemeinde in der laufenden Rechnung ein Defizit von rund 8000 Dollar aufweise. Da sprang Fred auf.

»Das ist eine Schande!« rief er erregt. »Dieses Defizit muß verschwinden, selbst und wenn wir es selber bezahlen müssen.« Doch die älteren Mitglieder sträubten sich. Aber er überredete sie. »Laßt es uns gleich jetzt unterschreiben!«

»Sie mußten zahlen«, erklärte Fred später. »Ich beschämte sie, indem ich selbst einen ansehnlichen Betrag auf mich nahm.« Er brachte es fertig, das Defizit in wenigen Tagen zu decken. Er stieß zwar auf einigen Widerstand, aber da war etwas in seiner flammenden Seele, das die Leute nachdenklich stimmte. Es war lange her, seit sie einem wirklich begeisterten und gläubigen Menschen begegnet waren. Einige hatten in ihrem ganzen Kirchengängerleben überhaupt noch keinen gesehen.

Fred organisierte eine Diskussionsgruppe für Geschäftsleute, welche sich einmal wöchentlich zum Mittagessen trafen. Es gelang ihm, seine eigene Erfahrung erfolgreich zu vermitteln. Die Stadt begann die Wirkung zu spüren.

Daraufhin wandte er sich den Jugendlichen zu. Er bildete eine Gruppe, die sich Sonntag morgens traf, wobei Fred jedes Problem der jungen Leute direkt in Angriff nahm. Die Kinder schätzten dies sehr. In 25 Jahren hatte er dadurch einige der besten Männer und Frauen herangezogen, denen ich je begegnet bin.

Eines Nachts traf ich auf dem Fluge nach Kalifornien einen sympathischen jungen Geschäftsmann. Er erzählte mir von seiner Arbeit, seiner führenden sozialen Stellung und von dem, was ihm sein Glaube bedeute. »Woher haben Sie all diese Begeisterung?« fragte ich ihn.

»Sie hätten es ahnen sollen«, erwiderte er. »Ich habe sie von Fred R. Ich bin stolz darauf, einer seiner Jungen zu sein«, sagte er mit feuchten Augen.

Einmal im Jahr bringt er seine Jungen in einem großen Bus zu meiner Kirche in New York, um meine Predigt zu hören. Ich gewöhnte mich später daran, aber ich werde nie den Tag vergessen, als er die jungen Leute zum ersten Mal herbrachte. Er kannte mich kaum, rief mich aber an und sagte: »Hallo Norman, meine Batterien haben eine Aufladung nötig, die meiner Kinder auch. Ich werde mit ihnen am Sonntag kommen, darum halten Sie um Himmelswillen etwas bereit, das den Nagel auf den Kopf trifft.« Er bestreitet zwar heute, daß er es so gesagt hätte, aber ich habe ein gutes Gedächtnis.

Fred R. ist möglicherweise einer der größten Laienpfarrer, die ich je gekannt habe und gleichzeitig einer der feinsten Menschen. Er besitzt einen mitreißenden Enthusiasmus, der ihm von Gott selbst gegeben wurde. Das ist es, was ich meine, wenn ich Enthusiasmus mit Gott gleichsetze. Fred demonstrierte diese dynamische Formel überzeugend: Enthusiasmus gleich EN THEOS (von Gott erfüllt).

Wenn ich Gott in meine Enthusiasmus-Formel einbezie-

he, so tue ich es nicht aus einer mysteriösen Überlegung heraus. Es ist ganz einfach so, daß Gott die Lebenskraft ist, aus
der alles Leben kommt. Wie es die Bibel sagt: »In Ihm war
das Leben, und das Leben war das Licht des Menschen« (Johannes 1:4). Und wieder: »Denn in Ihm leben, weben und
sind wir« (Apostelgeschichte 17:28).

Gott ist Leben. Darum liegt Deine Lebenskraft brach,
wenn Du Gott nicht in Dir hast. Und wenn Du von seiner
Lebenskraft durchdrungen bist, dann verfügst Du über reale
Leistungsfähigkeit, Vitalität und Kraft — kurz, ein Lebens-
gefühl, das Deiner ganzen Existenz Sinn und Beglückung
verleiht.

Eines Tages im Frühling reiste ich einige hundert Meilen
mit dem Wagen in Begleitung des vitalsten Mannes, den ich
je traf. Das Wetter wechselte an diesem Tage eigenartig von
lauen Lüften zu kalten Brisen, von Bewölkung und Regen-
schauern zu goldenem Sonnenschein. Die Landschaft atme-
te Frühlingsfrische, und die Straße wand sich in sanften
Wellen über Hügel und durch Täler.

Bei jeder Wegbiegung fand mein Reisegefährte Anlaß,
sich zu freuen. »Was ist schöner«, fragte er, indem er über
die Felder wies, die wir passierten, »was ist schöner als eine
Gruppe Schafe auf einer grünen Wiese?«

Ein paar Minuten später rief er, während er bewundernd
auf lange Bündel von Sonnenstrahlen blickte, die sich durch
die dunkle Wolkendecke hindurchfanden: »Sieht das nicht
aus wie ein Lichtstrahl vom Himmel?«

Und im nächsten Augenblick, mit der Hand in Richtung
eines hübschen alten Backsteinhauses weisend, das unter
stattlichen Tannen stand: »Hier haben wir ein prächtiges,
frühamerikanisches Bild vor uns.«

Einen kleinen Bach bemerkend, der munter einen Hang
heruntersprudelte und unter einem Brücklein verschwand,
ließ er sich von der Schönheit klaren, kühlen Wassers begeistern, das über blankgewaschene Steine fließt…

Dann kamen große, düstere Wolken, die sich am Horizont auftürmten, und, einen tiefen Atemzug voll Entzücken ausstoßend, er meinte: »Sehen Sie sich doch einmal die gewaltige Größe dieses Himmels an!«

Endlich hielten wir an, um aufzutanken. Ich wunderte mich gerade, ob mein überschwenglicher Freund an dieser gewöhnlich aussehenden Tankstelle wohl etwas bemerken würde, das seine Bewunderung zu erregen vermöchte. Tatsächlich — entlang einer Seitenwand des Gebäudes standen drei Fliederbüsche mit schönen Knospen. Jedes Jahr freue ich mich auf ihr Blühen. Aber noch nie habe ich jemanden gesehen, der angesichts eines Fliederstrauches so sehr in Verzückung geraten war, wie dieser erstaunliche Mann.

»Ich bin selten einem Menschen begegnet, der so viel Begeisterung für alles aufbrachte wie Sie. Wie kommt es, daß Sie so viel davon haben?« fragte ich ihn.

»Mir scheint, ich habe mein eigenes Frühlingserwachen — so eine Art geistigen Frühlings. Ich wurde neu geboren.« Er erklärte mir, daß er ein neues religiöses Bewußtsein empfunden und Gott als eine Realität erfahren hatte. Er zitierte die großen Worte des Paulus: »Also sollen auch wir in einem neuen Leben dahinwandeln« (Römer 6:4).

»Das ist es, was ich tue«, lächelte er.

»Ja, wirklich«, stimmte ich zu.

Ich habe so viele Leute durch Begeisterung aufleben gesehen, daß ich gestehen muß: Ich bin begeistert von der Begeisterung! Begeisterung löst den Antrieb aus, der Dich über Hindernisse trägt, die Du andernfalls niemals zu meistern vermöchtest. Sie ist es auch, die Deine physische Vitalität steigert und Dich in Schwung hält, selbst wenn sich starker Widerstand bemerkbar macht. Das Auf und Ab des täglichen Lebens wird durch sie ausgeglichener und mit vermehrter Widerstandskraft ausgerüstet und gibt allem, was Du tust, eine gehobenere Bedeutung.

Begeisterungsfähigkeit gibt allen Deinen persönlichen Beziehungen mehr Wärme und Gefühl. Deine eigene Begeisterung wirkt ansteckend, anspornend und anziehend auf andere. Du wirst mehr geschätzt; man schließt sich Dir gerne an, und Deine Meinungen werden stärker beachtet.

Es gibt oft Leute, die sich diesen Überlegungen entgegenstellen und sagen: Wozu soll das alles gut sein, wenn man einfach nicht fähig ist, sich dafür zu begeistern? Begeisterung wird nicht dadurch erweckt, daß man sich einfach einredet, man habe sie; man wird nicht begeistert, indem man sich entscheidet, man wolle nun begeistert sein.

Doch hier haben diese Leute sehr unrecht. Du kannst aus Dir eine begeisterte Person *machen,* indem Du Dir selbst versicherst, daß Du eine solche bist, indem Du in Begeisterung denkst, in Begeisterung sprichst, in Begeisterung handelst. Du wirst wirklich auf diese Weise begeistert werden. Wenn Du Dich lange genug mit Begeisterung befassest, wird sie von Dir Besitz ergreifen und Dich auch von innen durchdringen.

Du kannst sicher sein, daß Du jetzt gerade *das* bist, was Du Dir während mancher Jahre ausgemalt und vorgestellt hast. Wenn es Dir an Begeisterung und Glück fehlt, so gehe im Geiste einmal etwas zurück, und erinnere Dich an all die düsteren, verzweifelten, negativen Bilder, die Du Deinem empfindlichen Selbstbewußtsein im Laufe so langer Zeit von Dir selber ausgemalt hast. Das kann jedoch nur einem Menschen widerfahren, den die betreffende Persönlichkeit zuerst in sich selbst projiziert hat. Wann werden wir endlich die überwältigende Tatsache begreifen, daß wir uns selbst formen oder zerstören durch das, was wir von uns selbst als Vorstellung in uns tragen?

Darum denke täglich mehrmals die folgenden Worte: »Meine Gedanken sind Begeisterung, meine Vorstellungen sind Begeisterung, meine Handlungen sind Begeisterung.« Praktiziere dies einen Monat lang, und werde nicht müde.

Wenn Du nachläßt, fange sofort wieder an. Bleibe fest dabei, und Du wirst die Überraschung Deines Lebens erfahren. Und jedermann um Dich herum wird erstaunt und erfreut sein, denn Du wirst Dich entscheidend verändern, wenn Begeisterung wirklich von Dir Besitz ergreift.

Da ich diese Selbstbehandlung schon so vielen Menschen verschrieben habe, hege ich keine Zweifel an ihrer Wirksamkeit. Eigne Dir Begeisterung an, tue es bewußt, und sie wird von Dir Besitz ergreifen und damit von allem, was Du anpackst.

Nach meiner eigenen Erfahrung verdanke ich persönlich diesen Prinzipien und ihrer Anwendung sehr viel. Meinem Wesen nach war ich eine negative, verängstigte Persönlichkeit, voller Furcht und Zweifel. Doch glücklicherweise wurde ich in einem Hause aufgezogen, das erfüllt war von Begeisterung. Wir besaßen nicht viel von den Gütern dieser Welt. Das höchste Gehalt, das mein Vater bezog, als ich aufwuchs, waren viertausend Dollar im Jahr, obschon damals der Dollar noch eine größere Kaufkraft hatte als heute. Trotzdem hätte jedermann gedacht, wir seien die reichsten Leute der Welt — und wir waren es, denn wir hatten Eltern, die das Leben liebten. Es faszinierte und bezauberte sie. Sie sahen Schönheit und Romantik überall.

Während ich diese Zeilen schreibe, fahre ich mit dem Zug durch das fabelhafte Frazer River Land in Colorado. Es ist ein herrlicher Februartag. Ich schaue hinaus in den blauen Himmel, sehe ein paar treibende Wolken von schimmerndem Weiß und die gewaltigen Gebirge der verschneiten Rocky Mountains. Vom Zug bis hin zum weitgezogenen wunderbaren Panorama der stolzen Bergspitzen glitzert der tiefe Schnee wie unzählige Diamanten. Die hohen, stattlichen Tannen sind mit Schneegirlanden bedeckt, als hätte sie eine Riesenhand mit Wattebäuschen bestreut, wie wir es mit unseren Weihnachtsbäumen tun. Dies erinnert mich an ein viel weniger spektakuläres Tal im Süden von Ohio und an einen Winternachmittag vor langer Zeit, als mein Vater Pastor an einer kleinen Landkirche war und ich ihn zu einer Sonntagabend-Predigt begleitete. Wir fuhren in einem leichten Wagen hinter ›Duck‹, unserem alten, treuen Schimmel. Der Schnee stob über die Stoppelfelder und bildete hohe Wehen entlang den Zäunen. Die Straße war fast nicht mehr zu sehen. »Du meine Güte, Vater, das wird eine schreckliche Nacht werden«, sagte ich. »Kein Mensch wird in der Kirche sein, und wie werden wir wohl heimkommen?«

Da begann mein Vater die ›Herrlichkeit des Sturmes‹ zu beschreiben. Er verweilte bei der Gewalt der Elemente, bei der stillen Einsamkeit der verschneiten Landschaft. Er schilderte die heimelige Wärme in den kleinen Bauernhäusern entlang des Weges, aus denen blauer Rauch von den Küchenfeuern aufstieg. Er war ein begabter Prediger, und ich liebte es, ihn zu einer Gemeinde sprechen zu hören. Er war packend in seiner Darstellung, denn er war selbst von seinen Worten durchdrungen. Doch nie hörte ich ihn in besserer Form denn an jenem Wintertage, als er im scheidenden Tageslicht eine ›Predigt‹ vor einem kleinen Jungen hielt, eine Predigt über die Majestät der Natur, mitten im Schneesturm auf der Landstraße.

Als uns Duck nach der Predigt mit Anstrengung nach Hause zog, hatte sich der Sturm gelegt, und der Vollmond erhellte die ganze Gegend mit silbernem Licht. Da hielt mir mein Vater einen anderen Vortrag. Er sagte, daß Stürme stets vorüberziehen und daß die Größe Gottes durch sie hindurchscheine. Vater sah Gott in allem. Als wir den Weg hinauffuhren, um Duck in den Stall zu bringen, sagte er etwas, das ich mein Leben lang nicht vergessen werde: »Begeistere Dich stets an allem, Norman, dann wird Dein ganzes Leben wunderschön sein.«

Nun, ich muß zugeben, daß ich seinen Rat nicht immer befolgt habe. Aber trotzdem pflanzte er einen weisen Gedanken in mir, der sich in späteren Jahren entwickelte. Mein

Beruf ist es, zu predigen und zu sprechen. Er verursacht mir beträchtliche Anstrengung, denn ich war stets sehr aufgeregt vor jeder Ansprache, sogar vor kleinen Gruppen, geschweige denn, vor großen Versammlungen. Doch immer überwinde ich meine Angst in dem Augenblick, wenn der Funke Begeisterung durch meine Minderwertigkeitsgefühle dringt, wenn ich auf der Kanzel oder am Rednerpult zu sprechen beginne.

Ich bin kein besonders guter Sprecher, und der Erfolg, den ich mit meinen Ansprachen habe, ist nicht auf besonders große Schulung oder Gelehrsamkeit zurückzuführen. Der Erfolg beruht auf einem einfachen Vierpunkte-Rezept:

1. Aufrichtigkeit, absolute Aufrichtigkeit. Ich glaube zu hundert Prozent an alles, was ich sage.

2. Begeisterung. Ich werde von ihr so gepackt, daß ich sie anderen mitteilen muß. Ich muß einfach.

3. Meine Gedankengänge und meine Sprache sind einfach.

4. Man muß die Zuhörer fesseln. Wie kann die packendste Materie der Welt langweilig gemacht werden?

Gerade letzten Sonntag predigte ich über das Thema ›Erfolgreich leben durch Begeisterung‹. Ich erzählte den Leuten in all meiner Beredsamkeit, was für sie das wunderbare Leben von Jesus Christus bedeuten könne. Meine Zeit war beschränkt, und ich mußte zum Ende kommen. Ich versuche immer, nach 25 Minuten meine Ansprachen abzuschließen. Hierauf erhob sich die Gemeinde und sang die großartige Hymne ›Vorwärts, Streiter des Herrn‹. Daraufhin leitete unser Organist über auf die große Hymne ›Gott sei gelobt‹. Nun fand ich mich so erfüllt von Begeisterung, daß ich mich kaum davor zurückhalten konnte, eine weitere Ansprache zu halten. Ich konnte nicht widerstehen, noch ein Wort zu sagen, und während die Gemeinde schweigend den Segen erwartete, wurde sie dadurch überrascht, daß ich sagte: »Freunde, wir haben soeben zwei der mächtigsten Glaubenshymnen gesungen, die je geschrieben wurden. Sie sind davon ebensosehr bewegt wie ich. Jedermanns Geist und Gemüt ist eben jetzt in gehobener Stimmung. Die unendliche Kraft des Glaubens ist lebendig in Euch. So geht hinaus denn in die Welt und lebt von dieser Kraft.«

Eine spürbare Begeisterung wirkte in diesem Augenblick auf jedermann in der Kirche. In dem strahlenden Licht, das sich durch die großen, farbigen Kirchenfenster auf die Menge ergoß, sah ich auf ihren Gesichtern ein anderes, inneres Licht sich spiegeln. Es war ein unvergeßlicher Augenblick. Der Kirchenbesuch kann ein ergreifendes Erlebnis sein. An diesem Tage war es ein solches.

Ich muß sagen, daß für mich die Kraft der Begeisterung immer gewirkt hat, und daß ich deshalb viele andere Menschen gedrängt habe, sie auch für sich wirken zu lassen. Wenn sie für mich, mit meinen bescheidenen Fähigkeiten, tun konnte, was sie getan hat, so kann sie auch für Dich viel tun, das ist gewiß.

Es war mir vergönnt, vor manchen Zusammenkünften von Geschäftsleuten und Verkäufern zu sprechen. Ich möchte nun von einem Verkäufer erzählen, den ich bei einer nationalen Verkaufstagung traf.

Es war nicht seine Gewohnheit, solche Tagungen zu besuchen, die eher von Männern besucht werden, die sich in ihrer beruflichen Leistung noch ausbilden wollen. Dieser Verkäufer hatte auch gar nicht genug inneren Antrieb, um aus eigener Initiative eine solche Arbeitstagung zu besuchen. Er war dort, weil er einen Chef hatte, der sich um seine Leute kümmerte und der diesen Mann richtig auf diese Reise geschickt hatte, in der schwachen Hoffnung, wie der Arbeitgeber es nannte, daß ich diesen Menschen in Schwung bringen könnte. Er sagte zu mir: »Er hat die Anlagen, wenn er nur noch die nötige Energie dazu hätte. Ich wünschte, Sie würden mit ihm nach Ihrem Vortrag sprechen, wenn Sie noch Zeit erübrigen könnten. Zünden Sie ein Feuer unter ihm an, wenn Sie können.«

»Das Feuer sollte eher *in ihm,* statt unter ihm angezündet werden, glauben Sie nicht?« sagte ich als Entgegnung.

Während ich bei dem Imbiß im großen Ballsaal des Hotels Conrad Hilton in Chicago meinen Vortrag hielt, sah ich meinen Arbeitgeber-Freund vor mir an einem der Fronttische. Als sich unsere Blicke begegneten, nickte er bedeutungsvoll in die Richtung des Mannes, der neben ihm saß, wie um mir zu sagen: »Das ist er! Geben Sie es ihm!«

Dieser Vertreter, dessen Name Frank war, schien offensichtlich ein netter Bursche zu sein − einer von jenen gemütlichen, entspannten Männern, eher zu entspannt und vielleicht auch zu gemütlich. Er hörte meinen Ausführungen zu, und ich fühlte, daß sie einen gewissen Widerhall bei ihm fanden. Nach der Versammlung kam er an meinen Tisch und fragte mich aus eigenem Antrieb, obwohl ich vermutete, er sei dazu ermuntert worden, ob wir noch ein wenig zusammen sprechen könnten. Ich nahm ihn auf mein Zimmer im zwanzigsten Stockwerk, welches eine herrliche Aussicht auf die Michigan Avenue und über den Michigansee hatte. Die Sonne schien hell zu den Fenstern herein.

»Ich bin ein erfolgloser Verkäufer, den sein Chef hierhergebracht hat. Er ist ein enorm tüchtiger Mann, der aber auf das falsche Pferd gesetzt hat, wenn er glaubt, aus mir ein Verkaufsgenie machen zu können.« Mit diesen Worten eröffnete er die Unterhaltung.

»Ein negativer Denker, wie?« entgegnete ich.

»Selbst-Abwerter mit der Absicht zu versagen.« Ich führte eher ein Selbstgespräch, als ob ich eine objektive Analyse anstellte (was ich in der Tat machte).

»Bitte sagen Sie all das noch einmal.«

Ich wiederholte es, indem ich noch beifügte: »Lethargische Geistesreaktion, Mangel an Antriebsfaktoren. Grollt wahrscheinlich über seine Jugend, und seine Frau versteht ihn nicht.«

Er sprang von seinem Stuhle auf. »Ich glaubte, wir seien uns nie begegnet. Wer hat Sie über mich informiert? Sie kennen mich wie ein offenes Buch.«

»Niemand hat mich über Sie informiert. Ihr Chef sprach von Ihnen, doch er hat Vertrauen in Sie, Gott weiß warum. Ich wenigstens sehe nicht viel, an das man glauben könnte. Ich weiß zwar, daß noch etwas in Ihnen steckt, das sich noch nie gezeigt hat, das aber wert wäre, hervorgeholt zu werden.«

»Sie scheinen ein zäher Kerl zu sein. Bisher glaubte ich immer, daß Priester sanfte Seelen seien«, meinte er.

»Das hängt davon ab, welche Behandlung nötig ist. Wir sind sanft, wenn Sanftheit am Platze ist, und hart, wenn Härte angezeigt erscheint. Der Zweck ist, dem Patienten zu helfen.«

»Einverstanden, ich will ganz offen mit Ihnen sein. Alles, was Sie sagen, ist wahr und noch einiges mehr, aber in einer Beziehung bin ich nicht schuldig, nämlich in sexuellen Dingen. Ich bin meiner Frau hundertprozentig treu. Ich trinke auch nur wenig. Im ganzen bin ich ein ziemlich moralischer Typ. Ich hasse ordinäre Dinge − ich bin ein langweiliger, apathischer, träger Lümmel, und Sie haben auch recht, was meine Eltern und meine Frau anbetrifft, die ständig versuchen, mich herumzuschupsen.« Entmutigt sank er in seinem Stuhl zurück.

»Also gut, hier ist Ihr Rezept«, sagte ich, indem ich es auf ein Stück Hotelbriefpapier notierte, »und denken Sie daran, kein Rezept ist auch nur einen Heller wert, wenn es nicht so genommen wird, wie es verschrieben wurde.«

Er starrte auf das Papier: »Täglich Begeisterung praktizieren.« Verwirrt sah er mich an. »Ich habe doch gar keine Begeisterung. Zuerst muß ich sie mir erwerben, bevor ich sie praktizieren kann.«

»O nein«, entgegnete ich, »anders herum ist auch gefahren. Fangen Sie an, Begeisterung zu praktizieren, und Sie werden sie haben.«

»Aber wie fängt man an? Und übrigens glaubte ich, Sie würden mit mir beten.«

»Nur immer langsam. Ich bin noch nicht fertig mit Ihnen. Das Gebet wird zur rechten Zeit schon dazukommen. Wie in aller Welt wollen Sie angespornt werden, solange Sie sich nicht an die Quelle der Dynamik begeben?«

Nun begann ich meine erste Lektion mit ihm. »Stehen Sie auf, und gehen Sie hier im Zimmer herum; zählen Sie dabei die Dinge auf, die Sie sehen und die Begeisterung erwecken können.« Er schritt auf und ab und sagte nach einer Weile: »Ich sehe nicht ein einziges Ding, das mich begeistern könnte.«

»Sie haben wirklich einen Haufen blinde Flecken auf Ihrer Netzhaut. Was sind die zwei Dinge, auf denen Sie da herumlaufen?«

»Wieso? Füße natürlich!«

»Gut denn, notieren Sie sie als Nummer eins. Denken Sie einmal nur daran, was es heißt, zwei gesunde Füße zu haben. Wie würden Sie sich fühlen, wenn Sie nur einen hätten oder sogar keinen? Es geht nichts über zwei gute Füße, besonders wenn man Beine hat, die dazu passen.«

»An das habe ich nie gedacht«, sagte er.

»Gewiß, ich weiß, daß es noch eine Menge Dinge gibt, an die Sie noch nie gedacht haben. Aber Sie werden nun eben Ihre Denkweise ändern. Was sehen Sie sonst noch?« fragte ich weiter.

»Meine Hände, Arme, Augen, Nase, Mund, Kopf — ich bin Ihnen schon weit voraus.«

Tatsächlich faßte er die Sache rasch auf. »Schauen Sie sich den Sonnenschein an, der in dieses Zimmer strömt«, rief er aus und zog die Vorhänge zur Seite. »Und die prächtige Straße da unten und dahinter der blaue See. Ich verstehe nun, was Sie meinen. Man muß nur anfangen, begeistert zu denken. Das ist es, nicht wahr?«

»Recht so, das ist es«, bemerkte ich. »Und wenn Sie sich dies nun zur Gewohnheit machen, so wird es Ihnen mit der Zeit zur zweiten Natur werden. Mehr noch, Sie werden eine gewaltige Steigerung Ihrer Empfindungskraft erfahren. Das aber wird auch bedeuten, daß Sie endlich wieder leben und Ihre Selbstbeschreibung ›langweiliger, apathischer und träger Kerl‹ nicht mehr zutrifft. Die Begeisterung wird dann wirklich für Sie zu wirken beginnen.«

»Wie ist's nun mit dem Beten?« fragte er, als ich mich gerade zur Fahrt zum Flugplatz bereitmachte.

»Gewiß, lassen Sie uns beten«, sagte ich sofort. Eine Stille fiel zwischen uns. »Nun, beginnen Sie zu beten«, forderte ich ihn auf.

»Oh, Sie meinen, ich soll beten? Ich habe keine Übung.«

»Kein besserer Moment als jetzt, um damit zu beginnen«, erwiderte ich. Ich wußte, daß er zu beten wünschte.

»Herr«, begann er zögernd, »ich möchte nicht mehr sein, was ich gewesen bin, und mehr noch, ich werde es nicht mehr sein. Ich danke Dir für alles. Bitte gib mir Begeisterung für meine Arbeit, für mein Leben, für alles. Herr, Du bist wunderbar. Amen.«

»Wie kam es, daß Sie diese letzte Bemerkung hinzufügten?« fragte ich verwundert.

»Ich weiß es nicht, es kam einfach über mich, daß Er wunderbar ist.«

»Sie sind es auch, alter Knabe«, sagte ich.

Mein Ziel war nicht, aus einem gleichgültigen Vertreter einen guten zu machen. Es war vielmehr, einem halbtoten Mann zu helfen, wieder lebendig zu werden. Während er lernte, lebhaften Anteil am Leben zu nehmen, würde er besser befähigt sein, sich mitzuteilen, und so würden sich bessere Verkaufserfolge von selbst ergeben. Er hatte ja die nötigen Kenntnisse; es fehlte ihm lediglich der ebenso wichtige

Elan. Doch im selben Maße, wie er seine Begeisterung steigerte, bewunderten ihn die Leute, die ihn bisher als trägen, schläfrigen, halbwachen Mann gekannt hatten. Aeschylus, der erste der großen, alten Dramatiker der Griechen, erklärte schon: »Glückseligkeit entspringt aus einer gesunden Seele.« Gesundheit der Seele bedingt guten Willen statt Haß, Verausgabung statt Selbstsucht, Begeisterung statt Zynismus und Glaube statt Zweifel.

Praktiziere freudig jeden Tag Begeisterung. Übe Dich darin, Gottes Schöpfung zu ehren, so lange, bis Du sie tatsächlich schätzest. Danke Gott täglich für seine Segnungen. Mache es Dir zur Gewohnheit, frohe, bejahende Gedanken zu pflegen. Tue das möglichste, um andere glücklich zu machen. Das sei Dein Rezept für wahre Glückseligkeit und Begeisterung, und es wird sich auch lohnen. So ist es denn eine Tatsache, daß Du und ich ziemlich das sind, was wir praktizieren. Bestätige Dich im Negativismus, und Du wirst negative Resultate erleben. Praktiziere Versagen und Mißerfolg, und Du kannst ziemlich sicher mit einem Zusammenbruch rechnen. Praktiziere Begeisterung auch in den kleinsten Dingen, und sofort wird die ungeheure Kraft der Begeisterung Wunder für Dich wirken.

Indem ich dieses Kapitel schließe, fühle ich mich verpflichtet, Dich zu warnen. Der Wechsel von der Oberflächlichkeit zur Begeisterung gelingt weder leicht noch rasch. Es gibt da ein Wort, das heutzutage nur wenig gebraucht wird, das aber eine zentrale Stellung in Deinem Vokabular einnehmen muß. Es ist das Wort *Ausdauer*. Man kann einiges von der Entwicklungstendenz eines Landes erkennen, wenn man den Wechsel in der Bedeutung von Worten untersucht. In den großen Tagen, als schwer arbeitende, zielstrebige Männer die Vereinigten Staaten zu dem gewaltigen Land formten, das es heute ist, da lauteten die wichtigen Worte: *Ehrlichkeit, Arbeit, spare und harre aus.*

Alle diese Begriffe hatten in den letzten Jahren einen ziemlich schweren Stand. Das könnte ein Anzeichen dafür sein, was uns fehlt. Ich bin dafür, sie wieder vermehrt in Gebrauch zu bringen. Auf jeden Fall ist eines sicher: Der Aufbau von Begeisterung und der persönlichen Qualitäten, die ihr günstig gesonnen sind, erfordert Ausdauer. Das Endresultat aber wird die Anstrengung wohl wert sein, wie lange und mühevoll sie auch sein mag. Zum Beispiel der Fall einer Frau, die mir den folgenden eindrücklichen Brief auf ein blaßrosa Damenbriefpapier mit roten Rosen schrieb. Normalerweise halte ich nichts von solch ausgefallenem Papier. Doch als ich den Brief gelesen hatte, war ich bereit zuzugeben, daß ein guter Grund vorlag für die festliche Note dieser Rosen. Der Brief kam von einer Dame in Indiana, die aus einer langen Periode des Unglücks und der Enttäuschung zur freudigen Empfindung eines gänzlich veränderten Lebens aufstieg. Sie schrieb:

»Vor acht Jahren war mein Leben in einem völlig negativen Zustand − und das ist noch ein milder Ausdruck. Ich wußte, daß etwas geschehen mußte. Ich entschloß mich, die verstaubte Bibel hervorzunehmen und regelmäßig eine Stunde dem Gebet und der Meditation zu widmen. Kurz darauf stieß ich auf Ihr Buch ›Die Kraft positiven Denkens‹. Ich versuchte mich in den Ratschlägen, die Sie beschreiben. Ganze zwei Jahre lang meditierte, betete und erzog ich mich selbst − und scheinbar ereignete sich gar nichts.«

Achte wohl auf den Hinweis ›ganze zwei Jahre‹. Sie zeigte wirklich Ausdauer, nicht wahr? Wie leicht sind manche Leute mit einem Programm täglicher Bemühungen schon nach zwei Wochen entmutigt! Doch diese Frau blieb zwei lange Jahre dabei, obschon sie immer noch keine Resultate sah. Ist das nicht bewundernswert?

»Dann, eines Nachts spät im Bett«, fuhr der Brief fort, »als ich fühlte, wie ich zu einem Punkte kam, wo ich so recht alles getan hatte, um meine Situation zu verbessern…«

Hier ist der kritische Punkt, wo der Ausgang aller Bestrebungen in der Schwebe hängt, wo die Gefahr, die Hoffnung zu verlieren und die Niederlage zu akzeptieren, am größten ist, wo man sogar das Vertrauen in Gott verlieren und bitter werden kann. Wenn Sie am Ende Ihrer Weisheit sind und das Gefühl haben, alles getan zu haben, was Sie zu tun vermögen, was dann? – Nun, gerade dann ist der Zeitpunkt zum Ausharren gekommen, zum Ausharren und nicht zum Nachgeben. Was tat diese Dame?

»Ich kniete nieder«, schreibt sie, »und weinte mich aus vor Gott. Ich betete, wie ich nie zuvor gebetet hatte. Ein wunderbarer Friede kam über mich, und das warme Gefühl einer nie gekannten Liebe hüllte mich ein. Später kam mir zum Bewußtsein, daß ich einen Zustand des völligen Verzichtes und der völligen Selbstaufgabe erreicht hatte. Viele Dinge wurden mir nun klar. Die Stellen der Bibel, mit denen ich mich erfüllt hatte, bekamen eine neue Bedeutung. Die ganze Welt schien verändert. Es war mir, als sähe ich die Bäume und Blumen zum ersten Mal, als hätte ich nun erst Verständnis für das Leben selbst gewonnen. Diese Erfahrung veränderte mein ganzes Leben. Es war so wunderbar, daß ich manchmal vergesse, die physische Heilung zu erwägen, die gleichzeitig stattfand – um so viel wichtiger war für mich die Heilung meiner Seele. Drei physische Leiden wurden zum Verschwinden gebracht, zwei organische und ein funktionelles. Die organische Beschwerde war so schmerzhaft gewesen, daß ich meistens unter dem Einfluß von Drogen stand. Doch seither wurde ich nie mehr davon behelligt. Am nächsten Tag fing ich damit an, mein ganzes Dasein zu säubern, indem ich versuchte, wieder gut zu machen, wo immer ich gefehlt hatte. Heute empfinde ich sogar Freude inmitten beängstigender Situationen, und ich verfüge über einen Mut, der mich oft selber erstaunt. Alle Furcht hat mich verlassen, und ich bin gewiß, daß es ein besseres Jenseits gibt. Gott ermöglichte mir das Erlebnis der

Wiedergeburt oder das Erwachen der Seele, das nun fort-
fährt zu wachsen und zu gedeihen. Ach, wie erregend ist
doch das Leben!

Ich versuche mein Bestes, um für andere Menschen hilfreich zu sein, besonders für Unglückliche, und ich sehe, wie
sich ihr Leben zu wandeln beginnt.«

Ein bemerkenswerter Brief, nicht wahr? Diese Frau fand
etwas, das alles in ihr verwandelte. Wenn auch Du Dich derart innig in Harmonie mit Gottes Güte befindest, wenn Du
Disziplin hältst und dabei bleibst − wirklich ausharrst, so
wirst Du Dich selbst in einen Zustand bringen, in welchem
Gottes Macht Dein ganzes Leben durchflutet.

Dann wird die mächtige Kraft der Begeisterung für Dich
zu wirken beginnen. Und das Ergebnis? Anstatt vom Leben
herumgeschupst zu werden, wirst Du das Leben in Deine
Obhut nehmen. Die Dinge werden fortan sehr verschieden
und sehr anregend sein.

Zusammenfassung

1. Enthusiasmus ist ein Wort, das soviel heißt wie: Erfüllt von Gott. Um Enthusiasmus (= Begeisterung) zu besitzen, erfülle Dein Gemüt mit Gott.

2. Die Schläge des Lebens können einen Menschen, dessen Geist vom Feuer der Begeisterung erwärmt ist, nicht zerbrechen. Nur wenn die Begeisterung sich abkühlt, besteht die Möglichkeit, daß er in Brüche geht.

3. Erneuere Dich geistig, wenn Du ohne Begeisterung bist. Dieses Erlebnis wird Dich zu neuem Leben bringen. Lies den Bibeltext Römer 6, 4: »...gleich wie Christus ist auferweckt von den Toten durch die Herrlichkeit des Vaters, also sollen auch wir in einem neuen Leben wandeln.«

4. Erinnere Dich täglich an die eigenen Fähigkeiten, an Deine guten Absichten, und glaube daran, daß Du etwas wirklich Gutes aus Deinem Leben machen kannst.

5. Räume verstaubte, unfruchtbare Gedanken aus, und erneuere Dich in Gemüt und Geist. Geistige Wiedergeburt erfrischt die Persönlichkeit.

6. Habe Augen für die Schönheit und Größe des Lebens. Praktiziere Lebendigkeit.

7. Sei begeistert, um Begeisterung zu besitzen.

8. Du kannst Deine Begeisterung dadurch erwerben, daß Du sie bejahst und dadurch, daß Du begeistert denkst, sprichst und handelst.

9. Beginne und beende jeden Tag damit, daß Du Gott für alles dankst.

10. Harre aus in Deiner Suche nach Gott. Wenn Du IHN gefunden hast, wird Freude und Begeisterung Dein Gemüt erfüllen.

Fühle Dich gesund ohne sklavische Abhängigkeit von Pillen

Bitte denke nicht, daß der Titel des Kapitels bedeutet, ich sei grundsätzlich gegen Pillen und Medikamente. Ich nehme selbst gelegentlich welche. Ich bin nur beunruhigt über eine sklavische Abhängigkeit von Pillen anstelle des Vertrauens in jene grundlegenden Quellen der Gesundheit und Vitalität, welche sich im rechten Denken und in der Heilkraft des Glaubens finden. In diesem Kapitel soll gezeigt werden, wie gewisse Leute Gesundheit, Vitalität und gesteigerte Kraft gefunden haben durch die Anwendung des rechten, geisterfüllten Denkens.

Einer dieser Leute ist ein Hochschulstudent, der in eine immer stärkere Abhängigkeit von Pillen geraten war. Doch dieser junge Mann fand das Geheimnis geistiger und physischer Gesundheit, wie sein folgender Brief zeigt:

»Ich bin ein frisch immatrikulierter Student für Chemie an der Universität von Illinois. Durch die ganze Mittelschulzeit hindurch war ich ein Perfektionist − immer an der Arbeit, um gute Noten zu bekommen und um genug zu sparen, um meine Ausbildung weiterführen zu können. Das Resultat meiner Anstrengung war, daß ich als erster von dreihundert Schülern abschloß, genug Geld sparte, um auf die Hochschule gehen zu können, einen Wagen kaufte, viele Kleider und genug Taschengeld hatte und mich regelmäßig mit einem wunderbaren Mädchen traf, das derselben Konfession angehörte wie ich und in das ich so richtig verliebt war. Nach allen irdischen Maßstäben hätte ich mich als vom Glück sehr begünstigt betrachten müssen, doch mir fehlte das, was ich mir am meisten wünschte — der innere Friede.

Am Ende meines ersten Semesters hatte ich die Durchschnittsnote vom 4,8 bei einem Maximum von 5,0 erreicht. Doch als ich in den Ferien nach Hause fuhr, waren meine Nerven so schlecht beieinander, daß ich manchmal Mühe hatte, nicht zu zittern. Mein Vater bestand darauf, daß ich zu einem Arzt gehe. So begann ich Nerven-Pillen zu nehmen, haufenweise, ohne mich jedoch damit richtig beruhigen zu können. Meine Persönlichkeit brach dabei tatsächlich beinahe zusammen. Zu diesem Zeitpunkt war es, als mir meine Mutter Ihre Schriften zu lesen gab, und dann begann das Wunder. Als ich dieses Semester zurückkam, las ich in Ihren Büchern so oft wie möglich, und es ist wirklich kaum glaublich, welchen inneren Frieden und welche Zuversicht sie mir geben. Meine Nerven wurden ruhig, und seither habe ich nie mehr eine einzige Pille genommen. Auf meiner Kommode steht eine Packung der Pillen zum Andenken daran, wie es war, bevor ich mich in Gottes Hand begab.«

Die Erfahrung dieses Studenten deutet immerhin an, welche Verbesserung erreicht werden kann durch eine geistige Beeinflussung des Gemütes.

Lasse Dir auch noch einen anderen Fall schildern. Kürzlich erinnerte mich ein Geschäftsmann an unsere nun schon einige Jahre zurückliegende Begegnung im Zug, zu einer Zeit, da er in einem akuten Krisenzustand und in hochnervöser Spannung war. Ich erinnere mich noch ganz gut des Vorfalles. Ich schritt gerade durch den Speisewagen zu meinem Coupé, als ich diesen Mann, den ich schon seit Jahren kannte, an einem Tisch bemerkte. Er rauchte und trank Kaffee. »Setzen Sie sich zu mir«, sagte er. »Nehmen Sie einen Kaffee?«

»Gerne. Wie geht es Ihnen?«

»Nicht besonders«, erwiderte er, »ich fühle mich recht wackelig.« Wir sprachen zusammen, und ich trank meinen Kaffee, worauf er mir einen weiteren offerierte.

»Nein, einer ist genug für mich«, sagte ich.

»Aber ich«, brummte er, »muß einfach noch einen haben.« In der kurzen Zeit, die ich mit ihm verbrachte, leerte er vier Tassen und rauchte dazu pausenlos. Ich bemerkte, daß sein Gesicht bewegt war, seine Hände zitterten; und seine Finger griffen ständig herum. So fragte ich denn, was mit ihm los sei.

»Los!« echote er. »Es wäre mit Ihnen auch so, wenn eine Menge Leute aus dem Hinterhalt auf Sie zu schießen und Sie zu betrügen, Sie zu unterbieten versuchte und sonst noch alles mögliche.«

Er begann, mir von seinen Problemen zu erzählen — schwierige, verworrene Probleme oder eher eine verworrene Haltung gegenüber Problemen. Am meisten Beschwerde verursachte die Tatsache, daß er ›berechtigt‹ war, der Generaldirektor seiner Gesellschaft zu sein, daß aber ein Mann von außen über seinen Kopf hinweg hereingebracht worden war und er nur noch leitender Direktor blieb. Diese Zurücksetzung fraß richtig an seinem inneren Kontroll-Zentrum, und je mehr er redete, um so gewisser wurde ich, daß dies ein bedeutender Faktor in der Desorganisation seiner Persönlichkeit war.

»Herr Ober, noch einen Kaffee, bitte.« Nervös steckte er eine weitere Zigarette an.

»So werden Sie keine Lösung finden«, sagte ich ihm. »Gut, daß es nicht Whisky ist, was Sie da trinken!«

»Wie finde ich meine Lösung?« fragte er.

Ich wußte, daß er im Innersten ein religiöser Mensch war, und so gab ich ihm eine geistige Formel, die sich in anderen Fällen bewährt hatte. Ich fühlte, daß eine unkomplizierte Idee seiner zerstörerischen Besessenheit am besten entgegenwirken würde. Ich riet ihm einfach, bewußt und andauernd an Jesus Christus zu denken. »Wohin führt Sie eigentlich diese gespannte Erregung«, argumentierte ich, »außer in eine akute Nervenkrise? Um sie zu überwinden, müssen Sie beginnen, geistig mit Jesus Christus zu leben, und zwar über möglichst lange Zeitabschnitte. Erfüllen Sie Geist und Gemüt mit seiner Gegenwart.« Ich bemerkte seinen überraschten Blick.

»Wirklich, Sie müssen dies tun«, drang ich in ihn. »Dieser Vorschlag ist keine Phantasterei. Denken Sie so oft wie nur möglich jeden Tag an Ihn. Füllen Sie Ihren Geist mit Gedanken an Ihn. Beten Sie des öfteren. Wenn Sie gehen, fahren oder arbeiten, sprechen Sie kurze Gebete. Wiederholen Sie Seine Worte und lassen Sie diese in Ihr Bewußtsein eindringen. Während Sie Gott zum Hauptgegenstand Ihrer Gedanken machen, wird die Gegenwart Christi wirklich und wahrhaftig von Ihnen Besitz ergreifen. Diese geistige Erneuerung Ihres Denkprozesses wird viel dazu beitragen, Sie von einem möglichen Zusammenbruch zu bewahren.«

Er dankte mir höflich, doch fühlte ich seinen Mangel an Überzeugung, als ich den Zug in Nord-Philadelphia verließ. Später erzählte er mir, was er damals dachte: Wieder eine Portion grauer Theorie eines Predigers. Welche Beziehungen könnten schon zwischen Jesus Christus und geschäftlichen Problemen bestehen!

Indessen wurde sein Nervenzustand fortschreitend schlimmer. Er wurde sich bewußt, daß er etwas unternehmen mußte. So entschied er sich zu einem Experiment mit der Methode, die ich ihm im Zug empfohlen hatte. Dieser Vorfall ereignete sich vor einigen Jahren. Kürzlich erklärte dieser Mann: »Jene Umstellung des Denkens veränderte mein ganzes Leben. Ich ließ mich nicht leicht überzeugen, und es war auch nicht einfach, Ihren Rat durchzuführen. Doch heute kann ich ehrlich sagen, daß ich dadurch geistig und physisch gewonnen habe. Ich erhielt wieder die Kontrolle über meinen Geist, dies führte zu einer Besserung meiner Nerven, und dann erfolgte auch eine physische Erholung. Ich bekam mich wieder in die Hand.«

Den Beweis seines geistigen Erlebnisses erbrachte er in der aufrichtigen Zusammenarbeit und der freundlichen Unterstützung, die er seinem Generaldirektor bezeugte. Dabei erkannte er auch einige realistische Tatsachen, wie zum Beispiel: »Ich sah ein, daß ich zum Generaldirektor noch nicht reif war und wunderte mich sogar über die Tatsache, daß ich auf dem zweithöchsten Posten bleiben durfte.« Als der Generaldirektor sich später zurückzog, stieg er in diese Position auf; doch nun war er wirklich reif dafür.

»Ich fand heraus, daß der in der Bibel beschriebene Heilungsprozeß noch immer seine Gültigkeit hat«, erzählte er mir und fügte diese Erkenntnis hinzu: »Heute begreife ich, daß damals, als ich Sie im Zuge traf, meine Probleme nicht solche des Geschäftes waren. Ich selbst war das Problem. Es bedurfte einer langen Zeitspanne, bis ich klug genug wurde, um dies einzusehen.«

Die gleiche Heilkraft ist immer verfügbar für alle, die sie stark genug wünschen, die darum bitten, ihren Geist in jenen Glaubenszustand zu erheben, der die Bedingungen für eine Heilung erfüllt. Denke an die Worte Jesu Christi, der sagte: »Alle Dinge sind möglich dem, der da glaubt« (Markus 9:23).

Der Prozeß des geistigen Lebens mit Christus ermöglicht jenen Glauben, der erforderlich ist, um besondere Ergebnisse zu erzielen. Die heutigen Jünger Christi realisieren oft die gewaltige Kraft nicht, die ER ihnen gegeben hat. Wie ergreifend ist es doch, daß so viele durch dieses Leben kriechen, halb wach, halb krank, entmutigt und verzweifelt! Solch eine erbärmliche Existenz kann doch nicht das sein, was Gott für uns geplant hat. Höre doch nur die erstaunliche Prophezeiung: »Und heilet die Kranken, die daselbst sind, und saget ihnen: Das Reich Gottes ist nahe zu euch gekommen« (Lukas 10:9).

Warum bedienen wir uns nicht jener Kraft und leben nach ihr? Vielleicht ist unser Versagen teilweise bedingt durch die Vorstellung, Heilung durch Glauben komme in der heutigen Zeit nicht mehr vor wie zu Zeiten des Neuen Testamentes, obwohl immer wieder das Gegenteil bewiesen wird. Dennoch gibt es Leute, die fest daran glauben, daß Jesus Christus Kranke im ersten Jahrhundert heilte, aber nicht glauben wollen, daß diese gleiche Kraft heute noch genauso wirkt und gerade für sie wirken kann. Die Zeit der Wunder ist vorbei, sagen sie resigniert. Heilung erfolgt heutzutage durch wissenschaftliche, medizinische Mittel... (und gewöhnlich fügen sie fromm hinzu) obwohl auch der Glaube hilft. Für sie hilft der Glaube nur dem Arzt, wobei der Hauptzweck darin liegt, den Patienten in einen besseren Gemütszustand zu bringen, um dadurch den Heilungsprozeß zu stimulieren.

Doch ist göttliche Heilung selbst in Tat und Wahrheit ›wissenschaftlich‹, denn sie ist bedingt durch eine geistige Gesetzmäßigkeit, die höchste Form des Gesetzes überhaupt. Und Heilungen ereignen sich auch noch heute! Lies den folgenden Brief einer Frau, deren Aussagen als glaubwürdig bezeugt wurden:

»Frau Peale forderte mich bei einem Lunch vor ungefähr sechs Wochen im Gebäude der Vereinten Nationen auf, Ihnen die Geschichte der Heilung meines Mannes zu erzählen.

Ray sah von Geburt auf sehr schlecht. Sein linkes Auge konnte er mit den Augenmuskeln nicht unter Kontrolle halten. Dieses Auge hatte beinahe keine Sehkraft, und das rechte nur eine sehr schwache. Er trug eine sehr starke Brille zum Lesen und hatte auch noch eine andere Brille für den Allgemeingebrauch, ohne die er sich nicht einmal zu Hause sicher fühlte. Außerdem hatte er starke Schmerzanfälle in den Augen, die schon in jungen Jahren begannen und mit der Zeit immer häufiger wurden. Kurz vor seiner Heilung bekam er sie täglich zweimal. Ein ganzes Jahr lang hatten wir gebetet, daß Gott ihn heilen möge. Es war der letzte Sonntag des Monats Juni. Wir hatten soeben eine religiöse Radio-Übertragung gehört. Am Ende des Gebetes sagte ich spontan: ›Ein Mann, der soeben geheilt worden ist, nimmt seine Brille ab.‹ Sofort nahm mein Mann die Brille vom Gesicht, und seither hat er keine mehr benötigt. Er konnte ohne sie besser sehen als je zuvor. Die Anfälle endeten abrupt. Der ganze Heilungsprozeß dauerte fünf Tage, in denen sich die verschiedenen Stufen der Heilung vollzogen. Zuerst verschwand die Trübung des Gesichtsfeldes; dann, nach anderthalb Stunden eines merkwürdigen Ziehens im linken Auge, bemerkte Ray, daß er die Muskel-Kontrolle über dieses Auge erhielt. Gerade Linien, die bisher immer wie Zick-Zack ausgesehen hatten, erschienen nun so, wie sie wirklich waren. Auch das Sehen in die Ferne verbesserte sich wesentlich.

Was hatte mich veranlaßt, meinen Mann die Brille abnehmen zu heißen? Zu jener Zeit war ich verwirrt und konnte es nicht verstehen. Heute weiß ich, daß es eine göttliche Eingebung war.

Wenn dieses Zeugnis anderen helfen kann, an Gott zu glauben, so können Sie in jeder Weise frei darüber verfügen. Ich bin gewiß, daß Gott mehr besorgt ist zu heilen, als wir es sind, um geheilt zu werden. Er möchte uns vom Innersten her reinigen. Heilung für Körper und Seele sind im Erlösungsakt unseres Herrn Jesus Christus eingeschlossen.«

Nun könnte man natürlich Fälle von Leuten zitieren, die auch um Heilung beteten, sie aber nicht erhalten haben. Auch ich kenne solche. Tatsächlich habe ich selbst um Heilung gebetet und sie doch nicht erreicht. Aber das bedeutet nicht, daß anderen diese große Gnade nicht zuteil wurde. Wenn ich bete und nicht erhört werde, so bedeutet dies einfach, daß ich nicht richtig bete oder daß in mir Hemmnisse bestehen, die blockierend auf die Heilkraft wirken, oder es

135

könnte auch bedeuten, daß ich ein ›Nein‹ als Antwort erhalte. Wenn das letztere der Fall ist, dann muß ich gehorsam meinem Gebet eine andere Richtung geben. Dann wird mir die Kraft geschenkt werden, mit meinem Problem zu leben und es schöpferisch zu verarbeiten. Vielleicht haben einige, denen Heilung zuteil wurde, jenes große Erlebnis erfahren dürfen, das ihr geistiges Wahrnehmungsvermögen vertiefte und ihre Seelen zu größeren Dimensionen anwachsen ließ. Nimm den Fall meines guten Freundes H. S. als Beispiel.

Vor drei Jahren erhielt ich in der Schweiz den Brief der Schwester eines ehemaligen Studienkollegen. Sie schrieb, daß H. S. medizinisch untersucht worden sei und daß der Befund dahin laute, mein Freund sei unheilbar krank und habe wahrscheinlich nur noch einige Monate zu leben. Sie bat mich, für die Gesundheit ihres Bruders zu beten, was ich natürlich aufrichtig tat. Wochen vergingen, dann Monate, und ich hörte nichts mehr.

Mehr als zwei Jahre später führte mich ein Vortrag nach Indiana. Vor der Versammlungshalle trat ein Mann auf mich zu und sagte: »Hallo, Norman.«

Ich nahm an, er sei ein alter Bekannter, konnte ihn jedoch nicht erkennen. »Wo haben wir uns zuletzt gesehen?« fragte ich. »Du sahst mich zuletzt«, erwiderte er, »als wir die Hochschule beendeten.«

Es war H. S. Er hatte in der Zeitung gelesen, daß ich sprechen würde und war von seinem achtzig Meilen entfernten Ort hergefahren, um mich zu begrüßen. »Ich habe nur wenig Zeit, ich muß gleich wieder zurück«, sagte er. »Bin sehr beschäftigt.«

»Laß Dich anschauen«, sagte ich, »zwei Jahre zuvor in der Schweiz…« Doch er unterbrach mich und sagte, er wisse vom Brief seiner Schwester. Dann erzählte er mir, was geschehen war. Kurz nach dem Befund über die unheilbare Krankheit war er in die Klinik zu weiteren Untersuchungen zurückgekehrt. Dabei hatte man ihm aus dem Wagen helfen müssen. Die Ärzte machten aus ihrer Überzeugung, daß er womöglich nicht nach Hause zurückkehren könne, kein Hehl. Da beschloß er, nicht mehr länger dagegen anzukämpfen, sondern alles Gott anzuvertrauen: seine Furcht, sein Leben, alles. »Gott war gütig zu mir gewesen«, sagte er. »Und wie immer ER es wollte, sollte es mir recht sein. Ich sagte Gott ganz schlicht, daß ich IHN liebe«, schloß er einfach, aber in tiefer Bewegung.

Dann, eines Nachmittags, als er allein in seinem Zimmer war, fühlte er sich plötzlich frei und voller Friede, als sei er völlig von Gottes Liebe umfangen. Er hatte das merkwürdige Gefühl, Gott habe ihm eine neue Pacht auf sein Leben gegeben. Vor dem Mittagessen beschloß er, die Klinik zu verlassen und am nächsten Morgen nach Hause zurückzukehren. Die Ärzte zweifelten sehr, doch auf sein Drängen hin entließen sie ihn. Er fuhr allein den weiten Weg nach Hause, siebenhundert Meilen. Die Anstrengung machte ihm nichts aus. »Seither habe ich mich ausgezeichnet gefühlt«, versicherte er mir. »Und inzwischen sind zwei Jahre vergangen.«

Sofort erhob sich in mir die Frage, ob dies möglicherweise nur eine Gnadenfrist sei. Offenbar erriet H. S. meine Gedanken, denn er sagte: »Gewiß, vielleicht ist alles nur begrenzt. Aber ist nicht alles Leben nur vorübergehend? Es bedeutet jetzt nicht mehr so viel für mich, wie lange mein Leben dauert. Ich erlebte Gottes herrliche und heilende Gegenwart, und ich weiß nun, daß ich geborgen bin im Leben und im Tod. Das allein ist es, was für mich heute bedeutsam ist.«

Bestimmt gibt es kein größeres Glück im menschlichen Leben als diesen Gemütszustand, zu welchem mein alter Freund nun gekommen war; er bedeutet eine Sicherheit, die nichts erschüttern kann, was immer auch geschieht. In Wirklichkeit gibt es auch auf dieser Welt nur *eine* wahre Sicherheit: die Übereinstimmung der Seele mit der höchsten Wirklichkeit, mit Gott. Und H. S. hatte sie gefunden.

Glaube wirkt auf eine andere Art, ohne die sklavische Abhängigkeit von Medikamenten. Glaube erweckt den kraftvollen Entschluß, gesund zu sein. Dies kann unter Umständen einen höheren Grad von Wohlbefinden erzeugen, als man für möglich hält.

Manche haben eine mangelhafte Vorstellung von der heilenden, stärkenden Kraft, die wir aus uns selbst heraus zu mobilisieren vermögen allein durch die Kraft des Willens. Die Betonung des Willens ist heutzutage jedoch selten geworden. In früheren Zeiten hörten wir viel von der Kraft der Willensstärke. Junge Leute wurden ermahnt, sie zu entwickeln, und niemand wurde überhaupt als stark betrachtet, der nicht Willenskraft zeigte; ja, sie wurde geradezu als ein Zeichen der Männlichkeit betrachtet. Doch in den meisten von uns ist die Willenskraft so schlaff geworden wie ein unbenutzter Muskel. Die Disziplinierung durch den Glauben kann jedoch wieder Farbe und Spannkraft in Deinen Willen bringen. Wenn dieser wieder wirkungsvoll arbeitet, hast Du einen wertvollen Verbündeten zur Wiedererlangung Deiner guten Gesundheit gewonnen.

Eines Abends begab ich mich nach Kingston im Staate New York, um einen Vortrag zu halten. An der Bahnstation Poughkeepsie wurde ich von meinem alten Freund Bob C. empfangen. Ich kannte Bob seit den zwanziger Jahren in Syracuse. Er hatte in der Polizei gedient und eine schöne Karriere gemacht, die aber jäh endete, als er sich bei einer Verbrecherjagd mit dem Motorrad in großer Geschwindigkeit überschlug und schwer verletzt wurde.

Er erholte sich zwar, war aber körperlich behindert. So übernahm er die Leitung eines Kinos. Alles ging gut, bis er eines Morgens kaum aus dem Bett aufstehen konnte. Für eine Weile war er dermaßen gelähmt, daß er Hilfe brauchte, um aufzustehen und auf die Füße gestellt zu werden. Einmal in Bewegung, war er fähig, sich durch reine Willenskraft weiterzubewegen, doch nicht ohne große Schmerzen.

Eines Tages sagte sein Arzt: »Bob, wir müssen der Sache in die Augen sehen. Ich fürchte sehr, daß Du noch vollständig gelähmt werden wirst. So leid es mir tut, muß ich Dir diese Tatsache bekanntgeben. Ich kann Dich nicht anlügen.«

»Ist in Ordnung, Doktor«, sagte Bob. »Fahren Sie fort, alles Medizinische zu tun, das möglich ist. Ich weiß, Sie werden alles tun, was zweckmäßig ist, und Sie sind mir eine große Hilfe. Ich werde aber meinen Fall einem anderen Doktor übergeben, dem größten, den es gibt. Und denken Sie daran, ich werde kein Invalide werden, ich nicht.«

Er erzählte mir diese Geschichte, als wir nach meinem Vortrag nach Poughkeepsie zurückkehrten. Ich sehe ihn noch vor mir unter den Lichtern des Bahnsteiges, während der Schnee schräg durch den milden Schimmer fiel. Es war mir beinahe unfaßlich, daß dieser starke Mann je durch ein solches Erlebnis gegangen war. »Lauf vor mir auf und ab, Bob«, bat ich ihn. Mit einer kaum wahrnehmbaren Andeutung einer Behinderung von Gelenken und Muskeln schritt er vor mir auf und ab. Verwundert fragte ich ihn: »Wie erklärst Du Dir diese wunderbare Tatsache?«

»Ich hatte einen guten Doktor, einen der besten; und ich hatte den größten aller Ärzte, und mit Seiner Hilfe benützte ich noch etwas anderes, etwas, das Er in mich hineingelegt hat.«

»Was meinst Du damit?« fragte ich.

»Meine Willenskraft«, erwiderte er. »Ich hatte einfach den unbeugsamen Willen, kein Invalide zu sein. Ich dachte nicht daran! Der Herr half mir, die Schmerzen zu überwinden und die alten Gelenke und Muskeln in Bewegung zu halten.«

»Tut es heute noch weh?« wollte ich wissen.

»Gewiß, ein wenig, doch das gehört dazu, und ich kann es ertragen. Wenn mich die Gelenke sehr plagen, heiße ich sie, damit aufzuhören und sich, wie es sich gehört, weiter zu bewegen.« Der Zug nach New York, schwer mit Schnee aus dem Norden des Staates bedeckt, rollte in die Station, und ich winkte Bob bei der Abfahrt zu. Er stand dort, groß und aufrecht. »Was für ein Mann!« dachte ich, »eine Mischung von Glaube und Willenskraft.« Eines ist gewiß: Er war nicht mehr von Pillen abhängig.

Viele Leute bauen völlig auf Medikamente anstatt auf eine geistige Grundhaltung, die Quelle positiver Gedanken ist. Dabei ist es eine bekannte Tatsache, daß allein unser Denken viel dazu beiträgt, um uns entweder gesund oder krank, halb gesund oder halb krank zu machen. Richtige Gedanken stimulieren Gesundheit; falsche Gedanken begünstigen und in einigen Fällen verursachen sie sogar Krankheit. Ein Arzt erzählte mir: »Gewisse Leute leiten ihre kranken und ansteckenden Gedanken in ihren Körper ab.« Als ich ihn bat, diese Gedanken näher zu beschreiben, erwiderte er: »Oh, das Übliche! Furcht ist einer davon, bestimmt. Ebenfalls Schuldbewußtsein. Andere sind Schwermut und Verzagtheit. Die schlimmsten aber sind Ärger und Haß. Das macht die Leute wirklich krank. Wenn Furcht und Ärger tatsächlich aus dem Gemüt der Menschen eliminiert werden könnten, so glaube ich, könnte auch die Belegung unserer Krankenhäuser um fünfzig Prozent reduziert werden.«

Die schädlichen Auswirkungen des Ärgers werden verständlich, wenn man die Grundbedeutung des Wortes ›Ressentiment‹ (= Ärger, Erbitterung, Groll) untersucht. Es leitet sich ab von einem lateinischen Wort, das soviel wie Wieder-fühlen bedeutet. Nehmen wir zum Beispiel an, jemand tut uns Unrecht. Unsere Gefühle werden verletzt. Wir gehen nach Hause und sagen zu unserem Partner: »Weißt Du, was man mir antat?« Und während wir unsere Sache erzählen, fühlen wir wieder das uns angetane Unrecht. Nachts wachen wir vielleicht auf und denken wieder daran, und so fühlen wir es erneut. Und so geht es weiter: jedesmal, wenn wir uns ärgern, fühlen wir die Verletzung von neuem. Während sich dies wiederholt, hat sich das Übel in unserem Unterbewußtsein als ein ›wunder Punkt‹ eingenistet, der nicht mehr heilen kann. Wie könnte er heilen, wo wir ihn selber ständig am Leben erhalten? Er bleibt dort als ein schmerzhafter Gedanke, der heimtückisch alle unsere Empfindungen beeinflußt. Vielleicht sagen wir deshalb: »Was er sagte, tat mir weh.«

Nach gewisser Zeit können sich die Auswirkungen dieser schmerzhaften Empfindungen auch auf den Körper ausdehnen. Als Resultat davon können wir irgendeines der zahlreichen Leiden bekommen, die von den Ärzten heute als psychosomatisch bezeichnet werden, das heißt Leiden, die ihre Ursache im Gemüt oder Gefühl haben. Das ist der hohe Preis, den wir für Ärger, Haß und Ressentiments zu zahlen haben. Die Besserung kommt, indem man den Teufelskreis dieser Gedanken unterbricht.

Das beste Vorgehen ist, wenn man den Ärger rasch bekämpft, bevor er erst richtig anfängt. Wenn jemand uns verletzt, geben wir sofort geistige ›Jodtinktur‹ auf die gedankliche und emotionale Wunde. Behandeln wir den Schmerz in großzügiger Weise mit Verständnis und Vergebung. Sagen wir uns selbst etwa folgendes: »Sicher hat er es nicht so gemeint.« Oder: »So ist er ja gar nicht!« Oder: »Ich will das nicht gehört haben und vergessen.« Auf diese Weise werden wir zwar verletzt, aber nur einmal. Wir vermeiden damit, daß die Wunde neu gereizt wird, sich entzündet und schließlich chronisch schmerzt.

Und wenn uns jemand verletzt, irritiert oder ärgert, so wirkt es Wunder, wenn man für die angreifende Person sofort zu beten beginnt. Das ist natürlich nicht leicht. Er erfordert eine starke Selbstdisziplin, doch es nimmt den Stachel und ist Balsam für die Wunde in unserem Gemüt.

Feindseligkeit und unfreundliche Gefühle kommen von Persönlichkeiten, die ›verwundet‹ sind. Leute mit gesundem Gemüt sind guten Willens, denn sie haben gelernt, sich nicht selbst durch Ärger oder Re-Sentiment neuerlich zu verletzen.

Einst hielt ich eine Ansprache bei einer Versammlung im Baseball Park einer Stadt Pennsylvaniens. Monate später hörte ich von einer Frau, die aussagte, sie sei in jener Nacht vor einem nervösen Zusammenbruch bewahrt worden. Ihre genauen Worte waren: »Als Dr. Peale seine Hände an den Kopf legte und sagte: ›Treibt alle ungesunden Gedanken aus Eurem Gemüt‹, da geschah etwas Unerhörtes in meinem Denken. Plötzlich war ich von meinen kranken Gedanken befreit.« Diese Bemerkung bezieht sich auf eine Geste, die ich manchmal benütze, um die heilende Hand Gottes darzustellen, wie sie, um negative Gedanken zu verscheuchen, auf dem Haupte ruht. Es erscheint in der Tat seltsam, daß in einem Augenblick die angestauten Gedanken einer jahrelangen negativen Entwicklung vertrieben werden könnten, doch das Resultat bewies, daß ein solch wunderbarer Wechsel tatsächlich erfolgt war. Doch vielleicht nennen wir ein solches Vorkommnis nur deshalb übernatürlich, weil wir die Gesetze, die solchen Wechsel im geistigen und physischen Zustand bewirken, noch nicht verstehen.

Da Gott den Geist erschaffen hat, ist ER bestimmt fähig, in einem dramatischen Akt seines Willens eine bestehende Geistesverfassung auch zu korrigieren. Die Tatsache, daß eine solche Heilung nicht oft in dieser plötzlichen Weise erfolgt, bedeutet nicht, daß sie überhaupt nicht stattfinden kann. In diesem Falle wie in anderen, von denen ich überzeugende Beweise besitze, hat intensivierte geistige Kraft plötzlich lange anhaltende ungesunde Geistesverfassungen revidiert und die Voraussetzungen des Wohlseins geschaffen.

Üblicherweise dauert der Prozeß der Erneuerung von Gedanken-Schablonen länger, doch das Resultat ist nicht weniger dramatisch. Umdenken erfordert in den meisten Fällen recht viele Auf und Ab, die vom ermutigenden Fortschritt bis zu entmutigenden Rückschlägen reichen. Solange jedoch der starke Wunsch und die Anstrengung nicht nachlassen, kann eine dauernde Wandlung von ungesundem zu gesundem Denken erwartet werden. Die Veränderung im Befinden kann sehr bemerkenswert sein, wie es bei einem Mann der Fall war, den ich bei einem Abendessen traf.

Ich nahm an diesem Essen mit einem Dutzend Mitgliedern eines Komitees teil. Einer dieser Männer war wahrscheinlich einer der besten Anekdoten-Erzähler, denen ich je zugehört habe. Alle lachten schallend über seine Geschichten. Er hatte eine fröhliche, überschäumende Natur. Auch ich gab einige meiner vermeintlich trefflichen Geschichten zum Besten, die einen ansehnlichen bis mittelmäßigen Wiederhall fanden, keineswegs aber in dem Maße, wie seine Späße ankamen. Eine seiner Geschichten hatte ich selbst seit Jahren erzählt und dachte nicht daran, sie zu verwenden, da sie schon zu alt und abgenützt war. Doch er erntete dafür ein ungeheures Gelächter. Die Art, wie er sich ins Zeug legte, verhalf ihm zum Erfolg.

Während ich dieser anziehenden Persönlichkeit lauschte, bemerkte ich am anderen Ende des Tisches einen Pfarrer, der mir zulächelte und den Kopf schüttelte, als wollte er sagen: »Was für ein Kerl!« Später fragte mich dieser Pfarrer: »Nun, was halten Sie von unserem Spaßvogel?«

»Ein bemerkenswerter Mann«, sagte ich. »Sehr bemerkenswert. Er scheint bis tief ins Innere lebendig zu sein.«

»Gewiß«, erklärte er, »er ist auch eines Ihrer besten Ausstellungsstücke.«

»Was meinen Sie damit?« fragte ich neugierig.

Der Pfarrer begann zu erzählen: »Sie hätten den Mann vor ein paar Jahren sehen sollen! Nie kam ein Lächeln auf sein Gesicht. Er schien das Gewicht der Welt auf seinen Schultern zu schleppen, ein Misanthrop, wie er im Buche steht, und die Leute verabscheuten ihn beinahe, wenn er seinen Pessimismus über sie ausschüttete.

Er stellte ein großes Unternehmen mit einigen hundert Angestellten auf die Beine und verdiente viel Geld. Ein guter Geschäftsmann war er immer gewesen. Daraus gewann er aber keine Befriedigung, sondern wurde ein nörglerischer und reizbarer alter Mann, Jahre zu früh – wenn es einen solchen Zeitpunkt überhaupt gibt.«

Mir war es kaum vorstellbar, daß der Mann, der gerade der lebendige Mittelpunkt unserer Gesellschaft gewesen war, das negative, unglückliche Individuum gewesen sein sollte, das der Pfarrer beschrieb.

»Er begann, sich auch krank zu fühlen, und das war kaum ein Wunder bei all seinen krankhaften Einstellungen«, fuhr der Pfarrer fort. »Er begann, Schmerzen in seiner Brust und in den Armen zu spüren, und war zeitweise kurzatmig. Der Arzt warnte ihn, er solle sich entspannen, denn sein Blutdruck sei nicht normal. Daraufhin entwickelte er eine Krankheitspsychose und begann, die verschiedensten Ärzte aufzusuchen. Neue Schmerzen und Gebrechen entwickelten sich, kurz, die bekannten psychosomatischen Symptome zeigten sich.

Einer der Ärzte schickte ihn zu einem Spezialisten nach Chicago, und dort wurde ihm richtig Bescheid gesagt. Dieser Spezialist untersuchte ihn gründlich und sagte dann: ›Ihre Beschwerden sind nicht real, sondern eingebildet, und sie kommen nicht von falscher Herztätigkeit, sondern aus einer verkehrten Denkweise. Mit anderen Worten, physisch könnte alles in bester Ordnung sein, wenn Sie nur Ihr Innenleben in Ordnung brächten. In gewissem Sinne wurde das Leben aus Ihnen vertrieben, und jetzt müssen Sie zusehen, daß Sie es wieder erwecken können.‹

›Ja, aber wie kann man das?‹ fragte unser Freund.

Der Arzt betrachtete ihn eine ganze Weile und erwiderte: ›Gehen Sie nach Hause, und verschaffen Sie sich etwas aufrichtige Religion!‹ Genau das sagte er! Dann fügte er hinzu: ›Das ist mein Rezept. Es kostet fünfzehnhundert Dollar.‹

›Fünfzehnhundert Dollar, für was?‹ rief er aus.

›Daß ich *wußte,* was ich Ihnen verschreiben muß‹, antwortete der Doktor ruhig. ›Sie verlangen doch für Ihre Dienstleistungen auch einen rechten Preis, nicht wahr?‹

Nun, dieser Mann kam nach Hause und suchte mich sofort auf«, fuhr der Pastor fort. »Und wie böse war er doch, nannte den Spezialisten einen Gangster und anderes mehr. Zu mir sagte er, daß er den Gegenwert von fünfzehnhundert Dollar aus der Sache herausbekommen wolle, und koste es sein Leben. Übrigens, was habe denn nur der Arzt gemeint, indem er ihn zu einem Pfarrer schickte, um sich Religion zu verschaffen?

Natürlich erklärte ich ihm die machtvolle Wirkung falschen Denkens auf den Körper und informierte ihn über geistige Behandlungsmethoden in der Art, wie Sie es in Ihren Büchern beschreiben. Es war ein ziemlich langwieriger Verlauf, doch er kam immer wieder und befolgte meine Anweisungen. Sehen Sie, er war geistig durch den Arzt etwas überfordert worden, und was ihn anfangs am meisten interessierte, war der Gegenwert seines Geldes. Bald jedoch überwand er seine Wut auf den Spezialisten, den er heute einen großen Mann nennt. Der Arzt hatte ihn richtig eingeschätzt: er sagte sich, daß ihn die hohe Summe veranlassen werde, seinen Rat ernst zu nehmen und die ›Kur‹ seriös durchzuführen. Auf jeden Fall fand er Gott und Gott fand ihn, und Sie haben gesehen, was er heute ist.«

So ist es denn eine Tatsache, daß man sich ohne Pillen zu schlucken gesund fühlen kann, indem man sein Denken in einer Weise ausrichtet, daß es durch Gott geheilt werden kann. Ein Wiener Arzt bezeichnet diesen Prozeß als ›Logos-Therapie‹, was soviel bedeutet wie Heilung durch Gott. Er sagt, in Europa hätten viele Menschen den Sinn des Lebens verloren und seien nur deshalb krank. Und dies ist nicht weniger wahr in Amerika. Medikamente haben ihren Platz im heutigen Leben, sogar einen sehr wichtigen Platz. Doch gibt es Beschwerden, die damit nicht behandelt werden können; Beschwerden, die nur Gott heilen kann. Wie wichtig es ist, unseren Geist und unsere Vorstellungen gesundzuhalten, ist aus den Erfahrungen der modernen Völker wiederholt dargestellt worden. Amos Parrish, ein hervorragender Verkaufsexperte, fuhr in einem New Yorker Taxi, als der Chauffeur beiläufig mein Buch ›Die Kraft positiven Denkens‹ erwähnte.

»Wie kommt es, daß Sie dieses Buch kennen?« fragte Parrish.

»Weil es mein Leben rettete«, erwiderte der Chauffeur.

»Auf welche Weise?«

»Weil es das Gemüt meiner Frau rettete – das rettete gewiß auch mein Leben, denn ohne sie könnte ich nicht sein. Meine Frau war sehr krank. Der Psychiater einer berühmten Klinik sagte mir, man könne kaum mehr etwas für sie tun. Immerhin empfahlen sie mir, ihr das Buch ›Die Kraft positiven Denkens‹ zu besorgen.

Am Nachmittag kaufte ich es. Ich las ihr Teile daraus vor, und schließlich schien sie es aufzunehmen. So fuhr ich fort, ihr vorzulesen. Nach einigen Wochen konnte sie selbst etwas lesen. Das war vor drei Jahren. Heute hat sie das Buch viele Male gelesen – vielleicht 20- oder 30mal. Einen Teil davon kann sie auswendig. Sie erfaßte die wesentlichen Gedanken, und das rettete ihren Geist. Darum bewahrte es auch mein Leben, und ich glaube, das ihrige auch.«

Parrish erzählte, er habe dem Chauffeur gesagt, er werde mich demnächst sehen. Mit Tränen in der Stimme rief der Fahrer: »Oh, wie wunderbar! Bitte erzählen Sie ihm, welche Dankbarkeit wir dafür empfinden, daß er unsere Leben rettete.«

So sehr ich natürlich die hohe Meinung des Chauffeurs schätze, ist mir klar bewußt: nicht ich war es, der seiner Frau das Leben rettete. Doch ich bin dafür dankbar, als Instrument gedient zu haben, um das Leben dieser Frau zu retten. Daß Gottes heilende Kraft in so wirkungsvoller Weise walten konnte, ist ein Beweis dafür, wie das Geistige den Gemütszustand verändern und den physischen Zustand entscheidend beeinflussen kann. Gott ist nicht nur unser Schöpfer, sondern auch unser Wieder-Erwecker. ER erschuf Dich ursprünglich. Und wenn Du das, was er schuf, nämlich Dich selbst, mißbraucht oder falsch geleitet hast, oder wenn das Leben Dich verletzt hat, so ist die wesentliche Tatsache die, daß ER Dich erneuern und heilen kann.

Herr Parrish, mit dem ich das Vortragspult in einer Versammlung von Kaufleuten im Memphis teilte, schrieb mir später, um mir von einem Erlebnis zu berichten, das sich zutrug, als er dort war. Er berichtete:

»Unten in Memphis hatten Sie ein ›Guideposts‹-Treffen am Mittag. Ein ganzes Heer von Leuten war dort. Viele kamen nach vorn und sprachen mit Ihnen. Ich hörte einen von ihnen sagen: ›Haben Sie Dank für die Rettung meines Lebens!‹ Sie sprachen einen Augenblick mit ihm. Als er sich wegwandte, ging ich ihm nach.

›Ich hörte Sie zu Dr. Peale sagen, daß er Ihr Leben gerettet habe. Was meinten Sie damit?‹

›Gerade das‹, sagte er. ›Vor einigen Jahren war ich Solist am Glen Gray Orchester — als es zu den bedeutendsten im Lande zählte. Eines Tages versagte meine Stimme, und ich verlor die Stelle. Ich fand eine neue Arbeit als Verkäufer, doch es war sehr schwer für mich, denn das bedeutete gleichzeitig einen Abstieg des Einkommens. Schließlich brach ich so völlig zusammen, daß ich wie ein kleines Kind weinte.

Ich weinte so viel, daß ich oft meinen Wagen am Straßenrand anhalten mußte. Ich konnte meinem Schicksal einfach nicht ins Auge sehen, und ich entschloß mich zum Selbstmord.

Aber genau an jenem Tage erzählte mir ein Freund von dem Buch ›Die Kraft positiven Denkens‹. Ich las das Buch mehrmals, und ich begriff seine großartige Idee. Ich fand heraus, daß ich ebenso gut verkaufen wie singen konnte. Hier ist meine Karte. Ich bin heute Verkaufsleiter meiner Gesellschaft. Darum sage ich: ›Dr. Peale rettete mein Leben.‹«

Wiederum war es weder ich noch mein Buch, die ein Leben retteten. Es war der Schöpfer in einem Akt der Wiedererweckung. Es war die Reaktivierung des Lebens durch die Kraft des Glaubens, die diesen beiden Leuten widerfuhr, der Frau des Taxi-Fahrers und dem Sänger. Sie gewannen ein neues Leben durch neue religiöse Einsichten. Sie wurden geheilt durch die helfende und belebende Dynamik des Glaubens, welche Gott jedem, der sie innig genug ersehnt, so freigebig darbietet.

Greife Du auch danach; doch Du mußt wirklich danach greifen! Wer darauf aus ist, erlangt sie, wenn er sich ehrlich darum bemüht. Wahres Verlangen muß vorhanden sein, wahrer Glaube und der tiefe Wunsch, sich diese göttliche Kraft anzueignen. Diese definitive Hinwendung der Persönlichkeit nach der Quelle der Kraft, dieses umfassende Hervorbrechen aus dem Selbst, das sich irgendwo verschanzt hatte, stellt den entscheidenden Kontakt her, durch den die erneuernde Kraft der Gesundheit fließt. Der Vorgang ist in der Bibel deutlich beschrieben: »Neiget euere Ohren her, und kommet her zu mir, höret, so wird euere Seele leben, denn ich will mit euch einen ewigen Bund machen« (Jesaja 55, 3). Das will sagen: Laß Dein ganzes Sein in der Richtung zu Gott sich neigen. Wende Dich zu ihm hin.

Ein anderer Fall ist der, als Jesus einen Mann mit einer verdorrten Hand heilte. Was für eine anschauliche Beschreibung einer Person, die von Kraft und Vitalität verlassen war − ›eine verdorrte Hand‹ − die Hand als Symbol der Kraft! Jesus sagte zu ihm: »Strecke Deine Hand aus.« Und er tat es: und seine Hand war gänzlich wiederhergestellt wie die andere (Lukas 6:10).

Das ist das Geheimnis! Strecke Deine Hand aus, das heißt: Greife danach! Greife wahrhaftig danach, mit allem, was in Dir ist. Und selbst wenn Deine Persönlichkeit ›verdorrt‹ sein sollte, so wird sie erneuert werden, und Du wirst neue Kraft zum Leben erhalten.

Jene Technik, die Jesaja beschrieb, ist ebenfalls bezeichnend: »Neige Dein Ohr — höre, und Deine Seele wird leben.« Sich hinneigen und hören; diese Doppelformel weist Deine Persönlichkeit auf den Weg zu Gott, denn sie bedeutet wirkliches, tiefinneres Hören Seines Evangeliums; es bedeutet so starke Konzentration, daß Gottes wieder-erschaffende Kraft durch die oberflächliche Aufmerksamkeit hindurch tief in Dein inneres Bewußtsein vordringt. Dann wirst Du in der Lage sein, der tieferen Kraft der Gesundheit und Energie teilhaftig zu werden, die so reichlich von Gott zu den wahrhaft sich hingebenden Menschen fließt. Doch es bedarf der absoluten Hinneigung der innersten Persönlichkeit, um dieses Resultat zu erreichen.

Neulich traf ich einen Mann, der dieses ›Ausstrecken und Hinneigen‹ seit Jahren mit Erfolg praktiziert hatte. Es war in Nordirland, einem lieblichen Lande, wo feine Nebel und goldener Sonnenschein sich ablösen, um weiche grüne Felder und Täler erscheinen zu lassen. Die bezaubernde und romantische Küste ist mit einem Wall schroffer Klippen umgeben, keinen sehr hohen, aber schroffen Klippen. Die Namen der Städte klingen musikalisch, und am erfreulichsten sind die Menschen. Einer von ihnen ist Charly White.

Was mich an diesem bekannten Händler englischen Porzellans beeindruckte, war seine Vitalität und Begeisterung. Zuerst hielt ich Charly White für viel jünger, als er tatsächlich war. Als ich sein genaues Alter erfuhr, nämlich einundachtzig, da sagte ich in ehrlichem Erstaunen: »Charly, Sie sind nicht einundachtzig! Ich kann's nicht glauben.«

»Was macht's«, lachte er, »ich fühle mich nicht alt — ich fühle mich jung.«

»Bestimmt erscheinen Sie so. Was ist Ihr Geheimnis? Vertrauen Sie es mir an.«

»Ich denke nur keine alten Gedanken, das ist alles.«

Das war eine rasche Antwort, doch meine Neugier war nicht befriedigt.

»Sie müssen einen guten Arzt haben, um sich in so hervorragender physischer Form zu befinden«, bemerkte ich.

»Ich habe keinen Arzt… nicht die Art, die Sie meinen«, antwortete er. »Eigentlich habe ich drei Ärzte – und sie bewahren mich vor dem Alt- oder Krankwerden, indem sie mich ständig gesund denken lassen. Wissen Sie, wer die drei sind? Dr. Diät, Dr. Ruhe und Dr. Fröhlich.«

Nun, diese drei sind wirklich gute Ärzte! Jedermann kann von ihrer Behandlung profitieren. Sie sind in ihrer heilsamen Wirkung selbst für die Mediziner eine große Hilfe.

Dr. Diät bedarf keiner besonderen Vorstellung, denn der Zusammenhang zwischen Vitalität und vernünftiger Diät ist bekannt.

Dr. Ruhe verdient sehr viel Beachtung, wie dies auch für Dr. Fröhlich der Fall ist. Ärzte erklären uns, daß eine fröhliche Sinnesart einer der wichtigsten Faktoren für die Gesundheit ist. Die Bibel sagt: »Ein frohes Herz wirkt wie eine Arznei, doch ein gebrochener Geist trocknet die Gebeine aus.«

Lasset uns hier noch tiefer in dieses ganze Problem der göttlichen Heilung eingehen. Ein alter und lieber Freund wurde plötzlich vor die Tatsache gestellt, daß er Krebs hatte. Ich beobachtete bewundernd und ergriffen, wie er mit dem Problem prächtig und, wie sich zeigte, erfolgreich fertig wurde. Ich bin gewiß, daß der Bericht über das Erlebnis meines Freundes und die Beschreibung seiner Angriffsmethode gegen das Übel Dir ebenso helfen werden wie mir.

Mehr als ein Jahr ist es her, daß ich von diesem Mann Bericht über seine Krankheit und die entmutigende Prognose erhielt. Er nahm diesen Schlag mit der disziplinierten Selbstbeherrschung hin, die einem religiös gefestigten Manne ansteht. »Ich bin mir darüber klar«, sagte er, »daß ich ein neues Hindernis überwinden muß, und ich bin mir der Gegenwart Gottes mehr denn je zuvor bewußt. Mir ist, als befände ich mich am Rande dieser Erkenntnis und begänne nun tatsächlich, SEINE Gegenwart zu spüren.«

Er zog sofort seine Frau ins Vertrauen. Zusammen einigten sie sich über den Weg, den er einschlagen sollte. Dann begann er, aktiv und in systematischer Weise etwas gegen seine Erkrankung zu unternehmen.

Zuerst gewann er eine Gemeinschaft von Leuten, mit der er zusammenarbeiten und von der er Unterstützung in Form von Gebet, Liebe, Glauben und Rat erlangen konnte. Diese Gemeinschaft bestand aus wenigen langjährigen Freunden. Eine der ersten Entscheidungen der Gruppe war, seinen Anverwandten nichts über seinen Zustand mitzuteilen, bis das Ergebnis des Kampfes sich anzeigen würde.

Zweitens beschloß er, aus seiner Krankheit eine Demonstration der Gnade Gottes und seiner Macht in einer besonderen und schwierigen Situation zu machen. Dies zeigt sich in einer Botschaft, die er mir sandte, nachdem der Heilungsprozeß beträchtlichen Fortschritt gemacht hatte: »Etwas wirklich Wunderbares ist mir jüngst widerfahren; noch wunderbarer selbst als die Auflösung und Zerstörung der bösartigen Zellen, von denen ich befallen war. Das Gefühl des erwachenden geistigen Bewußtseins macht aus den wildgewordenen Zellen eine Sache von relativer Bedeutungslosigkeit. Die Macht Gottes wird sich ihrer annehmen und sie beseitigen, wenn ER den Prozeß zu vollenden beschließt. Inzwischen erfreue ich mich eines Friedens und einer Zuversicht, wie ich sie nie zuvor gekannt habe.«

Die Demonstration dieses Mannes auf die ›Außenseiter‹ unter uns hatte einen ungeheuren Einfluß auf unser geistiges Wachstum.

Drittens übernahm er die ›geistige Kontrolle‹ über die wuchernden Zellen. Er begann sie ›anzuweisen‹, sich aufzulösen und dem kranken Organ zu gestatten, zu normaler Größe und Verfassung zusammenzuschrumpfen. Dieses ungewöhnliche Verfahren gründete auf der Theorie, daß der Geist die Materie beherrscht, selbst innerhalb des Körpers, und daß, wenn man feste Kontrolle über seinen Geist und Verständnis für die Funktionen des Körpers hat, man auch die Zustände innerhalb der Grenzen dieser Funktionen beherrschen kann. Deshalb »befahl ich den kranken Geweben, durch das Medium der Kraft Gottes, die in und durch mich floß, zu weichen«.

Die Grundlagen solcher Heilungsvorgänge sind in Lukas 9, 1 aufgeführt, als Jesus seiner Gemeinde die Kraft und Autorität gab, über alle Teufel und Seuchen zu triumphieren. Bestimmt kann Krebs als ein ›Teufel‹ bezeichnet werden. Und dürfen wir nicht annehmen, daß ein Jünger, der berechtigt ist, Teufel in anderen Gebieten des Lebens zu kontrollieren, auch die Befugnis hat, ein teuflisches Ding in ihm selbst zu beherrschen? Wir haben die gewaltige Kraft, die Christus auf den wahren Gläubigen, auf ihm völlig hingegebene Menschen übertragen kann, noch kaum begriffen. Darum scheint es in logischer Harmonie mit Gottes Gesetzen und mit Seinem Willen zu sein, wenn auch ein heutiger Jünger die von Christus Seiner Gemeinde in biblischen Zeiten gegebene Verfügungsgewalt ausübt.

Der Meister hat keine Zeitbegrenzung für diese Befugnisse gesetzt; es existiert auch keine Aufzeichnung, die besagt, sie seien zurückgezogen worden. Deshalb ist auch im 20. Jahrhundert diese Kraft-Übertragung noch gültig.

Unser Freund betonte, daß er im Namen und im wahren Geiste Christi betete. Da er stets aufrichtig gegen sich selbst sein wollte, hatte er zuerst einige Mühe mit der Frage, ob er vielleicht Voraussetzungen annehme, zu denen er kein Recht habe. War er etwa mit seinem Glauben zu weit gegangen? Hatte er praktisch Gott beraten, wie seine Entscheide sein sollten? Wie immer dem sei, er fühlte, daß er eine vernünftige Synthese zwischen der Ausübung geistiger Autorität, wie sie ihm übertragen war, und der Hingabe an Gott erreicht hatte. Er versicherte mir: »Ich beuge mich Seinem Willen, indem ich bete, wie es der Meister tat: ›Dein Wille geschehe‹.«

Viertens entfernte er aus Gemüt, Herz und Seele jeden falschen Gedanken und jede Handlung, die seine innere Harmonie oder das gute Verhältnis zu Gott und den Menschen hätten stören können.

Fünftens benützte er die beste verfügbare medizinische Diagnose und Behandlung.

Sechstens glaubte er an die Behandlung durch den größten aller Ärzte, jenen Arzt, der im Neuen Testament seine Praxis hat. Genau befolgte er die Therapie auf der Basis des Glaubens, wie sie das andächtige Lesen von Gottes Wort vermittelt.

Ich habe hier eine ziemlich detaillierte Beschreibung davon gegeben, wie dieser Mann mit seinen Problemen fertig wurde. Selbstverständlich mit seiner Einwilligung, da er und ich glauben, daß dieses Erlebnis für andere in ähnlichen Krisen von Nutzen sein kann.

Die meisten von uns haben keine Ahnung von den göttlichen Heil-Gesetzen und ihrer Anwendung bei Krankheit. Das Erlebnis, das ich erzählt habe, bezieht sich nur auf *einen* Mann und erwähnt nicht andere, ebenso religiöse Menschen, die *keine* Heilung erreichten, doch es verzeichnet die praktischen Schritte, die in diesem Falle zu einem positiven Resultat führten. Dieses Erlebnis mag als ein geistiges Experiment betrachtet werden. Auf diese Weise kann es zu unserer langsam wachsenden Erkenntnis über den Gebrauch des Glaubens bei schweren Krankheiten beitragen. Als aktives Mitglied der geistigen Gemeinschaft meines Freundes habe ich den Weg, den er zur Überwindung seiner Krankheit einschlug, genau beobachtet und bewundere nicht nur seinen geistigen Angriff auf das Problem, sondern vielleicht noch mehr die erstaunliche Kontrolle, die er über Gemüt und Geist auszuüben vermochte. Er errang den vollkommenen Sieg über die in solchen Fällen bekannten Anfälle von Furcht und Depression. Ich war beglückt, in seinem letzten Brief von der gründlichen Untersuchung, die kürzlich angestellt wurde, zu lesen und zu erfahren, daß die Heilung vollständig gelungen ist. Die Gültigkeit des Versuches schien in den Worten des Arztes bestätigt zu werden, der nach der Untersuchung sagte: »Ich freue mich sehr für Sie. Jemand muß für Sie gebetet haben.«

Ein anderer Arzt meinte: »Ich frage mich, ob unsere Diagnose falsch war, denn jetzt ist nichts mehr vorhanden.« Ebenso überzeugend ist die Aussage des Patienten: »Das Beste aus dem ganzen Erlebnis ist unsere innigere Beziehung zu Gott.«

So gibt es also in allen Krisen des Lebens immer eine Antwort, und diese besteht in der Anwendung der geistigen Prinzipien, die hier als Wegweisung wie folgt zusammengefaßt seien:

Zusammenfassung

1. Die Behandlung mit Medikamenten ist möglich, doch schließe daraus nicht, daß eine Pille, die sich in Deinem Magen auflöst, unbedingt wirkungsvoller sei als ein heilender Gedanke, der Dein Gemüt erfüllt.

2. Gottes Friede, tief in Deinem Gemüt eingebettet, kann oft einen beruhigenderen und heilenderen Effekt auf Nerven und innere Spannungen ausüben als Medikamente. Gottes Friede ist selbst Medizin.

3. Übe Dich darin, mit Christus zu leben. Erfülle täglich Dein Bewußtsein mit Gedanken an IHN. Wiederhole Seine Worte, und übergib sie dem Gedächtnis. Denke an IHN als an Deinen wirklichen und ständigen Begleiter.

4. Laß den überzeugten Glauben in Dir wachsen, daß Jesus Christus heute nicht weniger gegenwärtig ist als in biblischen Zeiten.

5. Erinnere Dich daran, daß die Heilung von Furcht vor Krankheit und Tod noch wichtiger ist als physische Wiederherstellung; denke daran, daß die Kontrolle über die Angst lebenswichtig ist für die Heilung des Körpers.

6. Pflege die Willenskraft als eine formende Stärke, die Gott der Schöpfer in Dich gelegt hat. Laß sie nicht erschlaffen, sondern stärke sie durch Gebrauch und Übung.

7. Denke daran, daß Du Dich selbst krank oder gesund machen kannst durch Deine Gewohnheitsgedanken. Leite nicht infizierte Gedanken Deines Gemütes in Deinen Körper.

8. Greife wirklich richtig nach dem Segen der Gesundheit, den Gott Dir darbietet.

9. Betone nachdrücklich Gottes grenzenlose Kraft innerhalb Deines eigenen Lebens.

10. Erlaube nie ungesunden Einstellungen, Deine Gedanken zu vergiften. Vermeide es, Dein Gemüt ›wund‹ zu machen durch sich wiederholende, schmerzhafte Ressentiments, die aus Empfindlichkeit, Groll und Haß kommen.

Packe Probleme zuversichtlich an,
und löse sie schöpferisch

Ein Schneesturm traf St. Louis an einem Märzmorgen. Der schon sterbend geglaubte Winter peitschte noch einmal mit voller Wucht das Land und schichtete knietiefen Schnee auf, während das Thermometer tiefer und tiefer sank. Ich hatte beabsichtigt, nach Kansas City und Wichita zu fliegen, doch waren alle Flugzeuge am Aufsteigen verhindert. So begab ich mich denn zum Unions-Bahnhof, um einen Missouri-Pacific-Zug zu nehmen. Mein Taxi glitt über die vereisten Straßen, und der schwere Schnee, der sich an der Scheibe ansetzte, behinderte des Fahrers Sicht. »Ein schlimmer Morgen«, grollte er.

Am Bahnhof brummte der Träger, der meine Koffer nahm: »Ein schlimmer Tag.«

Unter den Perrondächern pfiff der Wind und seufzte wie eine verlorene Seele. Eis auf den Bahnsteigen machte das Gehen tückisch. Der Wind fegte uns Schnee ins Gesicht und in den Nacken. Jedermann, der da mürrisch dahinstapfte, vertraute jedermann an, daß es ›ein ganz böser Morgen‹ sei.

Gerade als ich im Begriff war, meinen Wagen zu besteigen, hörte ich meinen Namen rufen und sah einen Mann daherkommen. Er winkte mir zu warten. Er war ein kräftig gewachsener Bursche ohne Mantel und Hut. Sein Gesicht war von der Kälte gerötet und sein ziemlich spärliches Haar von der Winterbrise zerzaust. Er lachte über das ganze Gesicht, als er dröhnend rief: »Hallo, Doktor, wie gefällt Ihnen das? Ist es nicht ein prächtig schlechter Morgen?«

Indem er mir einen Schlag auf den Rücken gab, schritt er zum vorderen Wagen und ließ in seinem Kielwasser das erste Lachen zurück, das ich an diesem Morgen gesehen hatte. Auf meinem Sitz wiederholte ich seinen merkwürdigen Satz: »Ein prächtig schlechter Morgen.« Ich beschloß herauszufinden, was diesen Mann antrieb, und begann, ihn zu beobachten. Ich sah, wie er einige Leute mit Geschichten erfreute, die sie alle lachen ließen. Dieser eine Mann polierte die Atmosphäre für jedermann auf.

Endlich gelang es mir, ihn von seiner Zuhörerschaft loszubekommen, und wir kamen ins Gespräch.

»Sagen Sie mir«, begann ich, »woher haben Sie den Ausdruck ›ein prächtig schlechter Morgen‹?«

»Woher glauben Sie?« war seine rasche Antwort. »Sie sollten es wissen! Ich habe ihn indirekt von Gott.«

»Fahren Sie fort…«, drängte ich, »wie, warum, wann und wo?«

»Ich beanspruche für mich, der schlimmste negative Denker auf dieser Seite der Rocky Mountains gewesen zu sein, sozusagen Pessimist Nummer eins. Ich konnte im Detail erzählen, was alles mit dem Land und mit der Welt und jedermann in ihr nicht in Ordnung war. Ich war erledigt von lauter Problemen; sie quälten mich schrecklich. Ich war ein völlig unglücklicher Mensch.«

»Was geschah dann?« fragte ich.

»Es ist kein Geheimnis dabei! Ich begann zu glauben, und mein Leben veränderte sich. Mein Sohn, der mich sehr liebte, obwohl ich ein saurer, alter Apfel war, begann, mir von einem neuen Prediger in der Gemeinde zu erzählen. Kein Pfarrer hatte mich seit meiner Jugend begeistern können. Wir hatten zwar einige, die man gelten lassen durfte, doch hatte ich den Kirchgang längst aufgegeben. Mag sein, daß es mein eigener Fehler war. Vielleicht war ich unerreichbar. Ich weiß es nicht. Ich stellte jedoch fest, daß mein Sohn Fred diesem jungen Prediger verfallen war. Und es schien, als ob tatsächlich etwas über ihn gekommen sei; jedenfalls war er glücklicher als je zuvor. So ging ich denn eines Sonntags ebenfalls zur Kirche. Und mein Sohn hatte recht – dieser Prediger hatte etwas Besonderes. Er stand auf seiner Kanzel und sprach nicht im üblichen, salbungsvollen Prediger-Ton. Er sprach ganz normales, amerikanisches Englisch. Ich verstand, was er zu sagen hatte, und darüber verbreitete der Mann den Frieden des Geistes.

Er war ein guter ›Menschenfischer‹ obendrein, denn am nächsten Tage suchte er mich im Büro auf. Er gefiel mir. Ein paar Tage später rief ich ihn an und lud ihn zum Mittagessen ein. Er sprach nie ein Wort über Religion, doch heute weiß ich, wie man einen zähen Kunden behandelt! Nun, um eine lange Geschichte kurz zu machen, er führte mich zu Christus, und bevor ich mich versah, war ich mitten in seinem Königreich.«

Er schwieg und blickte mich mit einem Ausdruck an, der mir beinahe die Tränen in die Augen trieb. Er befand sich tatsächlich im Königreich. Auch ich fühlte mich ihm näher durch den Einfluß dieses Mannes.

»Sehen Sie«, fuhr er fort, »all der frühere Trübsinn schwand wie Schnee an der Frühlingssonne. Bevor dies alles geschah, wurde ich von meinen Problemen völlig erdrückt. Oh, denken Sie nicht, daß ich nun keine Schwierigkeiten mehr hätte, doch irgendwie komme ich heute besser darüber hinweg als zuvor.«

Von meinem Sitze aus sah ich hinaus in eine vollständig weiße Landschaft. Die Sonne kämpfte sich durch die Wolken, die im Begriff waren, sich aufzulösen. Schneewehen deckten beinahe die Zäune zu, und jeder Pfosten trug eine hohe weiße Kappe. Blendendes Sonnenlicht spiegelte sich in Myriaden von Diamanten. Selbst der Zug rollte seltsam weich und ruhig durch die weißgepolsterte Prärie. Es war tatsächlich ›ein prächtig schlechter Morgen‹.

In den darauffolgenden Tagen mußte ich des öfteren und

vermehrt an die mächtige Kraft des Optimismus denken. Ich begann sogar eine eingehende Studie darüber, um die Methoden, mit denen man ihn pflegen könnte, zu ergründen. Darüber hinaus praktizierte ich ihn selbst bewußt und entdeckte erneut, daß eine regelmäßige, systematische Anwendung von Optimismus wichtig ist, um ihn fest im Bewußtsein zu verankern.

Optimismus ist erhelltes, positives Denken. Einige chronische Widersacher gegen alles, das nach Hoffnung schmeckt, haben das positive Denken als eine allzu rosige Betrachtung des Lebens und als eine ungebührliche Mißachtung von Schmerz und Schwierigkeit in dieser Welt verschrieen. Manche Leute haben den Nachdruck, den ich auf die Kraft positiven Denkens legte, wie ich glaube, absichtlich verzerrt. Andere haben mich einfach mißverstanden.

Der positive Mensch ist ein unbeirrbarer und tatkräftiger Realist. Er sieht *alle* Schwierigkeiten, und, was noch wichtiger ist, er sieht sie klar. Das ist weit mehr, als man von einem durchschnittlichen, negativen Menschen sagen kann. Letzterer sieht unfehlbar alles in düsterer Verfärbung. Der positive Mensch hingegen erlaubt Schwierigkeiten und Problemen nicht, ihn niederzudrücken, und erst recht nicht, ihn zu besiegen. Er blickt erwartungsvoll über alle Schwierigkeiten hinaus auf schöpferische Lösungen. Mit anderen Worten, er sieht mehr als Schwierigkeiten − er versucht, die Lösungen für diese Schwierigkeiten zu sehen.

Der positive Mensch hat eine tiefere und eindringlichere Einsicht. Er ist völlig objektiv. Er hat feste Ziele. Er hält das NEIN niemals für eine Antwort. Kurz gesagt, er ist unbezähmbar und nicht von der Art, die widerspruchslos Prügel empfängt. Er hört nicht auf zu kämpfen, zu denken, zu beten, zu arbeiten und zu glauben. Und es ist erstaunlich, wie der positive Mensch oft aus den schwierigsten und scheinbar hoffnungslosesten Situationen mit positiven Ergebnissen herauskommt. Selbst wenn er es aber nicht tut, so hat er die Genugtuung, daß er eine ehrliche Anstrengung gemacht hat, die auch etwas bedeutet, etwas sehr Wesentliches sogar. Und vielleicht hat der positive Mensch, der sein Ziel nicht erreichte, etwas anderes gewonnen, das noch wertvoller ist: seine eigene Menschlichkeit – seine eigene Seele.

So beschloß ich, dieses Kapitel über die Hoffnungsfreude zu schreiben. Wahrlich, dieses Kapitel ist das, was uns der Doktor verordnete! Ein besorgter Arzt sagte einmal zu mir: »Wenn Sie zur allgemeinen Gesundheit des Volkes beitragen wollen, schlage ich vor, Sie sprechen und schreiben des öfteren über die Notwendigkeit von Hoffnung, Optimismus und froher Erwartung. Geben Sie den Leuten Auftrieb fürs Gemüt.«

Er erklärte, wie wichtig ein glücklicher und optimistischer Geist für die Heilung ist, ja er ging so weit, zu sagen, daß Pessimismus den natürlichen Heilungsprozeß in einem Patienten um zehn Prozent vermindere. Ich fragte ihn, wieso er einen bestimmten Prozentsatz festlegen könne und fand ihn etwas vage in seiner Antwort. Doch der Grundgedanke ist jedenfalls, daß ein mit Optimismus erfüllter Geist die natürlichen, regenerierenden Kräfte anregt und stärkt.

Ein anderer Arzt sagte, indem er auf seine vierzigjährige Praxis zurückblickte, daß viele Patienten es nicht nötig gehabt hätten, ihn zu besuchen, wenn sie nur etwas Optimismus, Glaube und Frohmut praktiziert hätten. Wörtlich: »Ganz abgesehen von Medikamenten kann ich sie gesund machen und gesund halten, wenn es mir gelingt, sie täglich für zehn Minuten geistig zu erheben in eine Sphäre der Freude und Zuversicht – was so viel wie unverwässerter Optimismus bedeutet.«

Deshalb ist auch, medizinisch gesehen, der Optimismus von Wichtigkeit.

Wieder und wieder wird in der Bibel auf Frohmut, Optimismus und Glaube hingewiesen. »Solches rede ich zu euch«, sprach Jesus, »auf daß meine Freude in euch bleibe und euere Freude vollkommen werde« (Joh. 15:11).

Darum nehmt Optimismus als Medizin für Körper, Geist und Seele. Optimismus gründet sich auf Glauben, Hoffnung und Erwartung. Im bloßen Akt des Hoffens liegt schon ein therapeutischer Wert. Die Bibel erkennt das ebenfalls in einer bewegenden Textstelle: »Was betrübst du dich, meine Seele, und bist so unruhig in mir? Harre auf Gott! Denn ich werde ihm noch danken, daß er meines Angesichts Hilfe und mein Gott ist« (Psalm 42:12).

Wer Hoffnung und Erwartung in Gott setzt, dem wird dies als Gesundheit und Vitalität im Gesicht stehen. Auf diese Weise ergibt sich für den unbeirrbaren Optimisten die Fähigkeit, überall noch eine Möglichkeit zu sehen, wie düster es auch aussehen mag. In der Tat schauen die meisten von uns nicht nach Möglichkeiten aus. Durch eine unglückliche Veranlagung der menschlichen Natur sind wir eher geneigt, nach Schwierigkeiten zu suchen, statt nach Möglichkeiten. Dies mag wohl auch die Ursache sein, warum Schwierigkeiten in unserem Leben so oft über die Möglichkeiten triumphieren.

Ich kannte einen Mann, der sich selbst als einen ›Möglichkeitler‹ bezeichnete — womit er meinte, daß er die Möglichkeiten eher sehe als die Unmöglichkeiten. »Nun... sehen wir einmal, was für Möglichkeiten noch in dieser Situation vorhanden sind«, würde er mit gedehntem Tonfall sagen, während andere mit trübem Gesicht herumsäßen. Es war auch erstaunlich, wie oft er Möglichkeiten fand. Dann wunderten sich die Trübsalskünstler jeweils, warum sie sie nicht gesehen hatten. Die Antwort war, der Positive halte jederzeit nach Möglichkeiten Ausschau, sie aber nie. Gewöhnlich findet man ungefähr das, wonach man wirklich aus ist.

Dieser Mann war unerschrocken und weise. Man konnte ihn mit Problemen einfach nicht beeindrucken, ganz gleich, wie hoch man sie auftürmte. Man bekam fast den Eindruck, daß er Probleme aller Art direkt schätzte, daß ein Leben ohne Schwierigkeiten ihm eher langweilig vorkomme. Er schien nie mehr erfreut zu sein, als wenn er ein schwieriges Problem in Angriff nehmen konnte. Er genoß es richtig! Die Bekanntschaft mit ihm war eines der eindrücklichsten Erlebnisse meines Lebens.

Ich erinnere mich an die Zeit, da mich ein Problem wirklich blockierte. Ich konnte keinen Hoffnungsschimmer mehr sehen, und, glauben Sie mir, ich war entmutigt. So ging ich denn hin und sprach mich mit ihm aus.

Er sagte: »Gut, mein Sohn, wir wollen Dein Problem hier vor uns auf den Tisch legen. Dann wollen wir im Geiste daran herumgehen und sehen, was wir entdecken.« Darauf schritt er um den Tisch, mit dem Finger stoßend, als steche er das Problem von allen Seiten an. Er hatte an den Fingern Arthritis und das Gelenk seines rechten Zeigefingers war merklich geschwollen. Der Finger selbst war gekrümmt, doch hatte ich den Eindruck, in seinem verbogenen Finger stecke mehr Kraft als in den gesunden Fingern anderer Leute.

»Ich habe noch nie ein Problem gesehen, das nicht irgendwo einen schwachen Punkt gehabt hätte, wenn man nur lange genug bohrt«, murmelte er.

Jetzt fand er den ›schwachen‹ Punkt und begann, ihn zu zerzausen. »Hier ist es, mein Sohn. Wir haben, denke ich, den schwachen Punkt in Deinem Problem gefunden. Wir wollen es nun aufbrechen und nachsehen, was wir mit ihm tun können.« Und er tat eine ganze Menge damit!

Selbst für ihn kamen die Antworten nicht immer leicht, aber die Hauptsache ist, daß sie kamen. Glaube Du mir, ich lernte viel von meinem guten Freund, und die Hauptsache, die ich lernte, war, daß es immer Möglichkeiten gibt, wo überhaupt keine zu sein scheinen. Das ist's, was den unbeirrbaren Optimisten ausmacht. Nur nicht aufgeben, bis der schwache Punkt gefunden ist!

Manchmal bedauere ich die jungen Leute in unseren glanzlosen Tagen und Zeiten. Ich wuchs auf, als es noch in der amerikanischen Tradition lag, an grenzenlosen Fortschritt zu glauben. Damals gab es dynamische Hoffnung für die Zukunft. Wir glaubten, sie liege offen vor uns. Heute scheinen junge Menschen mit dem Gedanken vertraut zu sein, die Welt sei in einen hoffnungslosen Zustand geraten, und wir könnten glücklich sein, überhaupt zu überleben. Dies ist auch die düstere, ›aufgeklärte‹ Haltung eines Großteils der sogenannten Gelehrsamkeit. Zum mindesten erhalte ich diesen Eindruck von einigen traurigen Intellektuellen. Um ein Gelehrter zu sein, scheint es zu genügen, einen sauren Gesichtsausdruck zu zeigen und eine düstere Haltung zur Schau zu stellen.

Eines Tages traf ich in San Francisco, als ich die California Straße auf dem Nob Hill entlang ging, einen Intellektuellen. Er hatte einen düster gelangweilten Blick, und er sagte in einem Ton, der ihn Lügen strafte: »Ich freue mich, Sie zu treffen.«

Ich bat Gott, mir zu vergeben, und sagte, ich sei ebenfalls erfreut, ihn zu treffen.

»Sie sind also der überglückliche Bursche, der im Lande herumrennt und über das kluge, zufällige positive Denken redet, nicht wahr?« fragte er unhöflich.

»Gewiß«, sagte ich, »haben Sie recht in einem Teil Ihrer Annahme und unrecht im anderen. Ich renne im Lande umher, und ich spreche über das positive Denken, welches sicherlich klug ist, nicht aber zufällig. Außerdem ist positives Denken etwas für Männer, und…«, fügte ich boshafter als nötig bei, »deshalb verstehen es einige Leute nicht.«

Der sogenannte Gelehrten-Blick vertiefte sich, und er sagte: »Wissen Sie denn nicht, daß die Welt voller Probleme und Schwierigkeiten ist?«

»Ich weiß, sie ist voll von Schwierigkeiten, und ich bin mir der vielen Probleme bewußt. Glauben Sie, ich sei von gestern? Ich könnte Ihnen etwas von Problemen erzählen, über die Sie in Ihrer schmerzvollen Abkehr von der Welt nie etwas gehört haben. Ich erkenne die Probleme an. Doch, Gott sei Dank, die Welt ist auch voll von Überwindung der Schwierigkeiten und voll von gelösten Problemen.«

Darauf fand er keine Erwiderung, und er ging die Straße hinab, indem er den Kopf schüttelte. Dieser Mann hatte sich die erzürnte und gelangweilte Lebensbetrachtung zu eigen gemacht, die anscheinend unter den Verwirrten Mode geworden ist. Zweifellos ist er ein ganz netter Kerl, wenn er nur die unverdauliche und cholerische Haltung abschütteln würde, die er der Welt gegenüber zeigt. Gewiß ist das Leben voller Schwierigkeiten und Probleme; es ist aber auch voller Überwindung der Schwierigkeiten, und wenn wir nicht überwinden, wohin kommen wir? Es gibt in diesem Leben wohl nichts Besseres als das Überwinden von Schwierigkeiten und nichts Spannenderes als das Zerlegen eines zähen Problems und das richtige Zusammensetzen. Das kann alles getan werden, kann sogar vergnügt getan werden, wenn das Gemüt durch den richtigen Optimismus und Glauben daraufhin bereitet ist und in positive Erwartung versetzt wird. Du kannst Dein Gemüt so beeinflussen, daß es von dieser unbeirrbaren positiven Kraft durchdrungen wird, indem Du die Erkenntnisse, die in diesem Buche beschrieben sind, anwendest.

Um Optimismus wirksam zu machen, muß ein Zustand der inneren Harmonie erreicht werden. Das Individuum, das in sich selbst und mit anderen in Harmonie lebt, ist gesund und kann wirken. Wer nicht in Harmonie lebt, ist im selben Grade wirkungslos. In dem Maße, wie Spannungen reduziert oder besser eliminiert werden, wird sich eine harmonische Wirkungskraft im Denken und in der Leistung zu zeigen beginnen.

Ich sprach einmal zu einer Versammlung von Maschinenfabrikanten. Einer von ihnen erzählte mir, daß ein grundlegender Faktor in der Herstellung einer gut funktionierenden Maschine darin liege, den Grad der Beanspruchung so zu verringern, daß es den Einzelteilen möglich ist, harmonisch zusammenzuwirken. »Wenn die Maschine in allen Teilen harmonisch zusammenarbeitet«, sagte er, »dann scheint sie wirklich vor Freude zu singen. Dann ist ihr Leistungsquotient hoch.«

Wenn dies bei einer Maschine zutrifft, so ist es sicher bei einem menschlichen Wesen nicht weniger der Fall. Wenn Du von Konflikten und Zweifeln beherrscht bist, kann Deine Persönlichkeit, die als Arbeitseinheit aus Körper, Gemüt und Seele gedacht ist, nicht wirkungsvoll funktionieren. Das Korrektiv der Harmonie wird darum dringend benötigt.

Ein Trainer für Baseball-Clubs und Tennislehrer erzählte mir, wie er immer die Bedeutung von Freude und Harmonie für Meisterschafts-Athleten hervorhebt. Er hatte eine weibliche Schülerin, die technisch eine der besten Tennisspielerinnen war, die er je trainiert hatte, aber nur vom Standpunkt der Technik aus gesehen. Daneben aber war kein ausgeglichener, harmonischer Fluß im Spiel des Mädchens. Trotz technischer Perfektion konnten sich ihre Leistungen nicht mit denjenigen der Spitzenkönner messen. Eines Tages stand er am Netz still und fragte sie überraschend: »Kennen Sie den Walzer ›An der schönen blauen Donau‹ genügend gut, um ihn mit mir zu summen?« Sie war überrascht, sagte aber, sie könne es. »Gut, dann möchte ich, daß Sie, während wir spielen, Ihre Schläge im Takt mit der Melodie dieses Walzers wechseln«, antwortete er.

Sie hielt dies für eine etwas seltsame Anweisung, befolgte sie aber. Sobald sie in den Takt der Melodie kam, staunte sie, wie ihre Schläge in zunehmendem Maße an Grazie, Schwung und Harmonie gewannen. Nach der Lektion kam sie mit glutrotem Gesicht zu ihm: »Bisher habe ich nie die Fröhlichkeit und Kraft dieses Spiels empfunden. Heute erlebte ich zum ersten Mal seinen frohen Rhythmus.« In der Folge wurde sie eine Spitzenspielerin; sie entwickelte den wahren Fluß der Harmonie.

Tatsächlich ist das Spiel des Lebens wenig anders. Wenn Du dagegen ankämpfst oder gegen Deinen Beruf angehst, so befindest Du Dich unter Spannung und entwickelst Widerstand, ganz einfach, weil Du Dich nicht in Harmonie befindest. Dein Optimismus geht dadurch zurück. Doch wenn Dein Geist voller Frohmut ist, wenn Du Dich über alles, was Du tust, freust, und es gerne tust – sei es Gemüse verkaufen, Bücher schreiben, Kinder aufziehen, Jurisprudenz oder Medizin praktizieren oder zur Schule gehen – wenn Du darüber voller Freude bist, dann intensivierst Du Deine Harmonie, und es erfolgt ein positiver Einfluß auf Dein Denken, auf Dein Leben und Schaffen, der alles verändert und genußreich macht. Das Resultat? Du gewinnst an Tatkraft und Einfluß. Darum beginne mit der Entwicklung von beidem, der inneren und der äußeren Harmonie, denn solange Du mit Dir selbst oder mit anderen uneins bist, kann Deine Persönlichkeit nicht positiv wirken.

Es ist mir bewußt, daß meine Betonung des Optimismus für manche Leute schwer zu verstehen ist. Ja, es gibt Leute, die es anscheinend nicht ertragen können, daß irgend etwas gut geht. Sie ärgern sich geradezu über jedes hoffnungsvolle Anzeichen. Wenn die Dinge nicht im argen lägen, hätten sie nämlich nichts, um darüber traurig und schmerzerfüllt zu sein.

Möglicherweise liegt der Grund für diese feindliche Haltung gegenüber Glück und Erfolg bei einigen Leuten in der unbewußten Erkenntnis, daß mit ihnen selbst einiges nicht so zum besten steht. Daraus folgt, in verkehrter Logik, daß es auch niemand anderem, oder sogar der Gesellschaft, besser gehen dürfe. Natürlich bestreiten sie dies und verbergen ihre neurotische Lust am Mißerfolg hinter einer Flut humanitärer und sozialer Besorgnis, in Worten, von denen sie annehmen, sie seien sehr ›gebildet‹ und gehaltvoll!

Man kann übrigens sicher darauf zählen: Je gelehrter der düstere Negativismus sich ausdrückt, um so deutlicher läßt sich ableiten, daß dieser Pessimismus in tief verwurzelter, innerer Enttäuschung und dem Gefühl des Versagens gründet. Man muß nicht Psychologe sein, um die durchsichtig klare Tatsache zu erkennen, die hinter einigen unserer ultragescheiten Miesmachern steckt.

Das geistige Schlamassel dieses Denkens wurde von Dr. Henry Wriston, dem ehemaligen Rektor der Brown-Universität, als Selbst-Kasteiung bezeichnet. In einem Artikel im THINK-Magazin schrieb er: »Wir finden Gefallen daran, uns selbst zu züchtigen. Mich ekelt das an. Unser Motto scheint zu lauten: Alles was wir tun können, kann auch noch schlechter getan werden.«

Wie recht hat Dr. Wriston! Natürlich ist nicht alles Gold, was glänzt. Doch wer behauptet denn das? Und ebensowenig geht alles notwendigerweise in Scherben. Die Wahrheit liegt irgendwo zwischen diesen Extremen. Wir würden gut daran tun, an den Fortschritt zu glauben und dafür zu beten, sonst besteht die Gefahr, daß wir genauso tief sinken, wie einige der trüben Unglücksraben es erhoffen.

Unlängst begegnete ich in einem Flugzeug einem Manne, der im üblichen Jargon jene pessimistische Meinung ausdrückte, die man heute so oft antreffen kann.

Die Art und Weise, wie er seine Ansicht vorbrachte, hatte keinen Funken von Charme. Borstig in seiner Aggressivität, die an Feindseligkeit gegenüber der ganzen Welt grenzte, wollte er wissen, ›wo zum Teufel‹ ich dieses positive Denken her hätte. Wüßte ich denn nicht, daß die Welt in einer schrecklichen Wirrnis liege? Was also meinte ich mit positivem Denken?!…et cetera ad infinitum.

Als er endlich aufhörte, weil ihm der Wortschatz aus All

gemeinplätzen ausgegangen war, behauptete ich, daß ich meine Philosophie nicht in der Hölle aufgelesen habe, wie er zu glauben schien, und daß ich sie jederzeit und überall seinem zerstörerischen Pessimismus entgegenstellen wolle. So — was meine er dazu?

So bezogen wir denn unsere Positionen ohne Hemmungen, wobei wir uns gegenseitig freundlich angrinsten. Ich sagte ihm, ich hätte als positiver Denker mehr ehrlichen Mut als er, der negative Denker, denn der positive Denker wirft einen geraden, festen Blick auf die Schattenseite, läßt sich davon aber nicht überwältigen. Er jammert nicht und gibt nicht auf, sondern beginnt mit Gottes Hilfe etwas gegen die Probleme dieser Welt zu unternehmen. Ich fragte ihn, warum er nicht auch auf diese Linie einschwenken und mehr als nur ein lauter, aber wenig überzeugender Schwätzer sein wolle.

Ich schlug ihm vor, daß wir uns zusammen diese schwierigen Probleme ansähen und las ihm aus einem Leitartikel des ›Church Herald‹ vor. Dieser Artikel war nach meiner Meinung ein wahrhaft christliches Bekenntnis, das den Tatsachen in die Augen sah und nicht durch sie beschämt oder verängstigt wurde. Der wahre christliche Geist ist wahrscheinlich der stärkste Geist der Welt. Er sieht die Dinge so, wie sie sind, aber er läßt es dabei nicht bewenden. Er sieht die Dinge auch so, wie sie mit Gottes Gnade und unserer tatkräftigen Hilfe *werden* können.

Lasset mich etwas aus dem Artikel, den ich meinem mit Problemen überladenen Reisegefährten vorlas, zitieren:

»Wir sind Zeugen vieler Anzeichen für den schwindenden Einfluß des Christentums in der Welt. Die vorherrschende Philosophie in der höheren Erziehung ist der Naturalismus, welcher ebenso atheistisch ist wie der atheistische Kommunismus. Die Bibel wird langsam aus den Schulen verdrängt. Unsere Kriminalität steht auf Rekordhöhe. Unchristliche Moral schreit uns von jedem Kiosk entgegen.

Die meisten ›Best-Seller‹ in Büchern und Magazinen sind unchristlich, wenn nicht antichristlich in Inhalt und Moral. Aus dem Fernsehen oder dem Leben, das sie darstellen, würde man nie vermuten, daß mehr als 50 Prozent der Bevölkerung der Vereinigten Staaten mit einer der christlichen Konfessionen verbunden sind. Die Verehrung des Materialismus, selbst während wir mit unseren Lippen das Bekenntnis zu Gott aussprechen, scheint überall im Wachsen begriffen zu sein. Moralische Maßstäbe gleiten ab auf einen Stand, wie er vor dem Erscheinen Jesu Christi in dieser Welt herrschte. Allzuviel in unserem Leben spielt sich so ab, als hätte ER nie unter uns geweilt, wäre nie für uns gestorben und auferstanden.

Die Bürger der Vereinigten Staaten geben mehr Geld aus für Alkohol als für Erziehung. Von unseren Kindern werden mehr Barkeeper als Verkünder des Evangeliums. Die große Mehrheit der sogenannten Christenheit geht selten, wenn überhaupt, zur Kirche und lebt praktisch ohne Gott. Viele von ihnen scheinen mehr interessiert an Sex-Appeal als an einem gottesfürchtigen Leben. Hurerei wird Spaß geheißen, und bloße Sinneslust wird als Liebe bezeichnet. Kein Wunder, daß wir zerstörte Familien haben und eine steigende Jugendkriminalität. Wir haben, nach den Worten Jeremias', zwei Sünden begangen: Wir haben Gott verlassen, die Quelle allen Lebens, und brüchige Zisternen geschaffen, die kein Wasser halten können. Es ist eine Zeit, wie sie Jesus mit den Worten voraussagte: ›Weil die Bosheit sich vervielfacht, wird der Menschen Liebe erkalten.‹ Wir bekennen uns zwar zu Jesus Christus als unserem Herrn, doch SEIN Wille ist weit von einer Welt, die sich in Aufruhr gegen Gott befindet.

Sein Evangelium, von Anfang an verleugnet und bekämpft, steht wahrscheinlich einer größeren, heimtückischeren, eingefleischteren und dämonischeren Opposition gegenüber denn je in seiner Geschichte.

Dieses Bild sieht vielleicht wie reiner Pessimismus aus, doch diese Tatsachen können nicht wegdiskutiert werden. Wir tun gut daran, die Dinge in ihrer wahren Gestalt zu sehen, in ihrer wirklichen Perspektive, denn nichts ist gefährlicher als Illusionen. Doch selbst wenn nur dreihundert von uns übriggeblieben wären, sollten wir uns dessen bewußt werden. Dies zu realisieren, mag uns helfen, unser Vertrauen in gewisse Zaubertricks aufzugeben und unsere Hoffnung in Gott allein zu setzen und nicht von Menschen und ihren Methoden abzuhängen, sondern von Gott allein und seinem Evangelium. Auch von unserer heutigen Situation würde Jesus sicherlich sagen, daß das, was unmöglich ist für Menschen, möglich sei für Gott.

Wenn sich unsere Zeit auch in gewisser Weise in der Dekadenz und im Niedergang befindet, so ist sie trotzdem auch eine Zeit der großen Gelegenheiten. Gott ist doch stärker als Satan. ›Siehe, des HERRN Hand ist nicht behindert, daß er nicht retten kann, noch SEIN Ohr taub, daß er nicht hören kann.‹ Wir vermögen den Sieg heute noch nicht zu sehen, aber wir können arbeiten und kämpfen, beten und hoffen, denn wir glauben an Jesus Christus.«

So schloß der Leitartikel, der gewiß eine deutliche Sprache führte.

Während wir mit ungefähr 750 Kilometern in der Stunde durch die Lüfte brausten und über diese Worte nachdachten, bemerkte mein Sitznachbar: »Gut, wenn die Kirche nur einige dieser fähigen Männer des Glaubens besitzt, wie sie der Leitartikel darstellt, dann kann es sein, daß ich falsch verbunden bin. Ich will versuchen, für den Gedanken einzustehen, daß es eine Antwort gibt auf das Schlamassel, in dem wir uns befinden. Wir wollen versuchen, etwas Rechtes aus dieser lausigen Welt zu machen.«

Er sprach jetzt mit innerer Bewegung, und wenn er wirklich auf diese Art zu denken beginnt, wird er bald herausfinden, daß ein optimistischer, unerschütterlicher Glaube schöpferische Resultate erzeugt, gleichgültig, wie schwierig die Dinge auch stehen mögen.

Die Tatsache, daß das Leben oft hart und mit Problemen gespickt ist, setzt weder den Wert der hoffnungsvollen Zuversicht herab noch den des schöpferischen Angriffs. Wenn alles klar und glücklich wäre, so wäre auch die tiefe Freude am Bessermachen geringer, denn sie gehörte dann lediglich zu den Gemeinplätzen. Des Lebens tiefster Sinn wird in den scharfen Gegensätzen zwischen Freude und Schmerz gefunden. Deshalb schließen wir nicht die Augen vor Leid und Schwierigkeiten, wenn wir auf eine Haltung dringen, die uns hilft, Probleme zu überwinden; im Gegenteil, wir empfehlen einfach die Suche nach dem Schöpferischen innerhalb der Grenzen unserer Sorgen und Probleme.

Die sonderbare Meinung scheint vorzuherrschen, daß harte, schwierige Probleme jede Hoffnungsfreude ausschließen, ja, daß allein deshalb, weil wir Schwierigkeiten haben, eine pessimistische Haltung angebracht sei.

Tatsächlich kommt diese Meinung in Hunderten von Briefen, die ich von meinen Lesern erhalte, zum Ausdruck. Ich realisiere natürlich nur zu gut, daß Probleme oft unangenehm und verzwickt sein können. Sie tragen zu den Schwierigkeiten des Lebens bei, darüber besteht kein Zweifel. Doch daß ihre Existenz und Gegenwart unseren Optimismus beeinträchtigen muß, folgt daraus noch lange nicht. In der Tat würde das Fehlen von Problemen anzeigen, daß die schlimmste Form von Pessimismus erreicht wäre, denn *keine* Probleme würden buchstäblich auch kein Leben bedeuten. Und nur durch das Leben wird ein schöpferisches Vollbringen möglich.

Lasset mich auch diesen Punkt erläutern. Unlängst schritt ich die Fifth Avenue in New York entlang, als ich einen Freund namens George traf. Es war ziemlich offensichtlich, daß er sich nicht in einem besonders glücklichen

Zustand befand. Er trug den trostlosesten und jammervollsten Ausdruck zur Schau, was mein natürliches Mitgefühl erregte. Ich fragte ihn: »Wie geht es Dir, George?«

Dies war natürlich mehr eine Routine-Frage, doch George nahm sie ernst und begann, mich genauestens in jede Einzelheit einzuweihen und mir zu erklären, wie schlecht es ihm gehe. Fünfzehn Minuten später sprach er immer noch, obschon ich schon längst davon überzeugt war, daß er sich einfach in einem verzweifelten Gemütszustand, mit allen dazugehörenden üblen Gefühlen, befand.

»George«, sagte ich, »es tut mir leid für Dich, daß Du Deine Situation so düster siehst und Dich so mißlich fühlst.« (Übrigens gehen diese Art von Sehen und Fühlen stets wie siamesische Zwillinge zusammen.) »Ich möchte Dir gerne behilflich sein. Ich stehe gewiß zu Dir und will tun für Dich, was immer ich kann.«

»Wenn Du mich nur von diesem Durcheinander von Problemen befreien könntest, die mein Leben so erbärmlich machen. Probleme und noch mehr Probleme − das ist alles, was ich noch habe, und sie machen mich ganz krank. Ich habe die Probleme einfach satt.« Er warf die Hände hoch in einer Geste der Hilflosigkeit und Verzweiflung.

»Gut, George«, sagte ich. »Ich glaube, Dir helfen zu können, zum mindesten mit einem Gedanken. Ich war vor einigen Tagen an einem Ort, nicht weit von hier, wo es hunderttausend Leute gibt, von denen nicht ein einziger an einem Problem leidet.«

»Mensch, das ist für mich das Richtige«, erwiderte George mit einem ersten Schimmer von Optimismus. »Wo ist der Ort? Führe mich hin!« »Nun, wenn Du es wirklich wissen willst«, sagte ich, »es ist der Waldfriedhof in Bronx. Dort gibt es keine Probleme − überhaupt keine. Die Schwierigkeit dort ist nur, daß jedermann tot ist. Darum, George«, fuhr ich fort, »sei nicht zu traurig, daß Du diese Probleme hast, denn sie sind in der Tat ein Zeichen des Le bens. Sie beweisen, daß Du nicht tot bist.« Daraus folgt die Tatsache, daß die Person, die fünfzig Probleme hat, doppelt so lebendig ist wie das Individuum, das nur fünfundzwanzig hat. Und wenn Du durch einen merkwürdigen Zufall überhaupt kein Problem hast, so tust Du gut, Gott zu fragen: »Herr, was ist geschehen? Vertraust Du mir nicht mehr? Bitte gib mir einige Probleme.«

Darum sei recht glücklich — ja, wahrhaft glücklich, daß Du Probleme hast. Sei auch dankbar dafür, denn sie bedeuten, daß Gott Vertrauen in Deine Fähigkeiten hat, diese Probleme, mit denen ER Dich betraute, zu überwinden. Nimm stets *diese* Haltung gegenüber Deinen Problemen ein, und Deine Niedergeschlagenheit, die Du durch negative Reaktionen entwickelt hast, wird schon nach kurzer Zeit verschwinden. Wenn Du die Gewohnheit entwickelst, zuversichtlich über Deine Probleme zu denken, wirst Du viel besser mit ihnen fertig.

Das wird auch Deine Lebensfreude erhöhen, denn es gehört zu den wenigen ganz großen Genugtuungen dieses Lebens, Probleme zu überwinden. Zudem bewirkt das erfolgreiche Fertigwerden mit unseren Problemen ein zunehmendes Vertrauen, daß Du, durch Gottes Hilfe und Führung, die Fähigkeit besitzt, mit allen Schwierigkeiten, die Dir noch begegnen können, fertig zu werden. —

Wie traurig ist doch die Meinung, die in den letzten Jahren aufkam und die besagt, daß menschlicher Fortschritt dadurch erzielt werde, indem man die Leute von ihren Problemen befreit, anstatt ihr Selbstvertrauen zu stärken und ihnen zu ermöglichen, allein mit ihren Problemen fertig zu werden. Solche Weichherzigkeit hört sich zwar gut an, wenn man darüber von der Kanzel jammert oder in politischen Reden vor den Wahlen; doch bleibt die Tatsache bestehen, daß man den Leuten niemals wirklich hilft oder sie aufrichtig liebt, wenn man sie nicht dazu führt, Stärke und Fertigkeit zu erlangen, um selbst für sich zu sorgen. Nur wenn es sich zeigt, daß dies gänzlich unmöglich ist, sollte ihnen von anderen geholfen werden, aber nur dann!

Immer noch hält sich die Idee unter den allzu Weichherzigen, daß Probleme schreckliche Dinge sind und daß die Welt von ihnen befreit werden sollte. Man frägt sich, ob die Politiker diesen Mechanismus nicht lediglich als glänzendes Mittel zum Stimmenfang betrachten, ist doch das Sammeln von Stimmen meist ihr Lebenszweck!

Schöpferische Männer, die wirkliche Taten vollbringen, haben keine Abneigung gegen Probleme — sie schätzen sie sogar. Sie wissen, daß Probleme für den Geist dasselbe bedeuten, wie Leibesübungen für die Muskeln: sie kräftigen und machen stark. Probleme befähigen uns, mit dem Leben besser zurechtzukommen.

Einer der Männer, die ich bewundert habe, war der verstorbene Charles F. Kettering, wissenschaftlicher Genius der General Motors. Er schuf den Anlasser, das DUCO-Lackverfahren für Automobile und viele andere moderne Erfindungen. Er war einer der anregendsten Denker, die ich kannte.

Bei einem Essen zur Feier des 150jährigen Eintrittes von Ohio als Staat in die Union, waren eine Anzahl geborener Ohioner eingeladen worden, das Wort zu ergreifen. Auf dem Programm standen Branch Rickey, Dr. Milliken, Bob Hope, meine Wenigkeit und andere. Der Zeremonienmeister wich vom Programm ab und rief ›Boß‹ Kettering auf, der in der Menge saß. Er kam nach vorne und machte eine Zwei-Satz-Ansprache, die immer in meinem Gedächtnis bleiben wird als ein rhetorisches Meisterstück. Bezugnehmend auf die historische Tatsache, für die das Dinner abgehalten wurde, sagte Kettering: »Ich bin nicht interessiert an der Vergangenheit. Ich interessiere mich nur für die Zukunft, denn dort hoffe ich den Rest meines Lebens zu verbringen.« Damit setzte er sich wieder hin, unter donnerndem Applaus.

Zu seinen Mitarbeitern bei General Motors sagte Kettering oft: »Probleme sind das Rad des Fortschrittes. Bringt mir nichts anderes als Schwierigkeiten! Gute Nachrichten allein machen mich schwach.« Welche Philosophie! Bringt mir Probleme, sie stärken mich! Probleme als Gelegenheit gewertet, machen starke Männer. Die große Frage ist nicht, ob wir Probleme haben und daß einige davon äußerst schwierig sind und unser Leben komplizieren. Wichtig ist die Haltung, die wir ihnen gegenüber einnehmen. Wie Sie über Probleme denken ist wichtiger als die Probleme selbst. Menninger sagt: »*Innere Haltung ist wichtiger als Tatsachen.*« Sicher ist eine Tatsache eine Tatsache. Manche Leute betrachten das als etwas Endgültiges. Was kann man da schon machen? Deshalb geben sie auf. Doch der unentwegte Optimist hat eine positive Haltung gegenüber der Tatsache. Er betrachtet sie realistisch, genau wie sie ist, doch darüber hinaus sieht er noch etwas mehr. Er beurteilt sie als eine Herausforderung an seine Intelligenz, seinen Einfallsreichtum und seinen Glauben. Er bittet um Einsicht und Führung, um mit der harten Tatsache fertig zu werden. Er weiß, daß es eine Antwort gibt, und darum findet er sie schließlich.

Vielleicht verändert er die Tatsache, oder möglicherweise umgeht er sie, oder er lernt mit ihr zu leben. Doch in jedem Fall hat sich seine Haltung gegenüber der Tatsache als wichtiger erwiesen als die Tatsache selbst.

Übe zuversichtliches Denken, bis Du es beherrschst. Dann fahre fort, es praktisch anzuwenden, so daß es ständig wirksam bleibt. Du brauchst nicht ständig Schläge einzustecken, niemals. Mit Gottes Hilfe kannst Du alle Probleme meistern.

9

Der Weg durch Deine Schwierigkeiten heißt Gebet

Wie wütend war sie doch! Nie im Leben sah ich eine zornigere Frau. Sie tobte in einer Tirade, die ungefähr alles übertraf an emotioneller Heftigkeit, das ich je erlebt hatte. Sie war gekommen, um mit mir — oder besser gesagt zu mir — zu reden! Ich konnte kaum ein Wort dazwischen bekommen.

Sie hatte soeben entdeckt, daß ihr Mann eine Affäre mit einer anderen Frau hatte. Sie und ihr Mann, so wiederholte sie mehrmals, waren seit zwanzig Jahren verheiratet. Das konnte er ihr einfach nicht antun. Sie hatte ihm vertraut, natürlich geglaubt, alles sei in Ordnung zwischen ihnen, und nun das! Sie konnte keine Worte finden, die stark genug waren für das, was sie von ihm dachte. Er war, schien es, ein doppelgesichtiger Falschspieler, ein betrügerischer Lump der niedersten Sorte.

Natürlich konnte ich das Verhalten des Gatten nicht gutheißen, doch die Haltung der Frau war so nachtragend und selbstgerecht, daß sich daraus vieles erklärte. Ich konnte mir einige Sympathie für den Mann nicht versagen.

Ich dachte, sie würde sich bald erschöpfen, und hörte ihr teilnehmend und schweigend zu. Als sie aber begann, eine zweite Runde zu starten, unterbrach ich sie. In der Seelsorge habe ich bei erregten Leuten die Tendenz beobachtet, sich endlos zu wiederholen. Aber was ich auch versuchte, ich konnte den Strom der Beschimpfungen dieser Dame nicht abstellen.

So betete ich denn um geistige Führung. Ich bin nicht erfahren genug, um solche Fälle allein zu handhaben, darum bat ich Gott um Anweisung und erhielt sie auch. Einer drastischen Methode erinnerte ich mich, und sie erwies sich als sehr wirkungsvoll.

Ihren Redestrom unterbrechend, sagte ich zu ihr: »Sehen Sie, so kommen wir überhaupt nirgends hin mit dieser Sache. Darum schlage ich vor, wir lassen das ganze Problem für eine Weile auf sich beruhen. Legen Sie es in meine Hände.«

Ich stand auf, formte mit den Händen eine Schale und hielt sie ihr hin. So, als nähme ich ihr Problem in die gewölbten Hände, sagte ich: »Hier habe ich Ihr Problem nun.« Damit schritt ich zur Türe, stieß sie auf und machte eine Geste, als werfe ich etwas in den anstoßenden Raum, worauf ich die Tür wieder schloß.

»Nun ist Ihr Problem draußen. Lassen wir es dort, und beginnen wir damit, an Gott zu denken statt an Ihre Sorgen.«

Sie wollte etwas sagen, doch ich unterbrach sie: »Bitte, Sie haben das Ihrige gesagt. Verhalten Sie sich nun völlig still, und ich werde dasselbe tun. Sitzen Sie ruhig da, und denken Sie an Gott. Ich selbst werde dasselbe tun.«

Sie war von diesem unerwarteten Verfahren so überrascht, daß sie wirklich ganz still sitzen blieb. Ich hatte das zwar kaum erwartet, doch später zeigte sich, daß sie mehr Selbstdisziplin besaß, als sich oberflächlich erkennen ließ. Nach drei Minuten des Schweigens nahm ich die Bibel zur Hand und las einige Abschnitte vor, die Gottes Gegenwart betonen sollten. Andere wählte ich wegen ihrer beruhigenden Kraft und weil sie die geistige Aktivität fördern.

Dann sagte ich: »Nun können Sie sprechen. Welche Gedanken hatten Sie während dieser Periode des Schweigens?«

Zuerst zögerte sie, doch als die Worte kamen, waren sie ruhig und kontrolliert. Ihre Erregung war verschwunden. Sie sprach langsam und einsichtsvoll. Nun war sie nicht mehr ein völliges Opfer ihrer Gefühle. Sie dachte nach. Es war eine Art Selbstgespräch, dem zuzuhören ich die Ehre hatte. Ich sage Ehre, denn hier sprach eine Persönlichkeit. »Wahrlich, trotz allem, Harry ist ein feiner Mann. Ich denke an all seine Güte und Geduld. Das ist nicht der wahre Harry, der in diese Sache verwickelt ist.« Sie machte eine Pause und sagte dann: »Vielleicht ist es mehr mein Versagen als das seine.«

Wie recht hatte sie! Wie mancher Frau würde ähnliches erspart bleiben, wenn sie nur nachdenken würde – und nicht nur über sich selbst, sondern auch über ihren Gatten.

Doch so sehr ich die Kraft des Gebets schätze, so wenig war ich auf ihre nächste Bemerkung vorbereitet. Es war offensichtlich, daß es sie hart ankam, aber daß sie es überhaupt ausdrückte, war ein schönes Zeichen von Lebensweisheit.

»Die arme Frau! Welchen Kummer und Schmerz bringt sie über sich selbst und ihre Familie. Ich hoffe, für sie beten zu können, daß sie sich selber wiederfindet.«

Plötzlich erhob sie sich und sagte: »Ich bin in Ordnung jetzt. Ich weiß, was ich zu tun habe, und ich glaube auch, daß ich die Situation meistern kann.«

Als ich sie gehen sah, fühlte ich, daß sie es tatsächlich konnte, denn sie hatte an sich eine der subtilsten menschlichen Fähigkeiten erfahren – sich einen Weg durch Schwierigkeiten zu beten. Sie würde ihr Problem mit der Hilfe Gottes lösen, und das hatte sie begriffen.

Seither habe ich dieses Vorgehen bei manchen anderen Problemen angewandt, und meistens hat es sich als wirkungsvoll erwiesen. Es umfaßt verschiedene Faktoren: Der erste ist das vollständige Entleeren des emotionalen Inhaltes. Diese Frau schüttete ihn wahrlich aus. Glücklicherweise gelang es mir, sie genau im richtigen Moment anzuhalten und zu verhindern, daß sie die Erregung erneut aufbaute. Das ist ein Grund für manchen Mißerfolg in solchen Fällen; die Erregung klingt ab, wird aber sofort wieder von neuem angefacht. Ein Circulus vitiosus wird geschaffen, der zu keinem konstruktiven Ende führen kann.

Ein zweiter Faktor ist, sich von der Erregung zu befreien, indem man einem anderen Menschen sein Herz ausschüttet. Ich war in der Lage, ihr zu helfen, indem ich ihr aufmerksam zuhörte und damit meine Achtung vor ihrer Persönlichkeit zum Ausdruck brachte, die im Moment schmerzlich verletzt und zurückgestoßen war. Indem ich ihr Wertschätzung entgegenbrachte, half ich mit, ihr Selbstbewußtsein wieder herzustellen.

Ein dritter Faktor von großer Wichtigkeit ist, durch das Verharren in der Stille die Spannung zu unterbrechen und einen neuen Weg sichtbar zu machen: nämlich die geistige Führung über sich selbst hinaus.

Als die Frau in mein Sprechzimmer kam, war sie nicht in einer Geistesverfassung, die klares Denken erlaubte. Doch dann wurde eine neue Stimmung geschaffen, in welcher der Denkprozeß nicht nur wieder aufgenommen, sondern auf einer höheren Ebene der Einsicht fortgeführt werden konnte. Durch das zeitweilige Fallenlassen des Problems, indem man es aus einer tieferen Einsicht betrachtete, konnte ihr Gemüt aus seiner bedauernswerten Spannung befreit werden und sich beruhigen. Daraufhin war sie sofort fähig, konstruktiv zu denken. Auf diese Weise erholte sie sich und gewann die Fähigkeit, ihr Problem zu meistern.

Ein anderer meiner Bekannten, der dieses Vorgehen ebenfalls sehr wirkungsvoll fand, ist ein großer Geschäftsmann. Er erzählte mir, daß er einmal einem Problem gegenüberstand, das ihn Tag und Nacht beschäftigte, so ärgerlich war es. Es lag ihm so schwer auf dem Gemüt, daß er nicht mehr schlafen konnte. Er wurde nervös, verwirrt und gespannt. Je mehr er sich damit herumschlug, um so komplexer und hoffnungsloser schien das Problem. In einem solchen verkrampften Zustand können sich uns keine positiven Lösungen anbieten.

In seinem Büro hin und her schreitend, blieb er zufällig vor dem Bild seiner Mutter stehen. Sie war eine einfache Frau vom Lande gewesen, die er nicht nur sehr geliebt und verehrt hatte, sondern die er auch wegen ihrer scharfen praktischen Intelligenz bewundert hatte. Als er so auf seiner Mutter Gesicht blickte, erinnerte er sich an etwas, das er sie oftmals in verwirrenden Familiensituationen hatte sagen hören: »Wir wollen diese Sache eine Weile ruhen lassen und an Gott denken.«

Dieser Gedanke erschien ihm wie eine direkte Botschaft, die seine gegenwärtige Situation betraf. Deshalb nahm er alle Papiere von seinem Schreibtisch, schob sie in eine Schublade und stieß diese zu. Er sagte zu sich selbst: »Nun ist die Luft rein. Ich will mich eine Weile von diesem Problem abwenden.«

Aus einer anderen Schublade nahm er die Bibel hervor, setzte sich in einen Stuhl und begann, im Buch der Psalmen zu lesen. Einige der ihm am besten bekannten Passagen las er sich laut vor. Nach einer halben Stunde legte er die Bibel zur Seite und saß still da, an Gott denkend. Er dachte an Gottes Güte; seine Vorsehung; die gewaltige Größe seines Geistes; die Unendlichkeit seiner Liebe. Dann sprach er ein stilles Gebet des Dankes.

Ein Gefühl des Friedens durchdrang ihn. Sein Gemüt begann sich zu beruhigen; sein Körper schien ausgeruht. Er war entspannt, wie ein Gummiband, das zu seinem natürlichen Umfang zurückkehrt, nachdem es straff gespannt worden war.

Er kehrte zu seiner Arbeit zurück, beträchtlich erfrischt und angeregt. Plötzlich kam ihm der Gedanke, die Straße hinunterzugehen und einen bestimmten Mann aufzusuchen. Soviel er sehen konnte, bestand keine Verbindung zwischen seinem Problem und dem Manne, dessen Name ihm plötzlich eingefallen war. Doch sagte er sich, es wäre sicher richtig, den Mann aufzusuchen, da ihm der Gedanke direkt nach dem Gebet gekommen war.

So ging er denn hin. Im Laufe der Konversation machte dieser andere Mann eine scheinbar unbedeutende Bemerkung, welche ihrerseits einen Gedanken auslöste, der das Gemüt unseres Freundes mit der Kraft plötzlicher Eingebung überfiel. Er sah darin den ersten Schritt zur Lösung seines Problems. Die darauffolgenden Ereignisse bewiesen, daß er eine richtige Antwort erhalten hatte.

Als Ergebnis dieser Erfahrung befolgt er jetzt dasselbe Verfahren mit jedem Problem, das wesentliche Schwierigkeiten bietet. Er entzieht der Sache die Aufmerksamkeit lange genug, um seine Kraft auf Gott zu richten. Dann kehrt er zum Ausgangspunkt zurück, mit beruhigtem, entspanntem Gemüt, das sodann mit größter Wirkungskraft arbeiten kann. Als Folge davon liefert der Geist klare Einsichten. Er glaubt, dieses Vorgehen habe seine Gültigkeit für alle Arten von Problemen, und er behauptet, es wirke folgerichtig.

Sich vor allem zu beruhigen und sich geistig in die Gegenwart Gottes zurückzuziehen, ist so wichtig, daß es gegen alle Vernunft wäre, dieses Vorgehen bei der Überwindung von Schwierigkeiten zu meiden. Ansonsten intelligente Leute denken oft verschwommen von Gott als einer Art entfernten religiösen Wesens, das ausschließlich mit Kirchen in Verbindung steht. Das aber ist nicht der wahre Gott, den wir hier ansprechen. Einige Konfessionen haben Gott mit so viel Pomp und Zeremonien umgeben, daß er faktisch matt und unwirklich erscheint. Natürlich ist Gott so viel größer und faszinierender, daß es eine Blasphemie bleibt, ihn zu verkleinern, wie fromm es auch immer erscheinen mag.

Man pflegte anzunehmen, daß nur Geistliche und religiöse Laien die Menschen anregen könnten, ihre Antworten in Gott zu finden, doch nun scheinen sich auch Ärzte dieses Weges zu bedienen. Zum Beispiel erzählte mir ein Mann, er habe während einiger Tage ein Absinken seiner Energie verspürt. Er entschied sich, da er sich ziemlich viel zugemutet hatte, ein paar Wochen Ferien in Florida zu machen. Doch als er ›zum alten Schlamassel‹, wie er es nannte, zurückkehrte, war er so müde wie zuvor. »Alle Zeit und alles Geld, das ich in Florida ausgab, war umsonst«, vertraute er mir an. Er war einer jener Männer, die sich dagegen sträuben, zum Arzt zu gehen. Erst als letzte Lösung tat er es dann doch und ließ eine komplette Serie von Untersuchungen über sich ergehen. Der Doktor sagte ihm, er leide an zwei Dingen, eines davon sei ein zu niedriger Blutzuckergehalt.

»Was tun wir dagegen?« fragte der Patient, der die angenehme Hoffnung hegte, daß ihm vielleicht ein größerer Konsum von Süßigkeiten vorgeschrieben werde. Der Gedanke erfreute ihn, denn er hatte eine Vorliebe für Süßes. Aber zu seiner Überraschung lautete die Diät ganz anders.

»Was ist das andere, an dem ich leide, Doktor?« fragte er. Der Doktor, ein schlauer alter Praktiker, blickte lange auf den routinierten Geschäftsmann. Gedankenvoll und mehr zu sich selbst als zu seinem Patienten sagte er: »Ich frage mich, ob er es wohl in sich hat, was es wirklich braucht.«

»Was meinen Sie damit?« fragte der Patient mit einiger Erbitterung.

»Nun«, sagte der Doktor, »Sie haben einen Mangel an zwei Dingen. Soviel ich sehe, handelt es sich um Blutzucker und um geistige Inspiration. Darum fügen Sie noch Ihrer Diät auch Gott bei. Gott und Diät«, lächelte er, »den einen, um den geistigen Befund zu verbessern; das andere, um den Blutzuckergehalt zu erhöhen.«

Aber nicht nur physische Energie bricht zusammen. Schöpferische Vitalität und Geisteskraft können ebenfalls schal werden. Der Geist, der einst dynamische Ideen lieferte, kann zu einer versiegten Quelle werden, aus der nichts Aufbauendes mehr hervorkommt. Unter solchen Umständen hat sich das Gebet als eine machtvolle, reaktivierende Kraft erwiesen, die den Geist anregt und erneuert.

Zum Beispiel traf ich einen Mann auf der Straße, und wir marschierten ein paar Häuserblocks weit zusammen. Mir wurde bewußt, daß da ein Mann war, der zutiefst glücklich war.

»Ich möchte Ihnen sagen«, meinte er, »daß das von Ihnen befürwortete Programm des positiven Denkens wirklich funktioniert. Sie haben keine Ahnung, was positives Gebet für mich bedeutet hat! Glauben Sie mir, es ist faszinierend!«

Anscheinend hatte dieser Mann eine recht schwere Zeit hinter sich. Alles wollte ihm schief gehen, besonders in geschäftlicher Hinsicht. Er ›rannte gegen Mauern und Straßensperren‹, wie er sich ausdrückte. Seine sich verschlimmernde Situation machte ihn immer verzweifelter. Am meisten quälte es ihn, daß ihm keine konstruktiven Ideen mehr einfielen. Sein Geist war wie eine versiegte Quelle.

In diesem kritischen Zeitpunkt las er zufällig in einem meiner Zeitungsartikel den Ratschlag, unser Leben in Gottes Hand zu legen und ihm die Lenkung zu überlassen.

Mein Freund beschloß, diesen Weg zu gehen. Er sagte sich, daß er schon so vieles versucht habe und daher auch diesen Versuch noch wagen könne.

Darum betete er, an seinem Schreibtisch sitzend, ungefähr folgendes: »Herr, ich muß zugeben, daß ich nicht mehr fähig bin, meine Situation zu meistern. Es scheinen mir in letzter Zeit keine guten Ideen mehr zu kommen. Ich gebe es ungern zu, aber ich bin beinahe geschlagen. Mein Geschäft geht nicht gut. Bescheiden bitte ich Dich, mein Senior-Partner zu werden. Ich habe Dir nichts zu bieten als mich selbst. Bitte ändere mich und räume mit der Unordnung auf, in der ich mich befinde; und auch mit der Unordnung in mir selbst. Ich begreife zwar nicht, wie dies getan werden kann, und ich will ganz offen gestehen, daß ich meine Zweifel habe, denn dies ist eine völlig neue Erfahrung für mich. Doch ich bin bereit, alles zu tun, das Du mich heißest, und ich will dieser Partnerschaft ehrlich dienen. Andernfalls steht es schlimm mit mir.«

»Haben Sie wirklich all das in Ihrem Gebet gesagt?« fragte ich.

»Ja, das ist's, was ich gesagt habe, beinahe wörtlich.«

»Ein sehr offenes Gebet, möchte ich sagen. Doch was geschah dann?«

»Nun«, fuhr er fort, »nachdem ich mein Gebet beendet hatte, setzte ich mich im Stuhl zurück. Nichts geschah. Ich weiß nicht genau, was ich eigentlich erwartete, aber ich hatte etwas das Gefühl, im Stich gelassen zu werden. Doch dann bemerkte ich, daß ich mich friedlich und wohl fühlte. Ich entschloß mich, einen Spaziergang zu machen. Ich könnte nicht sagen warum; es schien einfach das Naheliegendste zu sein. So lief ich denn ungefähr eine Meile und kehrte dann um, weil ich dachte, ich sollte besser in mein Büro zurückkehren.

Und auf dem Weg zurück, als ich an die Ecke Madison Avenue und 48. Straße kam, hielt ich plötzlich an und stand stockstill am Straßenrand. Mir war eine Idee gekommen, die ich nie zuvor gehabt hatte, eine Idee, wie sich mein Problem lösen ließe. Woher sie kam, konnte ich nicht sagen. Es schien, als wäre sie aus dem Blauen gekommen. Doch heute weiß ich genau, woher sie kam.

Ich eilte ins Büro zurück und begann sofort, die Idee in die Tat umzusetzen. Es dauerte nicht lange, bis die Dinge zu klappen anfingen, eines nach dem anderen, und nach ein paar Wochen hatte die ganze Situation ein freundlicheres Gesicht bekommen. Zum ersten Male sah ich wieder Licht, und neue, helfende Ideen kamen dazu. Mein Kopf war wieder in Funktion.

Ich fuhr fort, mich jeden Tag völlig in Gottes Hand zu geben. Oh, ich hatte schwere Tage — glauben Sie nicht, es sei einfach gewesen. Es sind heute noch große Schwierigkeiten zu überwinden... viele sogar, doch zum ersten Male machte ich von Tag zu Tag Fortschritte, und, was vielleicht noch wichtiger ist, ich fühlte mich gänzlich verändert. So wie ich mich veränderte, wurde alles um mich herum verändert...

Ich will Ihnen noch erzählen, was ich momentan mache«, fuhr er, ohne auf meinen Kommentar zu warten, fort. »Jede Nacht, bevor ich schlafen gehe, durchforsche ich das Neue Testament und mache mir eine Liste von all den Dingen, die Jesus uns zu tun hieß. Ich versuche aufrichtig, sie in die Tat umzusetzen. Zum Beispiel beschloß ich, niemanden mehr zu hassen. Jesus heißt uns, uns mit Leuten zu versöhnen, mit denen wir entzweit sind. Das habe ich getan. Er heißt uns Glauben zu haben. Auch das habe ich getan, oder es wenigstens versucht. Ich kann nur sagen, daß ich mich nie so wohl gefühlt habe, und das Leben war noch nie so lebenswert wie heute.«

Wahrlich, dieser Mann hatte entdeckt, daß Gebet ein praktischer Weg zur Wiedererweckung des Geistes ist.

Wir haben in diesem Kapitel bereits vorgeschlagen, wie man Schwierigkeiten mit Beten überwindet:

1. Wende Dich bewußt von dem Problem ab, und konzentriere Dich auf Gott. Dies war der Fall bei der wütenden Frau und bei dem Geschäftsmann, der seine Probleme nicht mehr überblicken konnte.

2. Die einzigartige Verordnung, die der Arzt dem Geschäftsmann verschrieb, der an Erschöpfung seiner Leistungskraft litt.

3. Und endlich die Einsicht, die der Mann anwandte, ›der Gott zum Partner nahm‹.

Nun möchte ich noch das Vorgehen vorschlagen, das ich als ›Schreib es auf, und leg es in die Bibel‹ bezeichne. Dieses Verfahren stützt sich auf das Prinzip, daß viele Gebete verschwommen sind und das klar umschriebene Konzept eines bestimmten Problems vermissen lassen. Man muß das Problem genau kennen und fähig sein, es in klaren und deutlichen Details zu umschreiben, um die besten Resultate zu erzielen. Eine Lösung kann kaum erwartet werden, wenn man nicht wirklich weiß, in was das Problem wirklich besteht — ebensowenig kann man sich nach einem Bestimmungsort aufmachen und dort ankommen, wenn man ihn nicht genau festgelegt hat.

Mit anderen Worten, man muß wissen, mit was man es zu tun hat und was man erreichen will.

Manchmal sieht man in Geschäftsbüros die lakonische Anweisung: »Schreib es auf!« Diese Anweisung verfolgt den Zweck, endloses Gerede und unklare Konzepte zu vermeiden. Ein erstes Prinzip beim Beten ist, genau zu wissen, was man sagen will und welches Ziel man hat. Man muß fähig sein, das Problem kurz und bündig herauszustellen. Wenn man viele Worte benützen muß, so ist dies ein Beweis, daß man nicht allzu sicher ist, was man im Sinne hat. Ein Mensch, der seinen Fall durchdenkt und ihn so formuliert, daß er ihn selber klar sieht, hat sich damit die Möglichkeit geschaffen, jene klaren Antworten zu erhalten, die seiner im Geiste Gottes warten.

Darum schreibe Dein Gebet in den knappsten Worten auf. Vereinfache die Mitteilung zum Telegrammstil. Dies wird zu Deiner Klarheit beitragen.

Ich entwarf Karten, die in den Bänken der Marble Collegiate Church verteilt wurden. Tausende davon wurden positiv verwendet. Selbst die Farbe der Karten war sorgfältig gewählt, da sie einen möglichen Einfluß auf die Haltung des Benützers haben kann. Sie ist golden, um Hoffnung und Erwartung zu symbolisieren. Darauf steht:

Mein Problem

Die Lösung eines Problems wird leichter, wenn man es niederschreibt. Man ist besser in der Lage, es zu erfassen und um eine Lösung zu beten, wenn man das Problem konkretisiert.

Schreibe Dein Problem auf diese Karte. Lege sie in Deine Bibel. Bete täglich dafür, und sei bereit, Gottes Antwort anzunehmen.

Notiere den Tag, an dem Du Antwort erhältst. Lege dann die Karte mit einem Dankgebet ab.

Der Grund für den Vorschlag, die Karte in die persönliche Bibel zu legen, liegt darin: die Übereinstimmung der Lösung Deines Problems mit der Quelle der Weisheit zu finden. Dadurch wirst Du ermuntert, die Führung zu erforschen, die das Buch der Bücher Dir anbietet. Symbolisch hast Du damit das Problem in die Hände Gottes gelegt.

Die Anregung, die Karte abzulegen, nachdem die — positive oder negative — Antwort gegeben wurde, basiert auf dem Wert, den die gesammelte Geschichte Deiner Beziehung zu Gott und deren Wirkung auf Dein Leben für Dich bedeutet. Solch eine Kartei wird sehr zur Vertiefung Deines Glaubens beitragen, indem sie die Vielfalt, mit der Du geistig geleitet und unterstützt wurdest, aufs Schönste dokumentiert. Sie wird auch zeigen, daß richtig angewendetes Gebet nicht eine sorglose Zufallsreaktion auf Verzweiflung und Krise ist, sondern das Wirken der göttlichen Gesetze in menschlichen Angelegenheiten.

Indem man sich durch seine Probleme betet, tritt der Egoismus zurück, und die Interessen anderer, die auch von dem Problem betroffen sind, werden hervorgehoben. Damit will ich nicht sagen, daß ein legitimes und normales Selbstinteresse falsch sei. Ich erwähne dies, weil so viele, die über das Beten schreiben oder sprechen, uns erzählen, wir sollten dabei überhaupt nicht an uns selbst denken. Das ist Unsinn, denn es ist Tatsache, daß wir selbst aufs natürlichste mit dem Leben verbunden sind und eine so extreme Distanzierung weder möglich noch wünschenswert ist. Wir sind nicht dazu geschaffen, uns dermaßen vom Lebendigen zu entfernen, sondern wir sollten unser Dasein im rechten Gleichgewicht leben. Darum muß jede Über- *und* Unterbetonung des Selbst vermieden werden. Wenn das richtige Gleichgewicht zwischen Selbstinteresse und dem Interesse anderer erreicht ist, bewirkt unsere geistige Kraft praktische und positive Resultate.

In meiner wöchentlichen Betrachtung, die von etwa zweihundert Zeitungen abgedruckt wird, schreibe ich gelegentlich über die Macht des Gebetes. Darin bitte ich meine Leser, mir ihre eigenen Erfahrungen zu vermitteln. Wie man sich denken kann, habe ich dadurch einige faszinierende Geschichten von Gebets-Beispielen erhalten, wie sie sich in den verschiedensten Lebenssituationen zutrugen.

Eine stammt von Herrn Bean Robinson in El Paso, Texas. Herr Robinson ist ein Beispiel dafür, daß Gott uns sagt, *was* wir tun sollen, und *wann* wir es tun sollen, und daß wir auf Gott hören und nach ihm handeln sollen. Doch lest hier seinen Brief.

Lieber Dr. Peale,

in der El Paso Times vom Montag, 4. Juli, hatten Sie einen Artikel über das Beten. Sie sagten darin, daß Sie sich freuen würden, Erfahrungen von Ihren Lesern zu hören, damit man sich auf diese Weise gegenseitig helfen könne. Beten ist für mich wie das Abheben eines Telefons zu einem Anrufen von Gott. Wenn Gott mir aber helfen soll, muß ich in der Lage sein zu verstehen, was er mir sagt. Das Wichtigste ist, Gottes Wille in bezug auf mich selbst zu erkennen. Ich denke, das vollkommene Gebet würde lauten: »HERR, gib mir Einsicht und Verständnis, damit ich erfahre, was ich tun soll, und schenke mir Glauben, Kraft und Mut, daß ich's kann.«

Nun möchte ich Ihnen eine persönliche Erfahrung erzählen. Ich möchte, daß Sie begreifen, wie mein Leben gerettet wurde, weil ich verstand, was Gott von mir wollte und weil ich es ausführte. Ich leitete in Montana eine große Ranch. Wir hatten im November den ersten Schnee gehabt. Er war leicht und flockig. Wo er geschmolzen war, hatten sich nasse Flecken von zehn bis zwanzig Quadratfuß auf dem Boden gebildet. Diese waren hart gefroren. An jenem Morgen verließen wir die Ranch bei Tagesanbruch.

Beim Satteln bekam ich schwere, von Lehm bedeckte Schuhe. Über meinen Stiefeln trug ich noch Überziehstiefel. Als ich meine Füße in die Steigbügel setzte, waren sie kaum mehr herauszubringen. Wir trieben Vieh auf einer großen Weide zusammen. Die Luft war kalt und frisch, so daß meine Überziehschuhe an den Steigbügeln anfroren. Dadurch waren sie wie aus Beton, und es war völlig unmöglich, aus den Steigbügeln herauszukommen. Um elf Uhr morgens waren die nassen Flecken am Boden an der Oberfläche ein paar Millimeter aufgetaut. Das machte sie genau wie Glas, welches mit einer dünnen Fettschicht bedeckt ist. Ich ritt ein gutes Pferd und trottete um eine Gruppe von Stieren herum, um sie zur Herde zu treiben. Mein Pferd hielt auf einem der nassen Flecken an, um zu wenden. Bei einer raschen Bewegung glitt es aus. Das nächste, was ich erfaßte, war, daß ich unter dem Pferde lag, mit den Füßen an die Steigbügel gefesselt. Keine Chance, sie loszubekommen; das Pferd über mir, wild um sich schlagend. Ich sah keinen Ausweg. Ich schaute einfach zu Gott auf und sagte: »Hilf mir, HERR.« Ich wiederholte es; dann lauschte ich mit allen Sinnen nach einer Antwort. Ein Gedanke kam mir, von dem ich glaube, daß Gott selbst ihn mir eingab: »Deine Zaumzügel hast du noch in der Hand!« Ich sah nach, und es war so. Der nächste Gedanke: »Zieh den Kopf Deines Pferdes gegen Dich und rede ihm zu, sich zu beruhigen.« Ich tat's. Das Pferd beruhigte sich. Der nächste Gedanke: Ein Cowboy befand sich ungefähr eine Viertelmeile entfernt von mir, hatte jedoch nichts Ungewöhnliches bemerkt. »Ruf den Cowboy!« Ich rief nach ihm, und als er näherkam, hieß ich ihn, vorsichtig zu sein und das Pferd nicht scheu zu machen. Er stieg ab, löste meinen Sattel vom Pferd und befreite mich aus meiner unangenehmen Lage.

Wie Sie sehen, bestand meine Rettung aus mehreren Schritten. Ich glaubte, keine Chance mehr zu haben. Es kam mir kein rettender Gedanke. Gott aber lenkte mich Schritt für Schritt. Zu keiner Zeit hatte ich wirklich Angst. Ich wartete einfach und horchte auf Gott. War es Leben oder Tod? Gott würde es entscheiden. Da Sie ein Pfarrer sind, mag Ihnen meine Situation vielleicht nicht voll verständlich sein. Ich bin aber sicher, daß Sie einige gute Reiter kennen, und wenn Sie mit denen die Sache diskutieren, bin ich gewiß, daß Sie meine Lage verstehen werden.

Können wir immer solche klare Weisungen erhalten, wie sie mir gegeben wurden? Ich würde sagen: »Nein.« Doch zu jeder Zeit können wir zu Gott über unsere Schwierigkeiten sprechen und Gott vertrauen und versuchen herauszufinden, was Gott mit uns vorhat.

Welch geheimnisvolle Dinge geschehen doch Leuten, die starken Glaubens sind und die Vertrauen und Liebe im Herzen tragen! Während einer Reise ins Heilige Land begegnete ich S. James Mattar, einem christlichen Araber, der in Jerusalem lebt. Er war früher Beamter in Barclays Bank in jenem Teil von Jerusalem, der heute in Israel liegt. Wie viele andere verlor Herr Mattar seine Stelle, sein Heim und seinen Besitz während der Feindseligkeiten in der hart umkämpften Gegend.

Er entkam mit seiner Frau und seinen kleinen Kindern über die Grenze nach Bethany in Jordanien. Sie kamen unversehrt, aber ohne nennenswerte Barschaft an. Dunkle Tage folgten. Es kam der Moment, wo Mattar noch genau zwei Schillinge sein eigen nannte und keine Möglichkeit mehr sah, seine Familie zu ernähren.

Doch dieser Mann hatte ein unerschütterliches Vertrauen in Gott. Er versammelte Frau und Kinder um sich und erflehte Gottes Segen für jedes einzelne von ihnen und bat um Erleuchtung. Während des Gebetes empfand er das bestimmte Gefühl, er sollte mit einigen leeren Körben zum Marktplatz gehen, begleitet von seinem ältesten Sohne Samuel.

Auf dem Wege zum Markt sagte Samuel: »Aber Vater, wir haben doch kein Geld, um irgend etwas zu kaufen.« Mattar aber sagte einfach zu ihm: »Dies ist das, was Gott mich tun hieß.« Auf dem Marktplatz setzten sie sich hin und warteten der Dinge, die da kommen mochten. Plötzlich kam ein Mann aus der Menge auf sie zu, Mattar mit den Worten begrüßend: »Wie glücklich bin ich, Dich zu sehen, alter Freund! Ich habe viel an Dich gedacht in letzter Zeit und versucht, Dich zu finden.« Es war ein früherer Angestellter der Barclays Bank und Freund aus alten Tagen.

Die beiden Männer unterhielten sich zusammen, doch sagte Mattar nichts von der Bedrängnis, in der er sich befand. Schließlich zog der andere Mann mit einer zögernden, verlegenen Bewegung eine Fünfpfundnote aus der Tasche und sagte: »Würde es wohl überheblich sein, zu glauben, daß Du Schwierigkeiten hast? Bitte nimm dies um unserer Freundschaft willen an.« Mattar war so überwältigt, daß er kaum seinen Dank ausdrücken konnte.

Nachdem der gottgesandte Freund gegangen war, fragte Samuel: »Papa, wußtest Du, daß jener Mann hier vorbeikommen würde?« »Nein, Sammy, das wußte ich nicht«, erwiderte Mattar. »Wir sind in Gottes Hand, und Gott ist gütig. Jetzt hast Du gerade eine Äußerung seiner Hilfe erlebt.«

Die mit den fünf Pfund gekauften Nahrungsmittel hielten die Familie über Wasser, bis andere Hilfe in Form von United-Nations-Unterstützung eintraf. Später fand Herr Mattar neue Mittel für seinen Lebensunterhalt. Er wurde Verwalter des Gartengrabes, von welchem man annimmt, daß es Josef von Arimathea gehörte und in dem der Leib Jesu lag. Er ist ein gläubiger und äußerst anregender Freund. Sein und seiner Frau Leben ist der Hilfe für andere im Namen Christi geweiht.

Das Ergebnis gläubigen Betens ist nicht immer so dramatisch, aber nicht weniger real. Ein Brief, den ich vor einigen Monaten von einem Leser erhielt, beschreibt, wie Gebet in einer Zeit tiefer Verwirrung Wegweisung und Führung erzeugt:

»Ich fühlte mich«, so lautete der Brief, »als wäre ich in einem dichten, dunklen Wald. In Verzweiflung wiederholte ich das Vater-Unser einmal ums andere, vielleicht ein dutzendmal pro Tag. Zunächst geschah nichts Außerordentliches. Doch nach und nach bemerkte ich, daß ich immer einen Schritt weiter voraussehen konnte. Und nach jedem dieser geleisteten Schritte ereignete sich etwas, das mir erlaubte, einen weiteren Schritt vorwärtszutun.

Das Gefühl überkam mich, daß eine bestimmte Kraft am Werke sei. Jetzt begann ich, im Ernst an Gott zu denken. Ich bemerkte, daß in Krisenzeiten immer etwas geschah, das die Situation rettete — nicht etwas von mir Geplantes, sondern ein sonderbares, unerwartetes Ereignis. Ich erkannte, daß sich gerade die schweren Dinge in meinem Leben zu meinen Gunsten ausgewirkt hatten...«

Für einen Menschen, der den Glauben und den Mut hat, Schwierigkeiten Schritt für Schritt zu überwinden und die Probleme und Entscheidungen in Gottes Händen ruhen zu lassen, für solche Menschen entwickeln sich die Umstände oft in merkwürdig vorteilhafter Weise. Glaube gibt uns nicht unbedingt alles, was wir wünschen. Doch er ermöglicht gute Resultate, die andernfalls nicht eintreten.

Herrn Mattars Erfahrung zeigt deutlich, daß die größten Antworten auf Gebete gerade dann kommen, wenn man selbst absolut nichts tun kann und diese Tatsache bescheiden anerkennt. Dann ist man wahrhaft in der Lage, sich voller Vertrauen auf Gottes Hilfe zu verlassen.

Natürlich bin ich mir bewußt, daß viele mein Vertrauen in das Gebet nicht in dem Maße teilen, wie es in diesem Kapitel beschrieben ist. Der Grund könnte sehr gut der sein, daß diese Zweifler gar nicht wirklich beten. Eines ist gewiß: Man wird niemals positive Ergebnisse durch das Gebet erhalten, wenn man nicht betet. Wie könnte man auch? Und es mag sein, daß man zwar manchmal betet, doch meistens nur in Krisenzeiten oder mechanisch und oberflächlich.

Es kann aber auch vorkommen, daß ein Gebet aufrichtig und ehrlich ist und dennoch kein Resultat erzielt. In dem Falle könnte die Schwierigkeit darin liegen, daß wir uns in einer geistigen Isolation befinden — das heißt, Du könntest gegenüber Gottes Macht durch Ärger, Verstimmung oder Haß isoliert oder durch schlechte Gedanken und Taten, durch negatives Denken oder andere falsche Manifestationen von seinem Einfluß getrennt sein. In solchen Fällen können die Gebete nicht zu Gott gelangen, aus dem einfachen Grunde, weil sie gar nicht wirklich aus Dir herauskommen, das heißt, sie können aus der selbstgeschaffenen Isolation nicht ihr Ziel erreichen. Mehr noch, Gottes Macht, die auf Dich zuströmt, ist blockiert, nicht weil Du diese Kraft nicht wünschst — denn Du wünschst sie ja sehr stark —, sondern sie kann nicht zu Dir gelangen wegen der geistigen Isolation, in der Du Dich abgeschlossen hast. Wenn aber üble Gedanken und Handlungen keinen Raum haben werden, wird die göttliche Kraft mächtig in Dich hineinströmen. Die Dinge werden dann verändert sein, weil Du selbst verändert bist.

Zusammenfassung

1. Unterbreche die Spannung, indem Du Deine Gedanken völlig von dem Problem abwendest und sie statt dessen nur auf Gott richtest. Wenn Du Dich dem Problem wieder zuwendest, wird Deine Einsicht geschärft, Dein Verständnis vertieft sein.

2. Halte täglich eine Zeit der Stille, in welcher Du intensiv auf die Weisungen Gottes hörst. Lausche intensiver auf sie, als auf Deine eigenen Gedanken.

3. Nimm Gott zum Partner zu jedem Deiner Unternehmen.

4. Bei richtiger geistiger Einstellung findest Du eine Lösung.

5. Praktiziere die ›Schreib-es-auf‹- und ›Leg-es-in-die-Bibel‹-Methode. Notiere Dein Problem in möglichst kurzen Worten. Einfachheit erfordert geistige Klarheit, und aus der Klarheit kommen klare Antworten.

6. Frage Gott beim Beten, *was* Du tun sollst und *wie* Du es tun sollst. Glaube an das, was ER Dir sagt. Tue was ER sagt.

7. Halte Deine geistigen ›Kontakte‹ sauber, so daß Gott durch Deinen Geist wirken kann.

10

Warum nicht erfolgreich und glücklich sein?

»Mir scheint, ich bin etwas durcheinander. Glauben Sie, daß ich vielleicht einer Kopfklärung bedarf?«

Diese unsichere Frage stellte mir ein vierundzwanzigjähriger junger Mann, der sich drei Jahre nach der höheren Schule mit Begeisterung in die Verkaufsförderung gestürzt hatte. Und er war auch erfolgreich, sogar ausnehmend erfolgreich.

»Durcheinander?« fragte ich. »Aber doch nicht Sie! Nach allem, was ich über Sie und Ihre Leistungen höre, sind Sie alles andere als durcheinander. Man sagte mir, Sie seien der geborene Verkäufer, und Ihre Leistungen würden sich weiter steigern, wenn Sie so fortfahren, wie Sie begonnen haben. Versuchen Sie nicht, mich glauben zu machen, Sie seien durcheinander! Sie sind nicht der Typ dazu.«

»Wissen Sie, ich habe mich nur gefragt, ob es vielleicht falsch von mir ist, eine schöpferische und erfolgreiche Persönlichkeit sein zu wollen, die glücklich ist in sich selbst und im Beruf.« Seine Haltung war halb humorvoll und jovial, doch unter seinem ruhigen Äußeren ahnte ich etwas Gequältes.

»Ich verstehe Sie nicht«, erwiderte ich. »Was plagt Sie eigentlich?«

»Ich meine folgendes. Und ich bin mehr über die Auswirkung bei anderen jungen Leuten beunruhigt als bei mir selbst. Sehen Sie, alles was ich in Angriff nehme, tue ich mit vollem Einsatz. Es macht mir Spaß, mich mit meinem ganzen Können einzusetzen, nur das gibt mir volle Befriedigung.

Im College besuchte ich einige Jugend-Konferenzen, und was ich dort hörte, hat mich stark beeindruckt. Es schienen mir wahre religiöse Versammlungen zu sein, und so beschloß ich, ein hingebungsvoller Christ zu werden, einer, der wirklich seine Religion in jedem Aspekt seines Lebens lebt, persönlich, gesellschaftlich, geschäftlich, überall. Dies habe ich getan, und vielleicht erklärt das zum Teil wenigstens, warum ich erfolgreich und auch glücklich war.«

»Aber was ist denn passiert?« forschte ich, denn ich fühlte, daß irgendwo in diesem erfolgreichen jungen Kerl eine Verstimmung steckte.

»Nun, sehen Sie, wir haben einen neuen Pfarrer in unserer Kirche. Er ist ein Gelehrter, man möchte fast sagen, ein Intellektueller. Sie sollten seine Predigten hören! Sie segeln wie Ballons über die Köpfe der meisten Leute. Ich kann ihm noch ziemlich gut folgen, denn ich bin noch nicht lange aus der College-Atmosphäre heraus, wo man all diese ›hohen‹ Worte hört. Er ist sicherlich im Herzen ein guter Kerl, aber ich kann ihn nicht ergründen. Wenn man ihm so zuhört, wenn er loslegt, so möchte man wirklich meinen, Erfolg sei ein schmutziges Wort, ja man erhält den Eindruck, daß man nicht Christ und gleichzeitig erfolgreich sein kann. Selbst über das Glücklichsein hat er seine Zweifel. Er fragt zum Beispiel, ob irgend jemand das Recht habe, glücklich zu sein in einer Welt wie dieser! Geschäftsleute hält er für einen Haufen unehrlicher Leute oder sonst etwas.

Trotzdem«, fuhr er fort, »muß ich zugeben, daß ich eine widerwillige Bewunderung für diesen Pfarrer hege, denn er hat einen äußerst wachen Geist. Wenn er nur in dieser Welt leben wollte! Aber seine Argumente, und aus solchen bestehen seine Predigten, haben halbwegs ein Schuldgefühl oder etwas Ähnliches in mich hineingehämmert. Wenn ich ihm einen Gefallen tun wollte, so müßte ich nur geschäftlich versagen und einfach unglücklich sein. Offenbar wäre es besser, wenn ich gelangweilt herumsäße, in einer Garage wohnte, das Haar lang wachsen ließe und einen Haufen Unsinn über Existentialismus oder sonst etwas plapperte. Zum Kukkuck!« schloß er verachtungsvoll.

»Hören Sie«, sagte ich, »Sie haben ebensoviel Recht, Christlichkeit zu interpretieren, wie Ihr Pfarrer. Er ist nicht die einzige Autorität. Denken Sie ruhig selber nach! Lassen Sie ihn eine negative und bittere Haltung einnehmen, wenn er das wünscht. Wir sind ein freies Land. Sie haben das Recht, aus Ihrem Glauben Kraft, Freude, Mut, Liebe, guten Willen und schöpferische Genugtuung zu ziehen. Mit anderen Worten: Erfolg und Zufriedenheit.«

Natürlich weiß ich genau, wie der junge Mann auf die Ideen des jungen Pastors reagierte, denn diese Sorte von Geistlichen hat mich seit Jahren kritisiert, gewöhnlich mit haßerfüllter Vehemenz, weil ich die Leute lehrte, positiv zu denken und etwas Schöpferisches aus sich zu machen. In der Tat werden viele so irritiert durch das Thema des Erfolges, daß ich mich schon fragte, ob die meisten dieser Kritiker nicht ganz einfach eifersüchtig sind auf Leute, die etwas mit ihrem Leben und mit ihren Talenten anfangen. Ein wahrer Christ, der die Liebe Gottes und die Liebe der Menschen im Herzen trägt, freut sich, wenn andere Erfolg haben und Widerwärtigkeiten und Schwierigkeiten positiv überwinden.

»Aber er ärgert mich trotzdem!« rief der junge Mann aus.

»Lassen Sie sich das nicht antun von ihm. Es ist die Anstrengung auch gar nicht wert. Wahrscheinlich ist er ohnehin ein besserer Kerl, als Sie denken. Hören Sie ihm respektvoll zu, wenn er in der Kirche spricht, und dann veranlassen Sie ihn, Ihnen außerhalb der Kirche zuzuhören. Unsere Religion lehrt uns zu denken und denken zu lassen; darum lassen Sie ihn denken, wie er will. Das ist sein Recht; und Sie denken, wie Sie wollen; das ist Ihr Recht. Und fahren Sie fort, gute Arbeit zu leisten, und seien Sie glücklich darüber. Sie haben nicht nur das Recht, sondern auch die Pflicht, glücklich und erfolgreich zu sein, und ich kümmere mich einen Pfifferling um jene, die das Gegenteil behaupten. Es gibt nichts in einem solchen Verhalten, das nicht mit Christlichkeit vereinbar wäre. Wenn diese Welt konzipiert wurde, um unglückliche Fehlleistungen zu erzeugen, dann wurde sie nicht von dem schöpferischen Gotte erschaffen, an den ich glaube. Ich erinnere mich, daß Jesus Christus selbst sagte: ›Solches rede ich zu euch, auf daß meine Freude in euch bleibe, und daß eure Freude vollkommen werde!‹« (Johannes 15:11)

Ich fühlte mich verpflichtet, mich zu vergewissern, ob das Konzept dieses jungen Mannes mit seinem Glauben nicht in Widerspruch geraten war. Deshalb hieß ich ihn, mir den Erfolg, wie er ihn verstand, zu definieren.

»Verstehen Sie darunter einfach einen Haufen Geld zu erlangen, zu einem hochnäsigen Country-Club zu gehören?« fragte ich ihn. –

»Ich habe nicht diese landläufige Auffassung von Erfolg. Die alte Idee von Geld, Macht, Großmanns-Erfolg ist vorüber«, erwiderte er. »Heute haben wir eine moderne Auffassung von Erfolg.«

Mir gefiel dieser Gesichtspunkt, und ich äußerte die Ansicht, daß einige der ergreifendsten Mißerfolge, die ich je gekannt habe, wohlhabende Leute seien. Sie hatten zwar Geld, aber das war auch alles. Oder genauer gesagt: das Geld hatte sie. Außer der Möglichkeit, alles zu kaufen, das sie wünschten, waren sie komplette Versager als Menschen und Bürger. Wenn diese Leute kein Geld gehabt hätten, wären sie vielleicht sehr erfolgreiche und glückliche Menschen geworden.

Natürlich habe ich auch Leute gekannt, die sehr wenig besaßen und ebenfalls versagten; die weder die Lust noch den Charakter hatten, um mit dem Wenigen, das ihnen gegeben war, irgend etwas Nützliches zu unternehmen. Was man mit dem, was man ist oder hat, anfängt, das bestimmt weitgehend Erfolg oder Mißerfolg im Leben.

Die reichen und die armen Versager haben tatsächlich viel Gemeinsames. Der reiche Versager gibt nie von seinem Überfluß, der arme Versager nimmt nie von seinen Möglichkeiten – seien sie noch so beschränkt. Keiner steuert vom Besten bei, das er hat, nämlich sich selbst. Sowohl der reiche als auch der arme Versager kümmert sich nur um sich selbst, der eine, indem er seinen Reichtum umarmt, der andere seine Armut. Keiner von beiden kümmert sich um die Welt und ihre Probleme. Kurzum: beide sind ego-zentrisch. Nicht alle reichen Leute sind schlecht, und nicht alle armen Leute sind gut. Dies ist eine Tatsache, die der weise Mann mit den Jahren erkennt. Aber leider werden nicht alle Leute weise.

Die ›moderne‹ Vorstellung von Erfolg, von der mein junger Freund gesprochen hatte, machte mich neugierig. »Ich meine damit, als Persönlichkeit erfolgreich zu sein«, sagte er, »was soviel bedeutet wie in sich selbst unversehrt und kontrolliert und unversehrt und kontrolliert in den Beziehungen zu der Gruppe. Um erfolgreich zu sein, muß man innerlich organisiert, ruhig, sicher, philosophisch, umgänglich, zuversichtlich und mutig sein. All das, nichts weniger. Man muß aus sich herausgehen, hilfreich, besorgt, teilnehmend und aufbauend sein. Man muß von dem geben, was man besitzt, und ein soziales Ziel haben. Kurz, man sollte versuchen, alles und jedermann, mit dem man in Berührung kommt, ein wenig besser zu machen. Wer sich nicht so verhält, der ist in Tat und Wahrheit nicht erfolgreich.«

»Wie steht es aber, wenn man Vizedirektor oder sogar Generaldirektor eines Unternehmens wird, ein großes Einkommen bezieht und einen Gewinnanteil. Nennt man das nicht auch erfolgreich sein und glücklich?« fragte ich.

»Gewiß, das ist in Ordnung, vorausgesetzt, wir sind auch als Mensch erfolgreich. Da ist aber noch ein anderer Punkt: Wenn wir Geld verdienen, steigt unsere Verantwortlichkeit für eine vernünftige Verwendung des Geldes. Der reiche Versager denkt, Geld sei einfach da, um seinen Lebenspfad zu ›schmieren‹ und um zu seinem Komfort und zu seiner Sicherheit beizutragen. Der reiche Erfolgreiche aber ist ein verantwortungsbewußter Mensch, der sein Geld mit einem Gefühl für soziale Verpflichtung anwendet. Ferner empfindet er sich selbst als Verwalter eines Vermögens, welches in Wirklichkeit Gott gehört. Er handelt nur als Gottes ›Agent‹, indem er Geld schöpferisch verwaltet. Darum, woher nimmt der Pastor seine Weisheit, daß man nicht gleichzeitig Geld verdienen, besitzen und doch ein guter Christ sein könne? Sind das nicht krause Gedanken?«

»Sie müssen sich diesen Pfarrer aus dem Kopf schlagen«, riet ich meinem jungen Freund. »Wenn Sie sich von anderen so ärgern lassen, werden Sie selbst als Persönlichkeit nicht erfolgreich sein. Sie steigern sich selbst in eine starke Verstimmung gegen diese theologischen Temperenzler hinein. Denken Sie lieber über ihn als ein menschliches Wesen nach, das selbst in Schwierigkeiten steckt. Ich würde sagen, er ist irgendwie desorientiert in seinem Denken. Zweifellos wurde er ursprünglich aus einem wahren spirituellen Motiv heraus Priester. Er besuchte ein Seminar, wo er gedachte, tiefer ins geistige Verstehen einzudringen. Dort verloren sich wohl einige seiner religiösen Impulse, und eine unselige Wendung seines Denkens trat ein. Möglicherweise wurde er von der Religion als solcher durch eine fromm orientierte Soziologie abgelenkt. Das Resultat davon ist oft eine Verwirrung und Verdrehung der Gemüter von Durchschnittsmenschen, die andernfalls eine unkomplizierte und meist reale Ansicht vom Leben und der Gesellschaft hätten. Wenn ich mich recht erinnere, hat der Philosoph Santayana einmal gesagt, daß eine Person, die dem Gemüt anderer eine falsche Wendung gibt, sich ebensosehr einmischt, wie wenn sie Ihnen eins über den Kopf hauen würde. Es könnte sein, daß es eine Funktion der Laien ist, mitzuhelfen, gewisse Verzerrungen theologischer Erziehung zu modifizieren. Ich sage gewisser, denn nicht alle Theologieschulen verdrängen die Religion. Wie aber einige Fälle gezeigt haben, bedarf es für manchen jungen Pfarrer vielleicht fünf bis zehn Jahre Amtstätigkeit unter einfachen Leuten, um das Gefühl für Maß und Wert wieder zu erlangen, das sie im Seminar verloren haben mögen.

Doch merken Sie sich dies: Dieser Veränderungsprozeß ist nicht geplant, um einen Pastor zu zwingen, so zu denken, wie Sie denken, oder ihm Ihre Gesichtspunkte aufzudrängen. Sie sind als Geschäftsmann auch nicht allwissend. Dies soll ihn und Sie in die Lage versetzen, in gegenseitiger Achtung zusammen zu leben und gangbare Antworten auf die Fragen des Lebens zu finden.«

»Ich bin einverstanden«, sagte er. »Gut, ich werde fortfahren, so erfolgreich zu sein, wie Gott es will«, und er lächelte. »Ich werde auch den Mut haben, ohne Schuldgefühl glücklich zu sein. Und ich werde auch daran arbeiten, Andersdenkende zu achten«, fügte er schnell hinzu.

Ich war froh über seine Entscheidung, denn ich habe meine Leser seit Jahren in diesem Sinne ermutigt, und warum sollte ich nicht? Ich habe betont, daß eine der größten Hilfen für beides, Erfolg und Glücklichsein, das ernste Lesen und Studieren der Bibel ist. Die pflanzt ihre Wahrheiten tief ins Bewußtsein ein. Gewisse Professoren und Geistliche haben mich rundweg verdammt, weil ich, wie sie sagen, in ihrer ›gehobenen‹ Sprache Religion praktiziere.

Ist denn Religion nicht dazu bestimmt, praktiziert zu werden, um uns zu helfen, dieses Dasein mit einem gewissen Grad von Erfolg zu leben. Und je vollständiger man Religion mit dem heutigen Leben identifiziert, eine um so bessere Welt wird man haben, und bessere Leute auch! Deshalb laßt die Kritiker toben. Sie lassen mich völlig kalt. Ich werde unentwegt fortfahren, meinen kleinen Beitrag zu leisten, indem ich den Menschen helfe, ihr Leben so erfüllt und befriedigend und so gottgeleitet wie nur möglich zu leben.

Es ist erschreckend zu sehen, daß gewisse Geistliche offenbar nicht einen Glauben haben, der weitherzig und vital genug ist, um ihnen zu gestatten, sich mit der realen Welt des Menschen auseinanderzusetzen. Da sie nicht fähig sind, ihre Probleme zu bewältigen, fliehen sie in die schützenden Mauern ihrer Vorstellungen, um so zu vermeiden, daß sie sich mit, wie sie es nennen, ›dem unethischen und ungerechten ökonomischen System‹ beschmutzen.

William Cohea erzählt von drei solchen Männern: »Während ich unlängst am Union Theological Seminary sprach«, sagte er, »wurde meine These über Laienpriesterschaft in der Welt angegriffen. Die Angreifer waren drei Männer, die soeben die industrielle Welt verlassen hatten und ins Seminar gekommen waren.

Der Wütendste von allen (warum sind sie eigentlich immer so wütend, fragte ich mich!) war ein Mann, der seit achtzehn Jahren in der Industrie tätig gewesen war. Er stellte mit Nachdruck fest, daß er, solange er in der Industrie war, getrachtet hatte, den Bedürfnissen seiner Kollegen zu dienen. ›Wahrlich, mein Schreibtisch war ein eigentliches Beratungszentrum‹, sagte er. Doch nach achtzehn Jahren hatte er beschlossen, daß er Gott so sehr liebe, daß er dem Klerus beitreten müsse.

Warum dem Klerus? fragte ich.

Dort kann man Christus wirklich dienen, antwortete er.

Haben Sie denn Gott nicht gedient in Ihrer Tätigkeit als Laie?

Ja und nein, fuhr er fort. Sehen Sie, man kann nicht wahrhaft Christ sein in der industriellen Welt. Der Konflikt wurde zu groß für mich. Kompromiß und Konflikt ist alles, was es dort gibt. So beschloß ich, daß der einzige Platz, wo man Christus wirklich dienen kann, in der Geistlichkeit sei. So bin ich hier im Seminar und habe auch schon eine Kirche in Aussicht.

Nun sagen Sie mir, fragte ich, was erzählen Sie den Männern aus der Industrie, die zu Ihnen kommen und die angefüllt sind mit Kompromiß und Konflikt?

Ich verstehe sie und kann ihre Sprache sprechen. Kürzlich sagte einer, es sei wunderbar, einen Geistlichen zu haben, der ihre Sprache spreche.

Aber, sagte ich, was heißen Sie sie tun, wenn sie sich völlig Gott hingeben möchten? Heißen Sie sie, die Industrie zu verlassen und zur Geistlichkeit zu gehen?

Keine Antwort. Natürlich nicht. Diese Männer täuschten sich selbst. Sie konnten einfach die Verantwortung, in dieser Welt zu leben, nicht mehr ertragen und sahen sich daher nach einem sicheren Hafen um. Manche unter uns, die das besitzen, was es braucht, um in der wirklichen Welt zu leben, und die ihr Leben Gott widmen, glauben daran, daß die Bibel als praktisches Instrument benützt werden kann, um Erfolg — wie wir ihn definiert haben — zu erringen und damit wahres Glücklichsein.«

Als Vorsitzender des Horatio Alger Committees der Amerikanischen Schul- und Colleges-Vereinigung hatte ich den Vorzug, über manche Jahre den Horatio-Alger-Preis jährlich an ein Dutzend führende Geschäfts- und Berufsleute zu überreichen, die für diese Auszeichnung von den Studenten Amerikas gewählt worden waren. Diese Männer sind lebende Beweise für die Möglichkeiten eines neuen Unternehmer-Ethos; Männer, die aus einfachen Anfängen riesige Unternehmungen geschaffen und geholfen haben, das Leben unseres Landes auf einen höheren Standard für alle zu bringen. Diese Männer sind wahre Optimisten.

Einer aus dieser Gruppe ist Alfred C. Fuller, ehemals ein unbeholfener Landbursche aus Neu-Schottland, der die immense Fuller Brush Company aufbaute, die jährlich mehr als hundert Millionen Dollar umsetzt. Herr Fuller, eine liebenswerte Persönlichkeit, den seine Mitteilhaber ›Papa Fuller‹ nennen, wird charmant beschrieben in dem faszinierenden Buch von Hartzell Spence ›Ein Fuß in der Türe‹.

Fuller, der behauptet, ein ungeschickter Tölpel gewesen zu sein, als er nach Boston kam, um Arbeit zu finden, erzählt, diese Ungeschicklichkeit hätte ihn mehrere Stellen gekostet und ihn geraume Zeit behindert. Doch wie sehr wohl bekannt ist, wurde er schließlich ein sehr kluger und kompetenter Industriekapitän. Wie? Durch das Studium der Bibel, sagte er. Er gründete seine Fabrik in Hartford, Connecticut, in der Tat aus dem Grunde, weil die alte Fuller Familienbibel zu Hause in Neu-Schottland in dieser Stadt gedruckt worden war.

Hier folgt nun, was Papa Fuller über den Gebrauch der Bibel in seiner Geschäftspraxis zu sagen hat:

»Was mich zurückblickend am meisten beeindruckt, ist die umfangreiche Anwendung von Bibel-Wahrheiten, die ich in meinem täglichen Leben gemacht habe. Meine mangelnde Schulbildung war, in der Gesamtheit meines Lebens gesehen, kein Nachteil, sondern vielleicht sogar ein Aktivposten. Aus Mangel an Bildung stützte ich mich auf die Bibel als mein Textbuch bei jedem denkbaren Problem. Nur wenn ich von deren Weisungen abwich oder versuchte, sie so zu interpretieren, daß meine eigenen Wünsche befriedigt wurden, erlitt ich Fehlschläge.

Wer nicht täglich nach den Weisungen der Bibel lebt, ist ein Narr, denn er verwirft die größte Quelle persönlicher Vorteile, die in der Welt existiert. Die Bibel ist das beste ›Wie-man-es-macht-Buch‹, das je geschrieben wurde, und sie enthält alle fundamentalen Kenntnisse, die irgend jemand wissen muß.«

Fuller hatte absolut keine Kenntnisse über Kostenberechnung, Preisgestaltung oder Buchhaltung, und nach seiner eigenen Beurteilung mangelte es ihm auch an der Technik der

Geschäftsführung einschließlich der Personalführung. Er war sich bewußt, daß er diese Qualitäten, die so wichtig sind für den Erfolg, nicht besaß. Die Erfahrung mit seinen allerwichtigsten Mitarbeitern ließ ihn erkennen, daß es an der Zeit war, eine bestimmte Arbeitgeber-Philosophie zu entwickeln. Über diese Methode erzählt er was folgt:

»Wie gewöhnlich, wenn ich unfehlbaren Rat über Dinge, die meinen Verstand überstiegen, benötigte, studierte ich meine Bibel. Schließlich kam ich zu der folgenden Stelle im Evangelium des Lukas: ›Wenn du von jemand geladen wirst zur Hochzeit, so setze dich nicht obenan, daß nicht etwa ein Vornehmerer als du von ihm geladen sei, und dann komme, der dich und ihn geladen hat, und spreche zu dir: Weiche diesem! und du müßtest dann mit Scham untenan sitzen. Sondern wenn du geladen wirst, so gehe hin und setze dich untenan, auf daß, wenn da kommt, der dich geladen hat, er spreche zu dir: Freund rücke hinauf!‹ (Lukas 14:8 – 10).

Alle drei meiner Arbeiter verdienten höhere Posten in bezug auf ihre Handfertigkeit als ich. Ich sah, daß der Aufbau eines Unternehmens eine Sache der geeigneten Arbeitskräfte ist, von Leuten mit Fähigkeiten und Handfertigkeiten, die ich selbst nicht besaß. Wie sollte ich sie also entschädigen, und welches sollte meine Haltung ihnen gegenüber sein? Das Buch des Matthäus gab mir eine Anregung: ›Das aber in das gute Land gesät ist, das ist, wenn jemand das Wort hört und versteht es und dann auch Frucht bringt; und etlicher trägt hundertfältig, etlicher sechzigfältig, etlicher dreißigfältig‹ (Matthäus 13:23).

Aus diesen Zeilen schloß ich, daß persönliche Höherstellung auf Kosten meiner Mitarbeiter nicht klug war. Ich mußte das bleiben, was ich war und aus denen um mich herum diejenigen herausfinden, die als Baum gute Früchte tragen würden. Jeder mußte nach seiner Leistung entschädigt werden. Nur weil ich Besitzer des Geschäftes war, war ich nicht besser als irgendein anderer. Wir waren alle zusammen in diesem Unternehmen und würden damit aufsteigen oder fallen. Wenn ich mir dessen bewußt blieb, so war ich sicher, daß mein Verständnis und meine Fähigkeiten wachsen würden.«

Es ist wichtig, gewisse grundlegende ›Gewußt-wie-Kenntnisse‹ zu erwerben, um mit dem Leben und seinen Problemen erfolgreich fertig zu werden. Mit grundlegenden Kenntnissen meine ich etwas Tieferes als bloß technische Information. Dieses tiefere ›Wissen-wie‹ könnte mit einem alten und eher mißbräuchlich benutzten Wort umschrieben werden: Weisheit. Wenn Sie Weisheit besitzen und ein feinfühliges Verständnis für das Leben und seine Grundprinzipien entwickeln, dann können Sie sich zu einer durch und durch weisen Persönlichkeit entwickeln, die das ›Gewußtwie‹ besitzt wie auch Scharfsinn, Einsicht und Gewandtheit. Weise Menschen haben noch eine andere Qualität, welche die Amerikaner früher in großem Ausmaß besaßen und die in der alten Landessprache ›gesunder Menschenverstand‹ hieß. Diese Qualität baute die amerikanische Wirtschaft auf, indem sie die Fähigkeit darstellte, grundlegende menschliche Bedürfnisse zu studieren und zu untersuchen, um dann mit immer besseren Methoden und Verfahren aufzuwarten und sie zu befriedigen. Gesunder Yankee-Menschenverstand stimulierte den überwältigenden Erfolg, den dieses Land hervorbrachte, und steuerte damit weitgehend bei zum Glücklichsein und Wohlbefinden einer gewaltigen Zahl von Menschen. Es ist unbestritten, daß er auch eine Unmenge von Spannungen, Ungerechtigkeiten, Ungleichheiten und Problemen geschaffen hat. Doch darf nicht vergessen werden, daß dem System nicht nur seine Schwächen eigen sind, sondern auch seine eigenen Korrektur- und Erneuerungskräfte. Dieser gesunde Menschenverstand, der so wichtig ist für Erfolg und Glücklichsein, hat eine ihn begleitende Charakteristik, deren Erwähnung zweifellos für moderne Ohren unangenehm tönt. Einige unserer forschen

Burschen möchten sie als ›altmodisch‹ abschreiben, ihr beliebter Ausdruck für Haltungen, die ihnen fremd sind. Ich denke dabei an die nüchterne, bodenständige Haltung, die inneren Schwung bewirkt und aufrechterhält. In einfacher Alltagssprache meine ich ganz einfach harte Arbeit und den Mut, dabeizubleiben, sich durch keine Hindernisse von einem Ziel abbringen zu lassen und erst noch einen Haufen Spaß dabei zu erleben.

Gewiß hat dieser Drang auch einige nervöse Wracks und Neurotiker zur Folge gehabt. Aber er hat auch unzählige glückliche und erfolgreiche Menschen entwickelt, und deshalb sind wir dafür! Ich weiß, daß harte Arbeit glücklich macht, denn ich habe selbst mein Leben lang hart gearbeitet, und ich *bin* glücklich. Als Junge ging ich zur Arbeit aus dem einfachen Grunde, weil ich *mußte,* da ich zu essen wünschte und keinen kleinen Appetit hatte. Ich muß allerdings zugeben, daß ich es manchmal satt bekam, dieses ständige Arbeiten und noch mehr Arbeiten. Ich versuchte zu bummeln, aber konnte es nie längere Zeit aushalten. Ich war einfach nicht glücklich beim Herumsitzen. Bei einem Manne, der sich zum Playboy entwickelt, muß eine Schraube lose sein. Obwohl es einige Leute geben mag, die das banale Leben, in dem sie schwelgen, wirklich lieben, habe ich von ihnen nie einen getroffen, den man ehrlich einen glücklichen Menschen nennen konnte. Sie hindern ihren gottgegebenen Sinn für das Schöpferische an der Entwicklung; aber man muß ihn entwickeln, um sowohl glücklich als auch erfolgreich zu sein.

Bestimmt werden eine Menge Leute einwenden, daß harte Arbeit heute nicht mehr annähernd zu dem Erfolg führt, wie einstmals in alten Tagen. Ich habe diese alte Platte mit ihrer melancholischen Melodie so oft von Schwächlingen gehört, daß ich selbst beinahe darauf hereinfiel. Aber nicht ganz, möchte ich dankbar sagen. Jetzt glaube ich es überhaupt nicht mehr.

Und ein Grund für meine Überzeugung ist John M. Wer ist John M.? Für mich ist John M. einer der besten Amerikaner, die ich je gekannt habe.

Es war in Sorrent in Italien, als ich John zuerst traf. Meine Frau und ich lieben die reivolle Küstenlinie bei Ravello und Amalfi aufwärts nach Sorrent, wo sie im Süden des Golfs von Neapel dahinträumt. Doch da war ein Bürger dieser Stadt, der mehr tat als nur träumen, obwohl auch er seinen Anteil an Träumen in seinem Herzen versteckt hielt.

An der Piazza in Sorrent war ein Laden, von dem meine Frau ganz begeistert war. Ich hatte den Eindruck, daß sie den Ort auskaufte. »Du«, sagte ich, »bist ein Opfer dieser schlauen Verkäufer. Die können Dir alles anhängen.« Ich selbst ging nie in den Laden. »Ich will nichts von dem, was sie haben. Außerdem bin ich ein erfahrener Reisender und lasse mir von ihnen nicht für eine Lira etwas verkaufen.«

»Gewiß, mein Lieber, ich weiß. Sie würden nicht versuchen, Dir etwas zu verkaufen, denn sie würden einsehen, daß Du für sie zu schlau bist. Komm nur ruhig mit hinein und weg von dieser heißen Sonne!« Freundlich überredete sie mich und führte mich zu der Wäscheabteilung, wo ich bald Traveller-Checks unterzeichnete, um für ihre Einkäufe zu bezahlen.

Da kam ein netter Italiener-Bursche dahergeschlendert und bot mir ein erfrischendes Getränk an. Er schien ziemlich interessiert an Amerikanern und an mir persönlich ebenfalls. Wir hatten eine anregende Unterhaltung. Bald fand ich mich in der Möbelabteilung, wo ich einer reizvollen Beschreibung der Herstellung der schönen Stücke lauschte. Eine Stunde später kaufte ich aufgeregt einen ganzen Satz, um ihn nach Hause schicken zu lassen.

»Junge, Sie sind ein Verkäufer«, sagte ich bewundernd zu John M. »Wie man bei uns zu Hause sagt, könnten Sie die Brooklyn-Brücke verkaufen. Sie würden in Amerika großen Erfolg haben!«

»Dorthin möchte ich ja gehen«, sagte er. »Ich habe eine Amerikanerin zur Frau, und wir möchten beide nach Amerika gehen, um dort zu leben. Ich war noch nie dort. Meine Frau kam auf einer Reise hierher. Sie blieb hier, nachdem sie mich getroffen hatte.«

»Sie verkauften also auch sich selbst? Was hindert Sie, nach Amerika zu kommen?« fragte ich weiter.

Er erwähnte einige der damit verbundenen Schwierigkeiten. »Entscheiden Sie sich, doch zu kommen, und wenn Sie kommen«, ereiferte ich mich in der Begeisterung, »wenn Sie kommen, lassen Sie es mich wissen. Ich werde eine Stelle für Sie finden.« Dann beschrieb ich ihm die Technik des positiven Denkens und versprach, ihm ein Exemplar meines Buches ›Die Kraft positiven Denkens‹ per Luftpost zuzusenden.

Hat er das Buch gelesen? Ungefähr einen Monat vor Weihnachten sagte meine Sekretärin zu mir: »Ein junger Mann möchte Sie sprechen. Er sagt, er sei ein Bekannter von Ihnen aus Italien.«

»Ein Bekannter aus Italien…? Was will er?«

»Er sagt, er wolle die Stelle, die Sie ihm versprochen haben.«

»Ich habe niemandem eine Stelle versprochen.«

Ich lebe ein ziemlich geschäftiges Leben, und der Vorfall in Sorrent war mir entfallen.

»Wie heißt der Bursche?«

»John M.«, sagte sie. Tatsächlich, da war John in Lebensgröße.

»Wie kamen Sie hierher?« fragte ich ihn.

»Durch Gottes Hilfe und durch positives Denken, wie sonst?« war seine überzeugende Antwort.

So war es denn an mir, mein Versprechen wahr zu machen und für John eine Stellung zu finden. Ich schrieb Briefe an die Leiter eines halben Dutzends führender New Yorker Geschäfte, wobei jeder Brief anzeigte, daß ich Kopien davon an andere gute Geschäfte gesandt hatte. Einige dieser Herren kannte ich persönlich, andere nicht. Ich sagte ungefähr folgendes: »In Sorrent in Italien traf ich eines der größten natürlichen Verkaufstalente, die ich je gekannt habe. Der Mann ist jetzt in New York und einsatzbereit für jenen Arbeitgeber, der klug genug ist, ihn zu engagieren. Der erste, der sich für den Mann interessiert, bekommt ihn.«

Noch bevor die Woche zu Ende war, hatte ihn ein bedeutendes Herrenbekleidungsgeschäft angeworben.

»Ich werde hart arbeiten und mich nicht schonen«, sagte John. »Ich werde vorwärtskommen und ein echter Bestandteil dieses herrlichen Landes werden.« Seine Augen glänzten voll Zuneigung für Amerika, das Land der unbeschränkten Möglichkeiten. Ich zögerte. Sollte ich ihn in die zynische Vorstellung einweihen, daß heutzutage ein solcher Traum als altmodisch gilt, daß nur Tölpel hart arbeiten, daß ein Mann, der versucht, eine wirklich gute Arbeit zu leisten, sich mit den anderen Angestellten leicht überwirft? Sollte ich ihm erzählen, wie gewisse Gewerkschaftsführer den Mann, der hart zu arbeiten sucht und bessere Arbeit verrichtet, mit Strafe belegen? Sollte ich ihm erzählen von jenen ›Dieben‹, die die Zeit ihrer Arbeitgeber stehlen, genauso wie seine Ware? Sollte ich von den Schwindlern sprechen, die einen Mitarbeiter sich völlig aufreiben lassen und ihm dann die Beförderung, die er sich ehrlich verdient hat, verweigern?

Nein, ich nicht. Es ist nicht meine Aufgabe, Leute zu desillusionieren, sondern sie im Gegenteil in ihren höchsten Idealen zu ermutigen. Ich glaube an Ideale, denn Ideale sind stark und gut. Wenn die Ideale eines Mannes wahrhaftig sind, dann können auch empörende und niederträchtige Ereignisse sie nicht durchlöchern. Und, Gott sei Dank, es ist immer noch möglich, über diesem Schund zu leben in Amerika. Der Mann, der darüber steht und darüber bleibt, steigt auf. Er kommt vorwärts, erreicht die höchsten Positionen und behauptet sich dort. Und das ist genau das, was John tat.

Das Weihnachtsgeschäft war zu Ende. Aushilfs-Angestellte wurden entlassen — alle außer John. Der Geschäftsführer sagte: »Die einzige Arbeit, die ich für Sie habe, ist, Hüte zu verkaufen. Wir haben in jener Abteilung eine Vakanz, doch der Hutverkauf läuft momentan nicht besonders. Es ist Mode geworden, barhäuptig zu gehen und keinen Hut zu tragen.«

»Nun«, sagte John, »ich habe nie einen Hut getragen, aber Hutverkäufer zu sein, ist genau das, was ich sein möchte. Wann fange ich an?«

Den ersten Verkauf, den John tätigte, machte er mit sich selbst. Wenn er Hüte verkaufen wollte, mußte er sie kennen. Er war von der Mode, Hüte zu tragen, so eingenommen, daß es nicht lange dauerte, bis er beinahe jedem Kunden einen Hut verkaufte. Er dachte sich auch Wege aus, um die Kunden zu weiteren Besuchen zu veranlassen. Natürlich wurde man auf einen Burschen wie John aufmerksam. Er war einfach anders, und Leute, die anders sind, fallen auf. Was aber war denn eigentlich anders an ihm? Er arbeitete. Er stand nicht herum, und war zufrieden. Er strahlte etwas aus, und er war vom Hüte-Tragen begeistert. Er verkaufte gerne Hüte. Er versuchte mit aller Intensität, Hüte zu verkaufen, nicht nur einen, sondern zwei oder drei für verschiedene Gelegenheiten. Er war nicht wie der Kerl in der Drogerie, den ein Kunde nach einer Büchse Farbe fragte. Was glaubst Du, tat der Verkäufer? Er verkaufte dem Mann die Farbe, aber nur die Farbe, nach der er verlangt hatte, aber nicht den für die auszuführende Arbeit passenden Pinsel, Glaspapier und anderes Zubehör. Der Kunde erhielt genau, was er verlangt hatte, nicht mehr.

Dieser gleiche Kunde sagte mir, daß sich derselbe traurige Prozeß in drei weiteren Geschäften wiederholte. Diese Angestellten waren natürlich keine Verkäufer. Sie waren nur Bestellungs-Empfänger. Kein Wunder, daß solche Männer nie auf einen grünen Zweig kamen! Zweifellos haben sie viel zu erzählen über die nicht mehr vorhandenen Möglichkeiten in den Vereinigten Staaten.

Ich hörte von einem Manne, der in verschiedenen Ausrüstungsgeschäften einen Test machte. Er kam herein und sagte zum Verkäufer: »Mein Gepäck ging den falschen Weg bei einer Luftverkehrslinie. Ich habe nichts als was ich anhabe. Ich möchte ein Hemd kaufen.«

Versuchte der Angestellte auch, ihm Socken, Krawatten, Pyjamas, Unterwäsche und anderes zu verkaufen? Was glauben Sie? Keiner tat es, Sie mögen es glauben oder nicht, bis er zu Geschäft Nummer fünf kam und das Experiment nochmals wiederholte. Dort traf der Probe-Kunde auf einen richtigen Verkäufer, einen Angestellten, der mehr als ein Roboter war. Er verkaufte dem Kunden, der das erwartet hatte, eine volle Ausrüstung und einen Koffer, um sie wegzutragen.

So wurde der Hutfabrikant auf John aufmerksam. Resultat: Er ist heute Verkaufsmanager einer großen Hutmacher-Organisation für ganz Amerika.

Wer sagt, Amerika sei nicht mehr das Land der großen Möglichkeiten? Es ist es noch immer für den Mann, der den Sinn für Möglichkeiten in sich hat, und jeder Mann hat sie, wenn er sich ihrer nur bewußt wird. John ist ein glücklicher, erfolgreicher Mann. Er ist ein gottesfürchtiger Mann, ein aufrichtiger Katholik, ein guter Vater, ein tüchtiger Amerikaner und mein lieber Freund. Er ist ein wirklich unbeirrbarer Optimist. Er inspiriert auch mich, selber ein besserer ›Verkäufer‹ zu werden. Und in einem gewissen Sinne bin ich ja auch ein Verkäufer, der versucht, Verbindungen herzustellen und Ideen zu ›verkaufen‹, die eines Menschen Leben verändern können. Ich bin ein ›Verkäufer‹ für die größte aller Ideen, für den Glauben, einen Glauben, der einen Menschen in eine völlig neue und wundervolle Erfahrungswelt erheben kann. Und, offen gesagt, ich hoffe, auch Du wirst meine Ideen ›kaufen‹.

Ich weiß, daß viele, die dieses Buch gelesen haben, sich gerne den Geist und die Haltung aneignen würden, die wir beschreiben. Doch sie haben vielleicht das Vertrauen in sich selbst verloren. Der frühere Enthusiasmus ist auf einem Tiefstand angelangt. Was dann? Mache Dich gleich daran, ihn zurückzugewinnen! Und wie wird das gemacht? Nun, *wer* brachte Dich zum Leben? Gott natürlich, und ER kann Dich auch erneut zum Leben erwecken. Darum, wenn Du teilnahmslos, unstet, bedrückt oder ganz einfach desillusioniert bist, so besteht der erste Schritt zu Deiner Wiedererweckung darin, daß Du Gott in Deinem Leben betonst. So einfach ist es.

»Gut«, wirst Du sagen, »aber wie macht man das eigentlich? Es tönt recht kompliziert und etwas vage für mich.«

Laß mich Dir einen Weg verraten, den ich selbst beschritten habe, denn Du darfst nicht denken, ich hätte nicht auch dagegen gekämpft, mein Selbstvertrauen zu verlieren. Das widerfährt früher oder später jedermann.

Meine Methode ist, mich allein irgendwo hinzusetzen und ganz ruhig zu sein, bis ich einen möglichst entspannten Zustand des Geistes und des Körpers erreicht habe. Dann übe ich mich darin, mir Gott den Schöpfer vorzustellen, wie ER mich tatsächlich berührt, tatsächlich wieder-erschafft. Ich empfinde bewußt neues Leben von IHM in meinen Körper und in meinen Geist strömen. Ich stelle mir meinen Geist vor, wie er sich erneuert, augenblicklich — nicht später. Dann spreche ich laut folgendes: »In IHM lebe ich; in IHM bewege ich mich; in IHM bin ich.« Die drei dynamischen Elemente in jenem Schrifttext sind: Identifikation (ich lebe in IHM), Energie (ich bewege mich), Erfüllung (bin ich). Als Resultat dieses Verfahrens fühle ich eine tatsächliche Erneuerung der Sinne, des Geistes und des Verstandes.

Dann erinnere ich mich daran, daß in mir alle jene Qualitäten, Fähigkeiten, Gedanken und Impulse vorhanden sind, die nötig sind für ein erfolgreiches und befriedigendes Leben. Ich spreche laut folgende dynamischen Worte, und sie sind dynamisch, denn sie erzeugen und übertragen Kraft: »Denn sehet, das Reich Gottes ist inwendig in euch« (Lukas 17:21).

Nie werde ich vergessen, wie mir zum ersten Male die volle Bedeutung dieser Worte zum Bewußtsein kam. So wie ich es mir vorstellte, war ein König immer reich und mächtig. Er besaß alles, um das Leben schön zu machen. Gott ist der größte aller Könige. Er hat alles in seinen Händen. Seine Macht, Friede, Freude, Gesundheit, sind in mich hineingelegt als seinem Kind, das ER selbst erschaffen hat. Er legte alles in mich, und in Dich, damit wir es brauchen und nützen.

Urplötzlich sah ich mich selbst ›Reichtümer‹ besitzen in der Form von Stärke, Mut, Frieden, Leistungsfähigkeit, während ich gedacht hatte, ich besäße keinen dieser Vorzüge. Da erkannte ich, daß ich mir diese Gaben Gottes nur zunutze machen mußte, da Gott sie ja in mich gelegt hatte, weil er wußte, daß ich sie für ein erfülltes Leben eben benötigen würde. Und wenn man diese Gaben wirklich heranzieht und im Vertrauen auf sie und mit Freude lebt, so hat man sie im Überfluß zur Verfügung und kann davon zehren, ohne daß der Vorrat sich je erschöpft.

Versuche es und siehe selbst! Erfolgreiches und glückliches Leben wurde von Gott, der Dich erschaffen hat, in Dich hineingelegt.

Wenn Du diese Art von Leben nie erfahren hast, benötigst Du vielleicht eine Neu-Erschaffung. Und es bedarf dazu Gottes, um das zu bewirken. Er wird es tun. Dann wirst Du die Einsicht und geistige Erkenntnis empfangen, um damit einen der schädlichsten Einflüsse zu überwinden, die Tendenz zur Selbstzerstörung.

Ein guter Freund, Fred H., fand heraus, daß dies wirklich wahr ist. Er hatte eine schlimme Zeit mit sich selbst und mit dem Leben, aber er fand die Antwort. Freds Schwierigkeit war, daß er unwissentlich seine eigene Selbstzerstörungswut ermutigt hatte. Und wie ich schon sagte, tragischerweise haben wir alle in uns die Fähigkeit zur Selbstzerstörung. Gut und Böse liegt in uns, Himmel und Hölle, das Reich Gottes und das Reich des Teufels. Welches die Oberhand gewinnt und behält, das ist die Streitfrage, oder wie Shakespeare in neun bedeutungsvollen Worten sagt: »Sein oder nicht sein, das ist hier die Frage.«

Wir alle stehen dem psychologischen und geistigen Problem der Gegensätzlichkeiten gegenüber: Schwäche oder Stärke, Furcht oder Glaube, positives oder negatives Denken. Während einerseits die Zerstörungstendenz in uns liegt, so andererseits auch der schöpferische Impuls. Die Methode zur Überwindung des Selbstzerstörungsdranges besteht darin, das Gegenteil, nämlich den schöpferischen Faktor in uns, zu stärken.

Wichtig ist, daß man sich darüber im klaren ist, daß Menschen nicht vornehmlich von anderen zerstört werden oder von Umständen und durch Situationen oder sogar von der Gesellschaft oder dem Staat. Im Grunde werden sie zerstört von ihrer eigenen Tendenz zur Selbstzerfleischung. Und davon kannst Du bewahrt werden durch die schöpferische Kraft, welche Gott in jedes menschliche Geschöpf gelegt hat.

Lassen wir aber Fred H. seine eigene Geschichte erzählen, was er im folgenden Brief tut:

»Lieber Norman,

diesen März vor zweiunddreißig Jahren hast Du S. und mich getraut. Während der nächsten achtzehn Jahre lebte ich ein ziemlich durchschnittliches, vernünftiges Leben. Meine über dem Durchschnitt liegende Stellung in einer Gebrauchswaren-Firma sicherte meiner Familie ein komfortables Leben.

Dann, 1946, wurde ich unerklärlich unzufrieden und schuf mir selbst Gründe, um meine Stellung aufzugeben. Ich wurde Schausteller, und das in der schlimmsten Zeit für das Unterhaltungsgewerbe. Zwei Jahre in diesem unsicheren Gewerbe mit vielen langen Reisen, weg von der Familie, brachten mich zur Vernunft und auch in eine Welt der Verzweiflung. Ich fing an, mich dem Alkohol hinzugeben, um meine Selbstverachtung zu ertränken.

In einer Anstrengung, mich wieder auf die rechte Bahn zu begeben, versuchte ich wieder in der alten Firma eingestellt zu werden. Du und andere schrieben Briefe für mich. Die Anstrengung war vergeblich. Ich war damals 44, und es war schwierig, eine einträgliche Stellung zu finden. Ich wurde ein Haus-zu-Haus-Verkäufer und verdiente krampfhaft ein ordentliches Einkommen. Ich war aber ständig erfüllt von Selbstverachtung und beschämt über meine selbstverschuldete Lage, die meine Frau und meine Adoptivsöhne in eine große Unsicherheit gebracht hatte.

Wo ich mich auch für eine feste Stellung meldete, niemand konnte es verstehen, daß ein verantwortungsbewußter Mann von über 40 eine gute Stellung aufgeben konnte, wie ich es getan hatte, als ich die Gebrauchswaren-Firma verließ! Zu jener Zeit war ich völlig entmutigt und geschlagen.

Meine Frau hatte eine Stelle als Nachtschwester angenommen und versuchte nebenbei, den Haushalt zu führen und für unsere Söhne zu sorgen. Mein Einkommen war mehr und mehr zurückgegangen. Immerhin hatte ich aufgehört zu trinken und mich entschlossen, komme was wolle, mich dem Leben nüchtern zu stellen. Jeden Morgen, wenn meine Frau nach Hause kam, und bevor ich mich auf die

Kundengänge machte, gönnten wir uns 15 Minuten zum Beten, zum Lesen der Bibel und um Gottes Rat zu erbitten. Wir schrieben unsere Gedanken und Ideen nieder, die uns dabei kamen. Ich habe noch die Notizen und kann Dir sagen, daß sie meine teuersten Besitztümer sind.

An einem jener Morgen mußte ich unseren alten Wagen für eine größere Reparatur in eine Garage bringen. Statt zu dem Mann zu gehen, der unseren Wagen seit Jahren repariert hatte, hatte ich den bestimmten Drang, in eine andere Werkstatt in einem anderen Stadtteil zu gehen. Ich kannte den Besitzer, hatte ihn aber seit zwanzig Jahren nicht gesehen.

Als ich am Abend zurückkam, um meinen Wagen zu holen, stand ein gut aussehender ausländischer Wagen neben dem meinen. Während ich ihn bewunderte, kam der Besitzer des Wagens hinzu. Wir stellten uns vor, sagten einige Höflichkeiten, und er fuhr weg. Ich vernahm von dem Mechaniker, daß der Mann eine Rundfunkstation besaß, daß er in schweren finanziellen Schwierigkeiten gewesen war, aber seinen Weg zurück an die Spitze erkämpft hatte.

Einige Tage vergingen, und ich dachte nicht mehr an den Vorfall in der Garage. Dann kam mir eines Morgens, während S. und ich beteten, des Mannes Gesicht und das ganze Vorkommnis wieder in den Sinn. Ich beschloß, ihn aufzusuchen und ihm meine Geschichte zu erzählen sowie meine Dienste anzubieten. Das tat ich. Als ich die Radiostation erreichte, wartete er gerade auf einen Wagen, der ihn zum Flughafen bringen sollte. Ich schlug vor, daß ich ihn hinfahre. Er nahm an. Er sagte mir, daß er keine Vakanzen habe. Ich antwortete (und ich erinnere mich noch an jedes Wort): ›Ich wünsche verzweifelt, in diese Tätigkeit einzutreten. Meine Erfahrung auf verschiedenen Gebieten macht mich für Ihre Art von Unternehmen geeignet, und ich werde für Sie ein Aktivposten sein.‹

Er schaute mich intensiv an und sagte: ›Kommen Sie zur

Sendestation sooft Sie wollen, bleiben Sie dort, so lange wie es Ihnen paßt, lassen Sie sich von meinen Leuten in die Sache einweihen, lernen Sie die Bedienung der Apparaturen kennen, lernen Sie, wie man Nachrichten vorliest. Wenn Sie nach zwei Wochen etwas taugen, werde ich Sie mit 50 Dollar pro Woche anstellen und Ihnen eine Kommission ausrichten.‹

Ich nahm an. Das war im Januar 1959. Innerhalb eines Monats war ich zweiter Ansager, und am Ende des zweiten Monats wurde mir die Stellung des Betriebsleiters angeboten. Im März dieses Jahres werde ich das vierte Jahr hier als Leiter beginnen und wurde gerade zum Vorsitzenden unserer Körperschaft ernannt. Norman, jeden Tag danke ich Gott, daß er mich hierhergeführt hat. In drei kurzen, prächtigen Jahren war ich in der Lage, meine Verluste wettzumachen, habe nun ein schönes Einkommen und erhalte Gewinnbeteiligung.

Von einem grämlichen verzweifelten Wrack, als das ich täglich Selbstmord erwog, bin ich ein aktiver und lebendiger Mensch geworden. Ich wurde in den Rotary Club aufgenommen und wurde auch Mitglied der journalistischen Berufsgemeinschaft.

Wir spielen Golf im hiesigen Country Club, und S. und ich sind mit 56 Jahren noch dem Schlittschuh-Club beigetreten, um Eislaufen zu lernen. Wir tun das dreimal in der Woche und haben mehr Spaß als die Jungen. Ich versuche auch, meinem Sohn in Algebra vorauszubleiben und habe nach 25 Jahren Unterbrechung wieder begonnen, zur Erholung das fünfsaitige Banjo zu spielen.

Wenn diese Erzählung irgend jemand helfen kann, so bist Du frei, sie nach Gutdünken zu verwenden. Doch bitte ich Dich, Namen und Orte zu ändern, denn ich wünsche nicht mehr Anerkennung, als mir mein Erlebnis bereits beschert hat. Es hat mir gezeigt, daß Wunder sich auch heute noch ereignen.«

Fred H. überwand seine Tendenz zur Selbstzerstörung durch Gottes Führung und geistige Erneuerung. Er lernte, das Reich Gottes in Anspruch zu nehmen, das allezeit in ihm war. Heute ist er ein erfolgreicher und glücklicher Mann.

Sprich jeden Morgen, wenn Du den Tag beginnst, jene machtvollen Worte: »Das Reich Gottes ist in mir – mit Gottes Hilfe kann ich, was immer kommt, bewältigen.« Und wenn Du gewiß bist, daß Du das kannst, wenn Du immer bescheiden bleibst, arbeitest und betest und immer ein unbeirrbarer Optimist bist, dann wirst Du ein glückliches und erfolgreiches Leben verbringen, und warum solltest Du nicht!?

Zusammenfassung

1. Du kannst ohne Schuldgefühl sein, wenn Du glücklich und erfolgreich bist, solange Du ehrlich und mit einem Sinn für soziale Verantwortung handelst.

2. Entwickle eine bessere Auffassung von Erfolg. Das heißt: Sei erfolgreich als Persönlichkeit.

3. Lies und studiere die Bibel als praktischen Führer zu einem erfolgreichen Leben.

4. Höre nicht auf, an den Segen harter Arbeit zu glauben, ein definitives Ziel und Spaß an der Arbeit zu haben.

5. Benütze Deinen Kopf! Ohne ihn wirst Du nicht vorwärtskommen.

6. Bleibe begeistert, und freue Dich Deines Tuns.

7. Bleibe entspannt. Verkrampfe Dich nicht, was immer geschehe, denn Du schließt dadurch nur schöpferische Kraft aus.

8. Halte regelmäßig stille Stunden, und nimm Verbindung auf zu Deinem Schöpfer, damit er Dich ›erneuern‹ kann.

9. Betrachte das Reich Gottes als in Dir liegend. Betrachte Dich als den potentiellen Besitzer von Gottes Freigebigkeit und Großmut.

10. Überwinde Deine Neigung zur Selbstzerstörung.

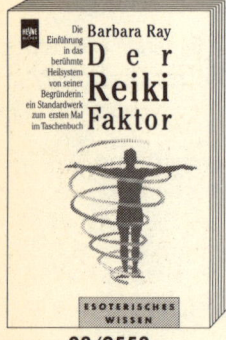